LE DROIT RURAL

FRANÇAIS.

Je regarderai comme contrefaits tous les Exemplaires qui ne seront pas revêtus de ma signature, et je poursuivrai les contrefacteurs.

IMPRIMERIE DE MARRE, A ARGENTAN.

LE DROIT RURAL FRANÇAIS,

ANALYSE RAISONNÉE des lois, des 60 coutumes générales, des 300 coutumes locales de France, des usages non écrits, des réglemens, des décrets, des ordonnances, des avis du conseil d'état, des décisions préfectorales, des arrêts, des commentaires, soit anciens, soit modernes; et enfin de questions nouvelles tirées de la pratique; formant un traité de la législation rurale et des attributions des juges de paix.

PAR J.-F. VAUDORÉ, AVOCAT.

TOME SECOND.

Quidquid præcipies, esto brevis ; ut citò dicta
Percipiant animi dociles, teneantque fideles.
Omne supervacuum pleno de pectore manat.
Horat. de arte poët.

PARIS,

CHEZ ALEXIS EYMERY, LIBRAIRE,

RUE MAZARINE, Nº 3o;

ET MARRE, IMPRIMEUR-LIBRAIRE A ARGENTAN.

1823.

LE DROIT RURAL FRANÇAIS.

TITRE SEPT.

CHAPITRE II.

Des Baux à ferme.

Les baux à ferme sont des conventions par lesquelles on loue des biens ruraux. Tous les biens qui ne sont pas hors du commerce peuvent être affermés. *Art.* 1715 *C. c.*

La chasse et la pêche se louent, soit isolément, soit avec les héritages auxquels l'une ou l'autre est attachée. *V. Rép. v°. bail.*

1. On peut faire des baux à rente ou emphytéotiques (ordonnance du 8 août 1821), et des baux à vie.

Les baux à rente et les baux emphytéotiques ne peuvent excéder 99 ans. *Loi du 29 décembre 1790.*

Les effets de ces contrats sont réglés d'après les conventions des parties.

2. On ne peut donner à ferme les biens dont on n'a ni la jouissance ni l'administration.

Les usufruitiers ont le droit d'affermer les biens sujets à leur usufruit. *Art.* 595 *C. c.*

Quant aux baux des biens des femmes, des mineurs et des interdits, ils sont régis par les articles 1718, 1599, 481 et 1430 du Code civil.

II.1.

3. Les baux des biens de toutes ces personnes ne sont soumis à aucunes formalités particulières. La loi n'oblige ni les tuteurs, ni les maris, ni les femmes, ni les usufruitiers, à les passer aux enchères. *V. art.* 450 *et* 595 *C. c.*

Mais les séquestres sont tenus de les passer dans cette forme.

Les baux des biens indivis entre plusieurs personnes ne doivent ni être faits ni être résiliés que du consentement de toutes les parties intéressées. S'il s'élève des difficultés à cet égard, la justice les règle. *V. Nouv. Denisart , v°. bail.*

4. En général, les baux se font indifféremment ou sur parole, ou sous seing, ou par acte notarié. *Art.* 1517, 1525 *et* 1714.

Les frais et les droits auxquels donne lieu leur rédaction, sont à la charge des preneurs. Selon Ferrière et M. Léopold, les propriétaires ont le droit de choisir le notaire qui doit rédiger les baux notariés. Mais il nous semble plus juste d'accorder le choix à celui qui doit payer les frais de l'acte.

Le bail sous seing a autant de valeur que le bail notarié. Néanmoins, s'il était prouvé, par un acte, qu'un bail ne dût se consommer que par acte notarié, il ne produirait son effet qu'après sa passation devant notaire. *V. Pothier, n°.* 46.

5. Les baux des biens de l'état, des communes et des établissemens publics, sont soumis à des règlemens particuliers. Voyez, relativement aux biens des hospices et des établissemens publics, le décret du 12 août 1807, pour les baux d'une durée ordinaire, et pour les baux à longues années, l'arrêté du 7 germinal an 9. L'affermement de ces héritages s'effectue devant les maires ou les préfets ou les sous-préfets par voie d'enchères, d'après les ordres administratifs.

6. La loi ne s'explique pas sur le cas où un pro-

priétaire aurait consenti un bail du même héritage à deux personnes différentes, pour en jouir dans le même temps. Laquelle doit être préférée?

« D'abord, dit M. Delvincourt, celle qui est en jouissance, quand même son bail serait postérieur en date, si toutefois elle est de bonne foi. *Arg. de l'art.* 1141 *C. c.*

» Si aucune des deux n'est en jouissance, on préfère celle dont le bail a une date certaine. Si les deux baux l'ont également, on préfère celle qui a le plus ancien bail. S'ils sont sous seing privé, l'on préfère celle qui la première a formé sa demande. Elle a en quelque sorte donné par-là une date certaine à son bail ».

Un fermier ne pouvait, sous l'ancien droit, en expulser un autre dont le bail était suivi de jouissance avant lui. En effet, on a jugé au parlement de Normandie, en 1778, qu'un bail sous seing privé, suivi de prise de possession, devait l'emporter sur un bail notarié non suivi de jouissance. Sous l'empire du Code, on ne doit pas balancer à suivre l'opinion de M. Delvincourt. Despeisses accordait aussi la préférence à celui qui avait pris possession le premier. *V. Cout. de Lille,* art. 13, *chap.* 15.

7. Les baux même sous seing doivent être écrits sur papier timbré de dimension, à peine de 30 fr. d'amende. *Loi du 13 brumaire an 7, art.* 12 *et* 26.

Le bail sous seing doit être enregistré dans les 3 mois de sa date, sous peine du double droit d'enregistrement. *Loi du 22 frimaire an 7.*

8. Le bail verbal se forme par le consentement réciproque des parties sur la chose et le prix.

Dans quelques pays, ce bail s'établissait autrefois en donnant au propriétaire, pour gage de la convention, une pièce de monnaie, etc. Cet usage n'est point conservé par le Code. On ne doit regarder comme preuve d'un bail verbal que l'entrée en jouis-sance ou l'aveu des parties.

9. La lésion n'est point admissible dans les baux, quelque faible qu'en soit le prix. C'est en quoi le louage diffère de la vente. *Rep.*, *Pothier*, *n°.* 33.

10. Le bail dont le prix est remis à la décision d'un tiers, est valable. *V. Léopold.* Mais si le tiers ne peut ou ne veut faire l'estimation, le bail est nul lorsqu'il n'a encore reçu aucune exécution. Toute-fois, s'il a été exécuté, les fermages doivent en être réglés par experts; il ne serait pas juste, dans ce der-nier cas, que le preneur jouît sans payer. *V. M. Delvincourt; arg. art.* 1592.

11. D'après les principes généraux du droit, la promesse de louer vaut bail, comme la promesse de vendre vaut vente. *Art.* 1589 *C. c.; Pothier, n°.* 390.

Si la promesse de louer est faite avec des arrhes, chacun des contractans est maître de s'en départir, celui qui les a données en les perdant, et celui qui les a reçues en en restituant le double. *Arg. de l'art.* 1590 *C. c.; Pothier, n°.* 391.

Mais si le propriétaire se refusait à réaliser le bail, pour jouir par lui-même des fonds af-fermés, en vertu d'une condition portée dans la promesse, il ne devrait pas rendre les arrhes au double, il serait seulement obligé à la restitution de celles qu'il aurait reçues. *Pothier, n°.* 391.

12. Si le bail fait sans écrit n'a encore reçu aucune exécution, et que l'une des parties le nie, la preuve ne peut être reçue par témoins, quelque modique qu'en soit le prix, et quoiqu'on allègue qu'il y ait eu des arrhes données. Le serment peut seulement être déféré à celui qui nie le bail. *Art.* 1715.

Si la loi défend la preuve testimoniale dans ce cas, c'est dans la supposition où il n'existe aucune trace légale de bail; mais s'il y a commencement de preuve par écrit, la preuve testimoniale est admissible, quelque soit le prix de l'affermement. *V. M. Delvincourt.*

13. Le Code ne parle pas du cas où le preneur conteste sa jouissance ou le nombre de jours qu'elle a duré.

Si le bail a cessé, et qu'il y ait contestation soit sur le fait de la jouissance, soit sur le nombre d'années qu'elle a duré, on ne peut prouver le bail par témoins. Mais le propriétaire est autorisé à prouver le fait de la jouissance et sa durée. Il force ensuite le preneur à payer, à dire d'experts, les années de jouissance. *V. Danti et Duparc-Poulain.*

Cependant la cour de Nîmes a jugé, le 22 mai 1819, que l'on pouvait prouver par témoins non-seulement le fait de la jouissance, mais le prix et les conditions du bail.

Cette décision est, comme le prouve M. Toullier, vol. 9, n°. 33, marquée au coin de l'erreur. L'article 1716, formant le complément de l'article 1715, défend en effet la preuve vocale des prix du bail dans tous les cas.

C'est par suite de ce principe, que la cour d'Aix a décidé que la preuve testimoniale n'était pas admissible pour établir les conditions d'un bail dont l'exécution avait commencé, s'il devait en résulter la modification d'un bail écrit. *Arrêt du 4 février 1808, Sir. 7.*

14. Si le bailleur, pour se soustraire à quelques obligations, méconnaît que le preneur ait joui, la preuve vocale de la jouissance est admissible, encore que les fermages excèdent 150 fr. *Bruxelles 24 août 1807, Sir. 7; M. Delvincourt.*

15. «Le bail, sans écrit, d'un fonds rural, est censé fait pour le temps qui est nécessaire afin que le preneur recueille tous les fruits de l'héritage affermé.

Ainsi le bail à ferme d'un pré, d'une vigne, ou de tout autre fonds dont les fruits se recueillent en entier dans le cours de l'année, est censé fait pour un an. Le bail des terres labourables, lorsqu'elles se divisent par soles ou saisons, est censé fait pour autant d'années qu'il y a de soles ». *Art.* 1774.

Le bail d'un bois taillis qui se partage en plusieurs ventes, est censé fait pour l'exploitation successive de toutes les coupes. *Obs. du trib. de Rennes sur le projet de Code civil.*

Les baux des étangs sont censés faits pour le temps qui s'écoule, d'après l'usage des lieux, entre chaque pêche. *V. Encyclop.*

16. « Lorsqu'il y a contestation sur le prix du bail verbal *dont l'exécution a commencé*, et qu'il n'existe point de quittance, le propriétaire en est cru sur son serment, si mieux n'aime le locataire demander l'estimation par experts; auquel cas les frais de l'expertise restent à sa charge, si l'estimation excède le prix qu'il a déclaré ». *Art.* 1716 *C. c.*

La loi n'est applicable, comme le remarque fort bien M. Demaleville, qu'au bail *dont l'exécution a commencé.*

Si les quittances indiquent le prix ou les conditions du louage, elles font la loi des parties; tel est l'esprit du Code.

Le seul fait de jouissance est obligatoire pour le fermier. Il n'est admis à établir sa libération que par quittances. La preuve vocale en est cependant admissible dans le cas prévu par l'article 1341 du Code civil.

17. Le preneur a le droit de sous-louer, ou même de céder son bail à un autre, si cette faculté ne lui a pas été interdite. Elle peut être interdite pour le tout ou partie. Cette clause est toujours de rigueur.

Mais il y a exception à cette règle pour les baux

partiaires, comme nous le verrons en rapportant l'article 1763 du Code. *Art.* 1717 *C. c.*.

Les créanciers du preneur sont autorisés à sous-louer, dans le cas prévu par l'article 2102, malgré la prohibition portée au bail. Autrement il eut été superflu de leur accorder le droit d'affermer, puisque l'article 1166 le leur assurait à la représentation de leur débiteur. *MM. Delvincourt et Persil.*

18. Le bailleur est tenu, par la nature du contrat, et sans qu'il soit besoin d'aucune stipulation particulière, de livrer au preneur la chose louée; d'entretenir cette chose en état de servir à l'usage pour lequel elle a été louée; d'en faire jouir paisiblement le preneur pendant la durée du bail. *Art.* 1719 *C. c.*

Indépendamment de ces règles générales, il en existe d'autres, suivies dans la pratique et puisées dans l'esprit du Code;

1º. Le bailleur doit délivrer au preneur, s'il s'agit d'une métairie, par exemple, tous les fumiers, toutes les pailles, tous les fourrages, et enfin tout ce qu'on est dans l'usage en chaque province de fournir aux fermiers pour l'exploitation. *Pothier, nº.* 54.

2º. Le propriétaire est tenu de faire la délivrance à ses frais; ainsi, il doit les frais de l'arpentage nécessaire pour délivrer la quantité d'héritages affermés. *Pothier, nº.* 55.

3º. L'obligation de faire jouir est indivisible dans son exécution. Le fermier n'est pas présumé avoir voulu souscrire le bail pour ne jouir que partiellement des héritages affermés. Si donc, l'un de plusieurs bailleurs prive le preneur, par une vente, de la jouissance de quelques fonds, les autres ne peuvent pas éviter les dommages-intérêts encourus par le défaut d'exécution, en obéissant faire la délivrance de leur part dans les choses affermées. *Pothier, nº.* 61; *Arg. art.* 1222.

4°. Le preneur peut contraindre le bailleur à lui délivrer la jouissance des fonds affermés, par tous les moyens légaux. La loi lui permet d'employer la force armée pour obtenir la délivrance. *Pothier*, n°. 66; *Rap. du Trib. Mouricault.*

5°. Au nombre des obligations de faire jouir convenablement, se place celle de tenir les choses en bon état. Le propriétaire d'une métairie doit faire à tous ses bâtimens les réparations nécessaires pour que le fermier soit bien enfermé, et que ses bestiaux et ses grains soient en sûreté. *Art.* 1720 ; *Pothier*, n°. 106.

6°. Ceux qui louent des greniers dont ils gardent les clés, doivent répondre de ce que les preneurs y mettent. *Leg.* 60, §. 9, *ff. locat. conduct.*; *Inst. sur les conventions.*

7°. Si le défaut de délivrance ou le retard à délivrer ne provient pas du bailleur, on ne doit le condamner à aucuns dommages-intérêts. Le preneur est seulement autorisé à exiger une diminution de fermages, en raison du temps pendant lequel il n'a pu jouir. *Arg. de l'art.* 1722 ; *MM. Delvincourt et Léopold.*

19. « Le bailleur est tenu de délivrer la chose en bon état de réparations *de toute espèce.* Il doit faire, pendant la durée du bail, toutes les réparations qui peuvent devenir *nécessaires*, autres que les locatives ». *Art.* 1720 *C. c.*

Cet article impose au bailleur l'obligation de faire les réparations nécessaires, pendant le cours du bail ; mais il ne dit pas si le fermier peut s'opposer à la confection de celles qui seraient seulement utiles. Il semble que le propriétaire n'est autorisé à faire, contre le gré du preneur, que les réparations absolument *nécessaires. Art.* 1724. *V. M. Delvincourt.*

19 Il est dû garantie au preneur, pour tous les vices ou défauts de la chose louée qui en *empêchent* l'usage,

quand même le bailleur ne les aurait pas connus lors du bail. S'il résulte de ces vices ou défauts quelque perte pour le preneur, le bailleur est tenu de l'indemniser. *Art.* 1721, 1152 *et* 1151 *C. c.*

La garantie est due pour les vices ou défauts qui empêchent entièrement l'usage de la chose; mais elle ne l'est point pour ceux qui le rendent seulement incommode; aussi la loi se sert-elle de l'expression *empêchent. V. Pothier, n°.* 110.

Le propriétaire est responsable de ceux qui sont survenus depuis le bail ; par exemple : si les sources où le bétail d'une métairie s'abreuvait viennent à tarir sans retour, si des tiers ferment les chemins d'exploitations, si les prairies donnent des herbes vénéneuses. *V. M. Delvincourt; Pothier, n°.* 112, *Inst. sur les conventions.*

Les vices ou défauts peuvent même donner lieu à la résiliation, s'ils sont tels, que le fermier n'eût pas traité, s'il les eût connus. *Arg. de l'art.* 1638.

La loi ne paraît pas accorder aux fermiers de dommages-intérêts pour les vices ou défauts survenus depuis le bail par cas fortuit. Il ne peut y avoir lieu qu'à la résiliation ou à une diminution proportionnelle des prix du bail. *V. M. Delvincourt ; Arg. de l'art.* 1722.

Le bailleur n'est point garant des vices apparens dont le preneur a pu prendre connaissance. A plus forte raison il n'est point responsable des défauts pour lesquels le fermier a renoncé à toute garantie. *Pothier, n°s.* 113 *et* 114; *Arg. de l'art.* 1638, *Inst. sur les conventions.*

« La vétusté de la chose ou de l'une de ses parties, n'est point, dit l'auteur de l'Instruction sur les conventions, au nombre des défauts non apparens. S'il en résulte des accidens funestes au locataire, le propriétaire n'est point tenu de le dédommager de ses

II.   2.

pertes, à moins qu'il n'y eut de sa part faute grossière et négligence à réparer les parties qui menaçaient ruine ». *Arg. de l'art.* 1722.

20. Si, pendant la durée du bail, la chose louée est détruite en totalité par cas fortuit, le bail est résilié de plein droit. Si elle n'est détruite qu'en partie, le preneur peut, suivant les circonstances, demander ou une diminution du prix, ou la résiliation même du bail. Dans l'un et l'autre cas, il n'y a lieu à aucun dédommagement. *Art.* 1722 *C. c.*

La loi s'applique aux cas où, par exemple, on s'est emparé, pour faire une route, de l'héritage affermé, et où une partie de cet héritage aurait été prise pour tout autre destination publique. *Pothier*, n°. 65.

Lorsque la chose périt en totalité ou en partie par la faute du bailleur, soit parce qu'il n'a pas fait les réparations nécessaires, soit parce qu'il en a occasionné l'incendie, il est susceptible de dommages-intérêts. Ce n'est pas en vertu de l'article 1722, mais parce qu'il répond de sa faute et de sa négligence. *Art.* 1383; *Pothier*, n°. 309; *M. Delvincourt.*

21. La diminution des loyers s'opère jour par jour. Elle a lieu proportionnellement, si le preneur n'est privé que d'une partie des fonds affermés.

Il serait superflu de dire que si le propriétaire avait payé par avance des loyers, ils devraient lui être restitués proportionnellement à la durée du bail, s'il était résilié. *V. M. Delvincourt; Arg. de l'art.* 586 *C. c.*

22. « Le bailleur ne peut, pendant la durée du bail, changer la forme de la chose louée ». *Art.* 1723 *C. c.*

D'après une disposition si précise, le propriétaire n'est pas autorisé, comme il l'était sous l'ancien droit, à distraire de sa métairie, en payant une indemnité, quelques pièces à sa convenance. Cependant si, par exemple, vers la fin d'un bail, il veut planter quelques arbres sur une partie de sa métairie, le preneur ne peut s'y opposer si cette plantation ne lui cause aucuns torts ; les tribunaux se décident, en pareil cas, par les circonstances. *V. Pothier, n°. 75; M. Lepage.*

23. Si, durant le bail, la chose louée a besoin de réparations *urgentes*, et *qui ne puissent être* différées jusqu'à sa fin, le preneur doit les souffrir, quelque incommodité qu'elles lui causent, et quoiqu'il soit privé, pendant qu'elles se font, d'une partie de la chose louée. Mais, si ces réparations durent plus de 40 jours, le prix du bail est diminué à proportion du temps et de la partie de la chose louée dont il a été privé, y compris même les 40 jours. *V. M. Delvincourt; art.* 1724 *C. c.*

Remarquez que le propriétaire ne peut faire supporter l'incommodité des réparations que si elles sont *urgentes*, etc. Si elles ne le sont pas, le fermier peut refuser de les souffrir. *Pothier, n°*. 8 et 79.*

« Lorsque les édifices affermés, dit Pothier, n°. 320, menacent ruine, le propriétaire peut, pour les rétablir, donner congé au preneur avant l'expiration du bail, quand il serait assez imprudent pour vouloir y demeurer. Au reste, le preneur ne peut être contraint de déloger que lorsque les édifices doivent être tous abattus ».

24. Si les réparations sont de telle nature qu'elles rendent inhabitable ce qui est nécessaire au logement du preneur et de sa famille, celui-ci peut faire résilier le bail. *Art.* 1724 *C. c.*

25. Le fermier a le droit de rentrer dans les bâtimens dont il a été obligé de sortir sans avoir fait résilier. Pothier lui refuse cette faculté, si le bailleur veut faire des bâtimens plus considérables que les premiers. Il nous semble qu'il ne peut être privé de sa jouissance que dans le cas prévu par l'article 1722 du Code civil.

26. Le preneur est autorisé, dans le cas du n°. 24, à demander la résiliation de son bail. La loi nouvelle ne semble pas permettre rigoureusement au propriétaire de l'empêcher, en offrant des logemens en remplacement de ceux qui sont en ruine. Cependant les tribunaux pourraient admettre cette offre dans certains cas; par exemple, s'il s'agissait d'une terre dont les bâtimens seraient écroulés.

27. Le bailleur n'est pas tenu de garantir le preneur du trouble que des tiers apportent par voies de fait à sa jouissance, sans prétendre d'ailleurs aucuns droits sur la chose louée; sauf au preneur à les poursuivre en son nom personnel. *Art.* 1725 *C. c.*

Par exemple : si des voisins se permettent de faire pâturer sur la métairie affermée, s'ils en volent les fruits, etc. ; s'ils s'opposent à l'entrée en jouissance du preneur, le bailleur n'en répond pas. *Pothier, n°.* 81 ; *Nîmes,* 26 *juin* 1806 *; Sir.* 6.

Le preneur ne peut non plus exiger aucunes remises pour le vol que l'on fait de ses récoltes; c'est un point qui a été reconnu au conseil d'état, lors de la discussion du Code civil. *V. M. Delvincourt.*

28. Mais les maîtres sont tenus de garantir les preneurs des troubles qui concernent la propriété, dans les cas prévus par l'article 1726 du même Code.

La loi n'examine point si le fermier connaissait ou non la cause de l'éviction, ni si le bailleur en était instruit. Dans tous les cas il y a lieu à une diminution de fermages. *V. M. Delvincourt, art.* 1629 *et* 1630.

29. Le bailleur doit une indemnité pour l'éviction opérée depuis le bail, par suite d'une cause dont il est l'auteur; par exemple, lorsqu'il vend sans charger l'acquéreur d'entretenir le bail; mais il ne doit qu'une diminution de prix si elle survient indépendamment de sa volonté, comme si le gouvernement s'empare

des fonds affermés pour en faire un hippodrome. *Pothier, n°. 87; Arg. de l'art.* 1722.

30. L'action en garantie ne se borne pas toujours à des dommages-intérêts; le fermier peut même, si l'éviction est considérable, et fait présumer qu'il n'eût pas traité s'il l'eût connue, demander la résiliation du bail. *Arg. de l'art.* 1656; *M. Delvincourt.*

31. L'éviction peut quelquefois être arrêtée par le fermier ou ses héritiers. Le moyen par lequel on la repousse s'appelle exception de garantie.

Ainsi, par exemple, si celui qui veut évincer, si celui qui réclame des servitudes sur les fonds affermés, est l'héritier ou le représentant du bailleur, il ne lui est pas permis de troubler le preneur. En effet, si d'une part il a qualité pour agir en son nom personnel, de l'autre il est tenu des engagemens de son auteur.

Mais l'exception ne peut être opposée qu'à celui qui est obligé personnellement à la garantie. Elle n'est pas conséquemment opposable à l'héritier bénéficiaire du bailleur, etc. *Pothier, n°ˢ.* 95, 96, 99 *et* 103.

32. L'on n'admet point directement cette exception contre celui qui a simplement consenti au bail, sans prendre d'autre engagement. Cependant, sous un autre rapport, on le déclare non recevable à agir, comme étant tenu par l'exception *pacti aut doli.* Il en serait de même du notaire qui aurait passé pour un tiers, au profit du fermier, le bail d'une terre dont il était propriétaire, à moins qu'il n'eût appris en être le maître que depuis. *V. Pothier, n°.* 105.

On ne permettrait même pas à l'individu qui aurait garanti la jouissance, d'évincer ou de troubler le fermier, en vertu du droit qu'il aurait acquis depuis le bail, quand l'action en éviction eût été formée par son auteur. Il n'aurait rigoureusement droit qu'aux dépens faits jusqu'au décès de celui-ci, etc. *Pothier,* nº. 103.

33. Non-seulement le preneur est tenu de dénoncer le trouble pour obtenir une diminution de prix, mais il est responsable des pertes que le bailleur éprouve; par exemple, de la privation de la possession annale, etc. *V. M. Delvincourt, art.* 1768 *et* 1640.

34. Si ceux qui ont commis les voies de fait, prétendent avoir quelque droit sur la chose louée, ou si le preneur est lui-même cité en justice pour se voir condamner au délaissement de la totalité ou de partie de cette chose, ou à souffrir l'exercice de quelque servitude, il doit appeler le bailleur en garantie, et doit être mis hors d'instance, s'il l'exige, en nommant le bailleur pour lequel il possède. *Art.* 1727 *C. c.*

Le preneur est autorisé à exiger sa mise hors de cour; mais le tiers qui veut obtenir un passage pour exploiter son héritage, peut s'adresser à lui, s'il ne connaît pas le propriétaire; alors, aussitôt que celui-ci est nommé, le demandeur doit procéder contre lui.

35. Les preneurs sont tenus de deux obligations principales, 1º. d'user de la chose en bon père de famille, et suivant la destination qui lui a été donnée par le bail ou l'usage; 2º. de payer le prix du bail aux termes convenus. *Art.* 1728 *C. c.*

En général, ils ne peuvent ni dessoler les terres ni changer les compots. Pourtant les tribunaux ont le droit, dans des circonstances impérieuses, de permettre aux preneurs de déroger à cette règle. « En 1709 et 1726, dit Houard, le blé que les fermiers avaient semé ayant totalement péri, ils furent autorisés à relabourer leurs terres et à les ensemencer en orge ».

36. D'après l'usage, il est en général défendu aux

preneurs, de faucher les *herbages*, de convertir les *prairies* en pâturages, de dessaisonner les terres, de distraire des fonds affermés les pailles et engrais, de faire tête aux arbres qui ne sont pas sujets à cette opération ou de les émonder, si on ne les émonde pas ordinairement, de couper par le pied les haies qui ne se coupent pas ainsi, de faire aucune coupe de bois après le 15 avril de chaque année, en contravention à l'article 40 du titre 15 de l'ordonnance de 1669; de détruire les maîtresses souches, d'abattre les baliveaux, de porter des fourrages à leurs animaux qui travaillent pour autrui hors des fermes.

37. Dans les lieux où les cultivateurs vendent ordinairement leurs pailles et les remplacent par des fumiers, le propriétaire ne peut empêcher son fermier de disposer des pailles. Au surplus, on suit l'usage. Par exemple : 1°. dans l'ancienne Isle-de-France, les fermiers sont autorisés à vendre la paille excédant la quantité nécessaire pour fumer le tiers des soles; 2°. dans l'Orléanais, dans le Berri, dans la coutume de Cambray, dans celle de Bergues, dans celle du Franc, de Barges, ils sont obligés de convertir toutes les pailles en fumiers; 3°. « dans les pays, dit le Nouveau-Dénisart, v°. fumier, où le fermier entre par les mars, le fermier sortant revient au mois d'août suivant, récolter et engranger les blés qu'il a mis en terre l'année d'auparavant ; les pailles de cette dernière récolte doivent rester dans la ferme pour y être converties en fumiers par le nouveau fermier. Dans d'autres, la paille de la dernière récolte se partage par moitié, l'une appartient au fermier sortant qui en dispose comme bon lui semble, l'autre reste dans la ferme pour y être convertie en fumier par le fermier entrant ; 4°. un arrêt du parlement de Flandre, du 2 décembre 1700, autorise un fermier, dans la châtellenie de Lille, à disposer des

engrais tirés des fossés de la ferme. Le même usage avait été établi dans le ci-devant Artois, par le parlement de Paris, le 31 juillet 1751. »

A moins de dispositions ou usages contraires, les fermiers sont obligés, sans que leurs baux en fassent mention, de faire convertir les pailles en fumiers. La coutume de Cambray, titre 19, art. 5, dit que les fumiers d'une ferme doivent être employés à fumer les terres de ladite ferme, et ne doivent être transportés autre-part ou employés à l'amendement d'autres terres ».

Du reste, quand les preneurs sont chargés, par les baux, de faire convertir les pailles en fumiers, ils sont tenus de se conformer, nonobstant tout usage contraire, à leurs conventions.

Mais lorsque les terres se louent sans bâtimens, il n'y a ni usage ni conventions qui gênent le fermier dans la disposition des pailles ; il engrange sa récolte où il veut. Il n'en est pas de même lorsque les terres se louent avec des bâtimens en corps de ferme ; le fermier est alors tenu d'y engranger sa récolte. *V. Nouv. Dénisart, v°. fumier.*

38. Au nombre des devoirs du preneur, est l'obligation, 1°. de bêcher les arbres fruitiers, à chaque labour, de la pièce où ils sont plantés ; 2°. de couper les surgeons et les gourmands qui y paraissent; 3°. de curer les fossés chaque fois qu'il coupe les haies placées dessus, ou aux époques fixées dans le cours du bail, d'après l'usage ; 4°. de détruire les taupes et les fourmis ; 5°. de mettre des échalas aux vignes ; 6°. d'entretenir les haies en bon état ; 7°. de laisser, lors de chaque coupe, dans les bois taillis et les futaies, les baliveaux de l'âge prescrit par l'ordonnance de 1669, les modernes, les anciens et les gros arbres, même les arbres fruitiers ; 8°. de lever, en Normandie, les guérets, au plus tard à

la mi-mai pour les grosses terres, et à la Saint-Jean pour les terres légères. *V. Desgodets ; Pothier, n°. 224.*

Quoiqu'en général le propriétaire n'exige l'accomplissement de tous ces devoirs qu'à la fin du bail, néanmoins il peut forcer le fermier à s'en acquitter pendant son cours, si le retard à les remplir pouvait lui causer des pertes. *V. M. Léopold.*

39. On regarde comme faisant partie du prix, les prestations soit en grains, soit en voitures, soit en bois, que le fermier fait au propriétaire.

Il doit s'en acquitter de la manière et aux époques convenues ou fixées par l'usage. Par exemple : s'il s'oblige à faire les voitures nécessaires pour la réparation des bâtimens de la ferme ou des chemins vicinaux, le propriétaire ne doit pas exiger, à moins d'une urgence évidente, qu'il les fasse pendant les semailles ou les récoltes.

Le preneur chargé de faire des voitures, n'est point tenu d'aller chercher loin les matériaux lorsqu'on en trouve près de la terre. Il n'est pas juste non plus qu'on le contraigne à faire toutes les voitures nécessaires pour réconstruire à neuf des bâtimens, ou pour pratiquer des chemins neufs, si le bail ne parle que de voitures pour réparations. Il est maître de refuser celles qu'on exigerait pour des changemens que le propriétaire se permettrait. *V. Pothier, n°. 205 et suivans.*

40. Les règles générales que nous venons d'exposer, sont toutefois subordonnées aux usages locaux.

Or, 1°. les coutumes de Bourgbourg, rub. 7, art. 3, de Pitgam, art. 2, rub. 4, de Poperinghe, titre 5, art. 11, de Termonde, art. 10, rub. 6, de Waès, rub. 9, art. 2, d'Audenarde, rub. 9, art. 17, d'Eecloo et Lembeke, rub. 5, art. 12, défendent aux fermiers de couper les *montans* ou futaies plantés ou crus naturellement, et même de les ébrancher, etc. Celle de Bourgbourg leur défend spécialement de couper les arbres fruitiers et les haies d'épine-blanche. Celles de Termonde et d'Audenarde n'établissent la prohibition que pour les *montans* ayant plus de 9 ans, etc., etc.

2°. Suivant la coutume d'Hondtschote, rub. 11, art. 5, les preneurs ne peuvent couper les haies d'épines par le pied autour des vergers, *des gardes* des grands chemins. Celle d'Audenarde, rub. 9, art. 24, leur défend de déraciner les bois et les haies.

3°. La coutume de Bouchaute, rub. 10, art. 12; celle d'Eecloo et Lembeke, rub. 5, art. 22, de Courtray, rub. 7, art. 18; celle d'Alost, rub. 14, art. 19, ne permettent aux fermiers de couper les bois durs que tous les neuf ans. Celle de Termonde défend de les couper plus d'une fois dans le cours des baux.

La coutume d'Eecloo et Lembeke, celle d'Audenarde, celle de Courtray, de Bouchaute, les autorisent à faire la coupe des bois tendres, etc., à l'âge de 7 ans.

4°. Suivant les coutumes de Bouchaute, rub. 10, art. 17; celle d'Eecloo et Lembeke, rub. 5, art. 18; celle de Courtray, rub. 7, art. 9, les propriétaires ont le droit d'abattre les arbres montans, en laissant aux fermiers les branches qui se coupent ordinairement.

5°. Les coutumes d'Eecloo et de Lembeke, rub. 5, art. 22; de Bouchaute, rub. 10, art. 13; de Courtray, rub. 7, art. 17; d'Audenarde, rub. 9, art. 20, veulent que les fermiers observent fidèlement l'ordre des coupes. Elles obligent les maîtres et les fermiers à se faire raison sur les coupes, lorsque les bois n'ont pas été abattus aux époques fixées, ou l'ont été trop tôt, etc.

6°. La coutume d'Ecloo et Lembeke, rub. 5, art. 24; celle d'Audenarde, rub 9; celle de Bouchaute, rub. 10; celle de Courtray, rub. 7, font un devoir aux fermiers de couper les bois à l'âge convenable, à peine de dommages-intérêts, etc.

7°. La coutume d'Eecloo et Lembeke, oblige les fermiers à enlever les bois avant la St.-Jean. Celle de Poperinghe, titre 5, art. 2, ajoute : « au moins dans les 14 jours suivans ». Celle de Bouchaute, rub. 10, art. 17, les charge de faire l'enlèvement avant la St.-Jean.

8°. Dans les lieux où, comme en Normandie, il n'y a point de loi municipale sur la saison où le bois doit se couper, les fermiers doivent se conformer à l'article 40, tit. 15 de l'ordonnance de 1669; ils ne peuvent plus couper de bois après le 15 avril de chaque année.

41. La coutume de Furne, tit. 33, art. 10, défend *de semer* les terres deux fois pour un été ou une récolte. Celle de Poperinghe, tit. 5, art. 21, prohibe *deux semences blanches l'une après l'autre*. Celle de Courtray, rub. 7, art. 19; celle d'Alost, rub. 14, art. 20, ne permettent de semer que *deux fruits* après la fumure; la troisième année les terres doivent se reposer. Celle d'Audenarde, rub. 9, art. 9, n'autorise les preneurs à faire que deux récoltes sur une fumure; savoir : la première année, du blé; la seconde, des pois ou autres mars. La troisième année est destinée au repos. V. Hondstchote, rub. 11.

42. La coutume de Bourgbourg, rub. 7, art. 10; celle d'Alost, rub. 14, art. 26, refusent expressément le droit de rompre les prairies. Celle de Berghs-Winox, art. 13, défend de rompre aucun pâturage ou ancienne prairie dans les 3 dernières années des baux; elle prohibe, art. 14, le fauchage des pâturages et terres hautes; elle défend d'y envoyer pâturer les chevaux et les poulains, art. 15. Celle d'Hondstchote, art. 13 et 15, leur interdit de labourer soit des terres qui n'ont pas coutume d'être cultivées, soit

des pâturages quelconques. Celle de Courtray , rub. 7 , art. 22 , leur défend également de rompre les pâtures ; mais elle les autorise à labourer les *prés à faucher* dans les six premières années de jouissance , à la charge de convertir une quantité égale de terre en nouveaux prés. Celle d'Audenarde , rub. 9 , art. 25 , leur permet d'ensemencer les marais et les prairies , sous la condition de les rendre *couchés* en pâturages depuis 3 ans.

43. La coutume de Courtray , rub. 7 , art. 26 , défend aux preneurs de changer les jachères ; et celle d'Alost , rub. 14 , art. 20 , prohibe le dessolement ; celle de Berghs-Winox leur fait un devoir , rub. 7 , art. 13 , de cultiver les terres aux saisons convenables , et de les rendre bien labourées. Elle leur défend de faire des tourbes avec les fumiers de vache , art. 21.

44. La coutume de Berghs-Winox , rub. 7 , art. 15 , oblige les fermiers à préserver les jeunes bois de la dent des bestiaux ; celle de Bouchaute , rub. 10 , art. 15 , défend de mettre les bestiaux dans les bois âgés de moins de 3 ans ; les chevaux peuvent y aller plutôt. Celle d'Eecloo et Lembeke , art. 21 , prohibe le pâturage des *bestiaux* dans les bois.

D'après son article 18, les fermiers ne peuvent faire pâturer leurs bestiaux sur les héritages où ils ont coupé des haies ou taillis, qu'après les quatre premières années qui suivent la coupe. Celle de Courtray défend l'introduction de tous les animaux dans les bois, art. 20, rub. 7. Celle d'Audenarde , rub. 9, art. 23, porte la même prohibition pour les bois de 3 ans ; après les vaches et les chevaux peuvent y aller pâturer. Celle d'Alost, rub. 14, art. 25, défend de mettre des bestiaux dans les bois ayant moins de 3 ans.

45. Sous la coutume de Poperinghe, les fermiers qui *rompent* les anciennes prairies, et en font des houblon-

nières, doivent les laisser, à leur sortie, plantées de houblon âgé de deux ans, ou à les rétablir en prairie, deux ans avant l'expiration des baux, tit. 5, art. 15. Mais les houblons élevés dans les terres à semences, appartiennent au fermier à sa sortie, s'il n'en a planté sur 15 mesures de terre, qu'une seule. Le propriétaire peut toutefois les retenir sur estimation. *Art.* 16.

46. Les coutumes de Normandie, art. 517; de Waès, rub. 9, art. 4, autorisent les fermiers à élever des pépinières, et à les enlever à leur sortie. Cette dernière leur permet d'élever aussi des montans; mais les propriétaires ont le droit de retenir ces productions en en payant la valeur, etc, etc.

Les coutumes de Bouchaute, rub. 10, art 21; d'Eecloo et Lembeke, rub 5, art. 16; de Courtray, rub. 7, art. 33, etc., permettent aux fermiers d'enlever, à leur sortie, les constructions par eux faites sur les métairies. Elles forment droit commun. Voyez n°. 19, vol. 1.

47. Les charges foncières, telles que champart, rentes foncières, confections et réparations de chemins ou d'églises, enfin les choses aux dépenses desquelles on subvient par des centimes additionnels, etc., sont de plein droit à la charge des bailleurs. Les coutumes contraires sont abrogées.

Les droits qui sont dûs aux vérificateurs, pour poinçonner et marquer les poids et mesures, sont de véritables impôts auxquels les locataires des moulins ne sont point tenus. Leurs propriétaires en sont chargés. Il en était de même sous le droit ancien. *V. Dénisart.*

48. Suivant la loi du 3 frimaire an 7, art. 147, «la contribution foncière est payable par le propriétaire; néanmoins tous fermiers sont tenus de payer, à l'acquit du propriétaire, sa contribution foncière,

pour les biens qu'il aurait pris à ferme, et le propriétaire reçoit les quittances du montant de cette contributions pour comptant, sur le prix des fermages, à moins que le fermier ne soit chargé, par son bail, du paiement des contributions ».

Ainsi, les impôts fonciers sont de droit à la charge du bailleur, s'il n'y a stipulation contraire. *V. Pothier*, n°. 214.

La contribution foncière d'une année est due par ses récoltes ; ainsi, le fermier qui fait la récolte de 1820 est tenu de payer la contribution de cette année, lorsque son bail le charge des impôts. *Cour de Paris*, 10 *décembre* 1816 ; *M. Dulaurens. V. loi du* 1er *décembre* 1790.

49. La taxe des portes et fenêtres est payable par le propriétaire, sauf le remboursement par chacun de ses locataires, à raison du nombre des portes et fenêtres à son usage. *Loi du* 4 *frimaire an* 7, *art.* 12.

« La contribution mobilière et des patentes est payable par les individus nominativement cotisés dans les rôles, sauf la garantie du locateur dans le cas où il n'aurait point rempli les formalités requises pour être déchargé de cette responsabilité. *M. Dulaurens, Inst. ministérielle.*

50. Lorsque le propriétaire ne réside point dans la commune de la situation du fonds imposé, il y est représenté pour le paiement de sa cote par un fermier, et le percepteur exerce en conséquence contre ce dernier les poursuites prescrites contre le propriétaire.

Si le propriétaire habite la même commune que le fermier il doit être poursuivi dans les formes ordinaires ; à défaut de paiement, le percepteur procède par saisie-arrêt entre les mains du fermier. *M. Dulaurens, Disp. régl.*

Mais « les termes échus ou à échoir du fermage ou de la location, ne peuvent être saisis que jusqu'à concurrence de la somme due par le contribuable au moment de la saisie ; et si ce montant suffit, on ne peut saisir au-delà ». *M. Dulaurens.*

51. S'il y a plusieurs fermiers, le percepteur est tenu de s'adresser d'abord à celui d'entr'eux dont le prix du fermage est le plus fort, et de régler ainsi sur le plus haut prix du fermage, l'ordre des saisies successives, s'il y a lieu d'en faire. *M. Dulaurens, Manuel des contribuables.*

52. Le fermier ne peut être contraint au paiement des sommes par lui dues, qu'aux époques déterminées pour le paiement de ses fermages. S'il est en retard de payer les sommes arrêtées, il est poursuivi par voie de commandement et de saisie-exécution dans les formes accoutumées.

Les frais de poursuites sont payés par les preneurs, sauf leur recours contre leurs propriétaires. *Disp. régl., M. Dulaurens.*

53. Le propriétaire, garant et responsable de la contribution personnelle et des patentes dues par son fermier, est poursuivi par les mêmes voies que le locataire,

1°. « Dans le cas de déménagement de meubles effectué à l'expiration du bail, si, un mois avant cette expiration, le propriétaire n'a pas eu soin d'en prévenir le percepteur et de tirer une reconnaissance, par écrit, de cet avertissement ; 2°. en cas de déménagement furtif, si le propriétaire n'a pas eu soin de faire constater légalement, dans trois jours, ce déménagement ». *Arrêt du conseil, du 9 juin* 1771 ; *V. Manuel des contribuables.*

54. La loi accorde au propriétaire, aux principaux preneurs, et par la même raison à tous les usufruitiers, contre les créanciers de leurs fermiers, un privilége pour,

1°. « Les loyers et fermages des immeubles, sur

les fruits de la récolte de l'année, et sur le prix de *tout* ce qui garnit la maison louée ou la ferme, et de *tout* ce qui sert à l'exploitation de la ferme ; savoir, pour tout ce qui est échu, et pour tout ce qui est à échoir, si les baux sont authentiques, ou si, étant sous signature privée, ils ont une date certaine ; et, dans ces deux cas, les autres créanciers ont le droit de relouer la maison ou la ferme pour le restant du bail, et de faire leur profit des baux ou fermages, à la charge toutefois de payer au propriétaire tout ce qui lui serait encore dû ;

» Et, à défaut de baux authentiques, ou lorsqu'étant sous signature privée, ils n'ont pas une date certaine, pour une année à partir de l'expiration de l'année courante ;

» Le même privilége a lieu pour les réparations locatives, et pour tout ce qui concerne l'exécution du bail ;

» Néanmoins les sommes dues pour les semences ou pour les frais de la récolte de l'année, sont payées sur le prix de la récolte, et celles dues pour ustensiles, sur le prix de ces ustensiles, par préférence au propriétaire, dans l'un et l'autre cas ». *Art.* 2102 *et* 2062 *C. c. ; art.* 819 *C. p.*

55. Le privilége du propriétaire s'étend sur *tout* ce qui garnit la ferme.

1°. Suivant « Dupineau, dit Olivier de St.-Vast, ce privilége a lieu contre la femme, antérieure en hypothèques pour sa dot et le remploi de ses propres». *Vol.* 4, *p.* 647 ; *Berault.*

2°. Les tiers n'ont pas le droit de revendiquer, au préjudice du maître, les effets de leurs débiteurs transportés sur lui, quoiqu'étant par eux saisis avant tout déplacement.

3°. Les propriétaires qui font herbager leurs bestiaux sur les fonds affermés, à raison de tant par tête de bétail, ne peuvent pas les soustraire au privilége, malgré leur bonne foi. Vainement ils prouveraient que ces bestiaux n'appartiennent pas au preneur. C'était à eux de s'assurer si le maître était satisfait. *V. Basnage, p.* 64, *Hyp.* ; *Henrys, vol.* 4, *p.* 31; *Pothier, Cout. d'Orléans, tit.* 19, *n^{os}*. 54 *et* 58, *seq.*

4°. Le propriétaire peut faire vendre, pour se remplir, le cheptel donné à son fermier, si le bailleur ne lui a notifié le cheptel. *Art.* 1813 *C. c.*

5°. Le privilége du maître s'étend sur les sous-preneurs, même à titre gratuit. La loi ne permet en effet aucune exception en leur faveur. *Pothier, du louage.*

56. La loi accorde un privilége, au propriétaire dont le bail n'a pas de date certaine, *pour une année, à partir de l'année courante;* ainsi, il est toujours assuré de deux années; savoir, l'année courante et l'année qui la suit immédiatement. *V. M. Persil, rép. v°. priv.*

Mais le propriétaire ne peut jamais exiger son paiement par avance, que s'il se trouve en concours avec d'autres créanciers. *Cassation* 8 *décembre* 1806; *M. Persil.*

57. Le propriétaire ayant un privilége pour tout ce qui concerne l'exécution du bail, a le droit de l'exercer pour les avances qu'il fait à son fermier, en vertu des clauses y stipulées; mais si elles étaient faites depuis le bail, et par des conventions qui n'en fussent pas une suite, elles présenteraient le caractère d'un prêt. *Pothier, du louage, n°.* 254; *M. Persil.*

Cependant on accorderait un privilége au propriétaire, suivant le 4e. alinéa de l'art. 2102, si elles avaient été fournies pour les semences ou les récoltes.

58. Suivant M. Persil, les fermages sont préférés à toute espèce de frais, même à ceux de saisie.

En effet, par l'expression *frais de poursuites*, employés dans l'art. 662, on entend les frais nécessités par une distribution ; on n'y comprend pas ceux d'exécution, tels que commandement, saisie, etc. *V. M. Carré ; C. p.*

59. Le §. 4, de l'art. 2102 du Code civil, accorde au propriétaire, sur le prix de la chose vendue, une préférence absolue au préjudice même du vendeur. L'ouvrier qui raccommode des ustensiles aratoires, servant de gage, ne doit être également payé qu'après le propriétaire. *V. M. Persil.*

60. « Le propriétaire peut saisir les meubles qui garnissent sa ferme, lorsqu'ils ont été déplacés sans son consentement, et il conserve sur eux son privilége, pourvu qu'il en ait fait la revendication ; ...... lorsqu'il s'agit du mobilier qui garnissait une ferme, dans le délai de 40 jours ». *Art.* 2102 *C. c.*

61. Le délai pour former la revendication, court à partir de l'enlèvement du gage. Le propriétaire doit faire surveiller son fermier assez exactement, pour prévenir toute surprise. *Pothier, Procédure civile.*

Néanmoins, si l'enlèvement s'était fait furtivement et de concert avec un tiers de mauvaise foi, le délai ne semblerait devoir courir qu'à partir du jour où le propriétaire aurait pu en avoir connaissance. *V. M. Persil.*

62. La loi se sert de l'expression *déplacés* sans son consentement. Donc si le propriétaire donnait son consentement, même d'une manière tacite, à ce que les choses servant de gage fussent déplacées, il ne pourrait plus les revendiquer.

63. Suivant la jurisprudence de la cour de Paris, consacrée par un arrêt du 2 octobre 1806, le propriétaire peut empêcher le preneur d'enlever les meubles qui garnissent sa ferme, lors même que

ceux qui restent sur les lieux sont plus que suffisans pour répondre des loyers échus ou à échoir. *V. M. Persil ; M. Grenier, Traité des hypothèques.*

D'après Pothier, sur la coutume d'Orléans, tit. 19, Introduction, n°. 51, tant qu'il demeure assez d'effets sur les lieux, pour en répondre et pour faire valoir, le propriétaire n'a pas le droit d'interdire à son fermier la disposition de ses meubles. Enfin, dans les fermes, la garantie du maître est toute dans les récoltes ; il ne peut obliger le preneur à garnir de meubles que pour l'exploitation. *V. aussi tit.* 16, *n°s*. 27 et 65, *arg. de l'art.* 1752 et 1765 *C. c.*

Comme la loi ne nous donne point de règles précises à cet égard, les tribunaux doivent se décider par les circonstances. Mais en général le propriétaire ne peut empêcher le fermier de disposer de la quantité de meubles excédant la sûreté des loyers. *V. M. Grenier.*

64. S'il faut en croire MM. Berriat-Saint-Prix et Tarrible, le propriétaire n'a pas le droit de revendiquer les fruits. M. Persil semble partager la même opinion, avec des restrictions.

Mais en réfléchissant sur les conséquences de pareils principes, on verra qu'ils sont en opposition avec l'esprit de la loi.

En effet, supposons qu'un preneur, n'offrant à son propriétaire, pour garantie, que les fruits de l'année, par exemple, des blés ou des vins ou des cidres, fasse enlever subitement tout ce qu'il aura récolté, et le transporte ailleurs, refusera-t-on une action au maître, pour faire rentrer le tout sur son fonds ? lui refusera-t-on enfin le droit de les revendiquer ?

La négative est sans difficulté ; autrement, tous les propriétaires dont les récoltes font l'unique gage, seraient souvent exposés à perdre leurs fermages.

65. Le propriétaire peut revendiquer, contre tout

détenteur, les effets qui lui servent de gage. Peu importe que les tiers aux mains desquels on les trouve soient de bonne ou de mauvaise foi; c'est à l'acheteur à prendre ses précautions pour n'être pas trompé. *V. M. Delvincourt.*

Mais la revendication ne peut avoir lieu sur les grains, les bestiaux, et enfin sur les meubles vendus en foire, en marché, à l'encan. *Pothier, du louage, n°. 265; Encyclop.*

Si la vente avait été faite hors d'une foire ou d'un marché, l'acheteur serait réputé de mauvaise foi. C'est une suite du principe suivant lequel le propriétaire d'un animal volé, acheté hors d'une foire ou d'un marché, est autorisé à le reprendre sans en rendre le prix. *V. n°. 708, vol.* i.

66. Les propriétaires exercent leur privilége sur leur gage, même transporté chez un nouveau maître. En effet, ce gage ne peut servir de garantie à un second propriétaire, pendant les délais de la revendication, que sous la condition d'acquitter le premier créancier. *Pothier, Trait. de proc. civ.*

67. Les règles sur la saisie-revendication sont tracées au Code judiciaire, art. 819, 820 et suivans; il nous suffit d'y renvoyer.

68. Le propriétaire qui ne peut parvenir à se faire payer, ne peut s'emparer des choses qui lui servent de gage. Cependant la loi ne lui défend pas d'en traiter avec le preneur, et d'en compenser le prix contre ses fermages. Mais, en général, on regarde les ventes de cette espèce comme frauduleuses, lorsqu'elles sont attaquées par les créanciers du preneur. *V. Olivier de St.-Vast, Cout. du Maine et d'Anjou.*

Il n'est permis au propriétaire, dans aucun cas, de s'opposer à la vente de son gage, bien qu'elle nuise à l'entretien du bail. *Art.* 609 *C. de proc.; Cas.,* 16 *août* 1814.

69. Les propriétaires ne peuvent, en général, saisir que pour les fermages *échus*.

Mais il existe des exceptions, puisées dans le Droit commun, art. 1188 C. c. et 124 C. p.

« C'est pourquoi, dit Ferrière dans ses Conférences sur l'article 171 de la coutume de Paris, si le propriétaire s'aperçoit que son fermier soit mauvais ménager, et qu'il vende ou transporte ses fruits, et qu'apparemment il ne pourra pas lui payer sa redevance ; en ce cas, suivant le sentiment de Coquille, en ses questions, chap. 203, il serait bien fondé à saisir les fruits de son héritage pour assurer sa dette, mais non pas à l'effet de les vendre avant le temps échu du paiement, pour obliger le fermier à une de ces trois conditions : savoir, ou à lui donner bonne et suffisante caution pour payer la dette après le terme échu, suivant la loi *in omnibus ff. de judic.*, ou à souffrir le séquestre des fruits jusqu'au jour du paiement échu, suivant la loi *si fidejussor* §. *ult ff. qui satisd. cog ant l. postquam* §. 1, *vers. sed sinec ff. ut leg. vel fideicomm. nom.*, ou que s'il y a lieu de craindre que les fruits ne dépérissent, il soit dit qu'ils seront vendus, et les deniers déposés en main tierce jusqu'au terme ».

L'auteur apporte une restriction bien juste à l'application de ces règles. « Cependant, selon mon avis, dit-il, le propriétaire ne serait pas bien fondé dans sa saisie, s'il ne justifiait de l'insolvabilité du fermier après la vente des fruits, ce qui se pourrait prouver par des circonstances, comme si le fermier était accablé de dettes, si le propriétaire n'avait pu être payé de l'année précédente que par la saisie et vente des fruits ; autrement le juge devrait donner au fermier main-levée de la saisie, parceque le terme du paiement, éloigné de la perception des fruits, est accordé au fermier pour son utilité, et le propriétaire l'en priverait, s'il lui ôtait le pouvoir de vendre et disposer des fruits du fonds ».

Olivier de St.-Vast tient absolument le même langage, sur les coutumes du Maine et d'Anjou.

« Quand le fermier, à la fin du bail, veut sortir, dit Olivier-Estienne, dans son *Nouveau Traité des hypothèques*, on peut saisir pour les termes non échus, et il faut qu'il paye tout, quoique non échu, ou du moins qu'il donne bonne caution de payer. Encore le propriétaire ne la recevrait que difficilement ; car *plus cautionis in re quam in personâ*. En un mot il faut qu'il paye ce qui est échu et non échu, d'autant plus que le terme n'est retardé que par grâce ». *V.* p. 193.

On ne doit pas suivre ces opinions à la lettre ; c'est aux tribunaux à balancer les sûretés du propriétaire avec les facultés du fermier.

70. Dans plusieurs contrées de la France, les propriétaires louent en détail leurs prés ou leurs terres, sans fournir de lieux où loger les récoltes. Les termes de fermages se paient en majeure partie après la moisson, et souvent après l'époque où le fermier peut avoir tout vendu. Le maître trouve ordinairement dans les récoltes suivantes de quoi se remplir, en les faisant saisir. Mais quelles mesures prendra-t-il pour les termes qui écherront après l'expiration du bail ? On doit présumer que le propriétaire a compté sur sa solvabilité, et il ne pourrait le poursuivre avant le terme, afin d'obtenir des sûretés, à moins qu'il ne fût tombé en déconfiture, ou ne donnât, par sa situation, des inquiétudes sur le paiement.

71. Le plus souvent, le prix des fermes, dont les récoltes se logent sur le propriétaire, n'est payable qu'une année ou six mois après chaque moisson ; conséquemment, le maître peut perdre la dernière année

de loyers, puisque le fermier dégarnit avant l'époque où il est tenu de payer.

L'usage a introduit d'autres règles pour ce cas. Le propriétaire a le droit d'exiger que sa terre reste garnie d'effets pour répondre de ses fermages. A la vérité, le preneur est obligé d'enlever ses meubles, ses grains, ses chevaux, vaches, vins, cidres, etc., avant l'exigibilité ; mais aussi il est tenu de laisser soit des grains dans les greniers, soit des vins ou cidres dans les caves pour servir de gage.

72. De ce que la loi autorise à saisir *à l'instant*, et sans commandement préalable, il ne faut pas conclure que le propriétaire puisse saisir sans demander les fermages au preneur. Il est tenu de le mettre en demeure de payer, en le sommant d'acquitter ses fermages. Sur son refus, l'huissier est libre de saisir sans désemparer. *V. M. Carré, Quest.* 5182 ; *Pigeau et Delaporte.*

73. De tout temps on s'est mis en garde contre les paiemens anticipés. On répute frauduleux, ceux qui ont été faits contre les clauses d'un bail ou contre l'usage des lieux ; enfin ceux qui paraissent avoir été effectués dans le dessein de tromper des tiers. Au surplus, les tribunaux font en cette matière l'office de jurés. *V. M. Carré, Quest.* 2585.

74. Les fermages doivent être payés aux époques et dans les lieux indiqués par les baux.

S'il n'y a pas d'époques fixées pour le paiement, il doit se faire à celles qui sont indiquées par l'usage ; par exemple : 1º. en Normandie, le fermier paye à Noël et Pâques de chaque année, en deux termes égaux. 2º. Sous la coutume d'Orléans, il paye à la Toussaint, en un seul terme. 3º. Sous les coutumes de Melun, art. 180 ; de Sens, art. 257 ; de Dourdan, art. 143 ; de Valois, art. 180, les loyers des maisons s'acquittent tous les 3 mois. Voyez Bordeaux, chap 3.

4°. La coutume de Bourgbourg, rub. 7 ; celle de Berghs-Winox, art. 18, fixent le paiement des fermages des métairies à la Saint-Martin. 5°. La coutume d'Eecloo et Lembeke, rub. 5, art. 13, le porte à la Saint-Rémi, art 15. 6°. Dans la coutume de Courtray, art. 6, rub. 7, ces fermages sont payables à la St-Jean. 7°. Dans celle de Lille, art. 5, chap. 15, ils le sont à la St.-Rémi, Noël, Pâques et la St.-Pierre, *par delà les 4 ponts ;* à Noël, St.-Pierre et St.-Paul, *en dedans des 4 ponts.* 8°. Dans celle de Cambrai, tit. 19, art. 1, ils le sont à Noël, l'Annonciation, la Nativité, la St.-Jean et la St.-Rémi, ou 1er. octobre.

75. Le paiement des fermages, soit en prestations, soit en argent, doit se faire au domicile du preneur, s'il n'y a stipulation contraire ; c'est la suite du principe général consigné dans l'art. 1247 du Code civil.

Lorsqu'il est stipulé que le fermier portera ses fermages ou faisances au domicile du bailleur, il est tenu de les porter dans la maison alors occupée par ce dernier. Mais s'il vient à quitter cette demeure, le preneur ne doit pas les porter à sa nouvelle habitation, à moins que la différence du transport ne fût vraiment insignifiante, comme si le bailleur, habitant une ville, eût changé de quartier. *V. Pothier,* *n°.* 137.

76. Les fermiers doivent supporter les frais de paiement ou de livraisons ; ils sont tenus de payer le timbre des quittances. Rien ne les oblige à prendre plutôt une quittance sous seing qu'une notariée ; si les bailleurs ne peuvent ou ne savent signer, il semble juste de mettre les quittances notariées à leur charge. *V. M. Toullier, vol.* 7 ; *n°s.* 96 *et* 97.

Les amendes encourues pour l'expédition des quittances sur papier libre, sont à la charge des preneurs et des bailleurs. Tous deux sont contrevenans *soli-taires*, suivant la loi de 1816 sur le budjet.

77. Lorsque les fermiers doivent porter des boissons ou autres denrées au domicile du propriétaire, ils sont tenus de payer les droits d'inventaire ou d'octroi. Lorsqu'un propriétaire est obligé d'aller se livrer chez son fermier, il doit acquitter les droits d'enlèvement. *Art.* 58 *et* 59, *loi du 5 ventôse an* 12; *M. Toullier, n°.* 96.

Mais nous ferons remarquer que les boissons qu'un colon partiaire, ou preneur emphytéotique à rente, remet au propriétaire ou reçoit de lui en vertu de baux authentiques *ou d'usages notoires*, ne sont assujetties qu'à l'acquit des droits de passavant. *Loi du* 28 *avril* 1816.

78. Il existe plusieurs cas où, selon l'usage, la libération du fermier s'établit par des présomptions. Par exemple : le propriétaire qui se réserve le droit de nourrir, sur la ferme, son cheval, lorsqu'il y ira; qui exige tant de beurre, ou de lait, ou de crême, pour lui ou les personnes qu'il conduira chez le fermier, ne peut se faire tenir compte, à la fin du bail, de ces faisances, s'il ne les a point prises chaque année. Elles sont censées remises dès qu'elles n'ont point été exigées au temps fixé. *V. Olivier de St.-Vast, sur les Cout. du Maine et d'Anjou, vol.* 4.

79. Suivant Pothier, n°. 179, et plusieurs autres jurisconsultes, «les quittances de trois années de fermages consécutives, établissent une présomption du paiement des années précédentes».

Pour que cette présomption soit recevable, il faut, 1°. que les fermages des années précédentes soient dus à la personne qui a expédié les quittances; 2°. que ce soit la même personne à laquelle on a donné quittance des trois années consécutives, qui fût la débitrice des fermages précédens ; 3°. que rien ne prouve pour quelle raison les derniers fermages ont été reçus avant les premiers ; 4°. que la libération des 5 années ne soit pas opérée par une seule quittance. *V. M. Ruelle.*

D'après M. Delvincourt, cette présomption ne s'applique qu'aux cas et aux lieux où les fermages se payent par année. Il pense qu'en général l'acquit des 3 derniers termes suppose le paiement des termes antérieurs.

Il nous semble que des présomptions de cette espèce n'étant point mises, par le Code, au nombre des présomptions de droit, c'est au juge à les adopter ou à les rejeter selon les circonstances. *V. M. Toullier*, n°. 339, *vol.* 7.

Mais tous les auteurs pensent que la consignation de trois fermages n'établit aucunement la présomption de paiement des années antérieures. *Pothier*, n°. 185.

80. Les loyers et fermages se prescrivaient diversement, selon les coutumes. Aujourd'hui ils se prescrivent par cinq ans, qui courent non-seulement de l'expiration du bail, mais pour chaque terme de fermages, du jour de son échéance. *V. Rép.*, *v°. bail* ; *art.* 2277 *C. c.*

81. Si le preneur emploie la chose louée à un autre usage que celui auquel elle a été destinée ou dont il puisse résulter un dommage pour le bailleur, celui-ci peut, suivant les circonstances, faire résilier le bail. Par exemple : s'il emploie une maison destinée à loger le fermier, à usage d'étable, de grange, etc. ; s'il tient fermés les bâtimens d'habitation et réside sur d'autres héritages que ceux de la terre. *Arg. de l'arrêt de Paris*, 28 *avril* 1810, *Sir.* 12.

82. D'après l'art. 1720 du Code civil, le bailleur est tenu de délivrer les lieux en bon état. Il doit faire les réparations et réfections *necessaires*, quand même

le preneur serait entré en jouissance sur un devis où le mauvais état en serait constaté. *V. M. Ruelle, n°.* 149.

Lorsqu'il a été fait un état des lieux entre le bailleur et le preneur, celui-ci doit rendre les choses telles qu'il les a reçues suivant cet état, excepté ce qui a péri ou a été dégradé par vétusté ou force majeure. *Art.* 1730.

83. Les états de lieux ou devis peuvent se rédiger sous seing, comme les baux. On doit les faire double quand ils renferment des obligations synallagmatiques, et en un seul original quand ils n'en renferment pas; dans le doute, on doit les rédiger en autant d'originaux qu'il y a de parties ayant des intérêts opposés. *V. M. Delvincourt.*

Les frais, suivant M. Ruelle, n°. 341, des états de lieux, doivent être supportés par les propriétaires, comme étant une suite de l'obligation de délivrer, dont tout bailleur est chargé, art. 1608, 1693 et 1720 C. c.

Quant aux frais de contrevisite à faire à la fin du bail, ils nous semblent être à la charge des preneurs.

Dans les devis des fermes, il faut s'attacher à bien décrire l'état, 1°. des bâtimens et de leurs fermetures; 2°. des fossés, des rigoles et des haies; 3°. des coupes périodiques des bois; 4°. des soles en guérets, en gros grains, en menus; 5°. des arbres fruitiers ou autres; 6°. des prairies ou herbages; 7°. des vignobles, dans les lieux où il y en a.

84. Les héritages ne doivent être rendus ni dans un meilleur ni dans un plus mauvais état que celui dans lequel ils ont été livrés, sauf les changemens survenus par force majeure ou vétusté.

La présomption établie par l'art. 1731, n'est pas une présomption de droit; au contraire, le fermier est autorisé à prouver, même par *témoins*, à défaut d'écrits, puisque la loi suppose qu'il n'y en n'a pas, que les lieux étaient en tel ou tel état lors de son entrée en jouissance.

85. En général, le preneur n'est pas recevable à demander au bailleur le remboursement des répations qu'il a faites sans l'en avertir. Néanmoins si elles étaient urgentes, et qu'il n'eût pu l'instruire de l'urgence, il pourrait en exiger le coût. *V. Pothier, n°. 130.*

A l'égard des impenses utiles que le fermier a faites sur les fonds affermés, comme façon de râteliers d'écuries, de hangars, etc. Il n'a pas le droit de forcer le propriétaire à lui en payer la valeur. Il lui est seulement permis d'enlever, à la fin de son bail, tout ce qu'il a placé ou fait contruire sur la terre, en rétablissant les lieux dans l'état où ils étaient lors de son entrée en jouissance. *Pothier, n°. 131; M. Toullier, vol. 5, n°. 130; Domat.*

Le fermier peut même enlever les ouvrages de menuiserie et autres, scellés dans les murs des bâtimens de la ferme avec du plâtre ou des pattes de fer, à la charge de réparer les dégradations. *V. Desgodets et Leopold.*

Selon M. Léopold, le fermier ne peut arracher ni emporter les arbres qu'il a plantés dans les jardins; mais il est autorisé à enlever les plantes, les légumes, les arbrisseaux et les arbustes *mis en pépinière.*

Le propriétaire a la faculté de conserver les arbres qui sont plantés à perpétuelle demeure, en en payant la valeur.

Au surplus, on doit se conformer là-dessus aux usages locaux. Voyez, par exemple, les art. 516 et 517 de la Cout. de Normandie. *Art. 555 C. c., et n°. 5, vol. 1. V. MM. Toullier et Ruelle.*

86. « Les fermiers des héritages de campagne, à l'égard des bâtimens qu'ils occupent, sont tenus des

menues réparations dont sont chargés les locataires des maisons. » *V. Pothier*, *n°*. 224 ; *M. Ruelle.*

Or, les réparations locatives ou de menu entretien dont le locataire est tenu, s'il n'y a clause contraire, sont celles désignées comme telles par l'usage des lieux, et, entr'autres, les réparations à faire ; 1°. aux âtres, contre-cœurs, chambranles et tablettes des cheminées ; 2°. au recrépiment du bas des murailles des appartemens et autres lieux d'habitation, à la hauteur d'un mètre ; 3°. aux pavés et carreaux des chambres, lorsqu'il y en a seulement quelques-uns de cassés ; 4°. aux vitres, à moins qu'elles ne soient cassées par la grêle ou autres accidens extraordinaires et de force majeure, dont le locataire ne peut être tenu ; 5°. aux portes, croisées, planches de cloison ou de fermetures de boutiques, gonds, targettes et serrures. *Art*. 1754 *C. c.*

« Le curement des puits et celui des fosses d'aisances sont à la charge du bailleur, s'il n'y a clause contraire ». *Art*. 1756 *C. c.*

87. Les autres réparations locatives tombant communément à la charge des fermiers, sont, dans les métairies, l'entretien, 1°. des poulies ; 2°. de leurs chapes ; 3°. des cordes ; 4°. des mains de fer des puits et greniers ; 5°. des tuyaux de descente en plomb ou en grès ; 6°. des auges de pierre ; 7°. des mardelles de puits ; 8°. des bornes ; 9°. des barrières ; 10°. des râteliers des écuries ; 11°. des barres séparant les chevaux ; 12°. de la maçonnerie des mangeoires ; 13°. des palissades ; 14°. des arbres, arbustes, buis et gazons ; 15°. des canaux en plomb, en fer ou en grès ; 16°. du ramonage des cheminées ; 17°. des fours, 18°. des puits ; 19°. des prairies ou herbages exigeant la destruction des ronces, épines, taupes, fourmis, etc. ; 20°. des arbres, et surtout des jeunes entes ayant be-

soin d'être abritées avec des ronces ou autrement. *V. Rep.*, M, *Merlin.*

Mais les preneurs ne sont nullement tenus de réparer les pavés des écuries, cassés par le pied des chevaux, ni ceux des cours destinées aux voitures, etc., cassés par les roues ou les chevaux. *V. Pothier*, n°s. 223 et 224; *Rep. v°. bail.*

88. En général, les fermiers des biens ruraux doivent curer soigneusement les fossés aux époques fixées par l'usage ; labourer les terres en saison convenable ; écheniller, tailler les haies aux époques accoutumées, selon les lieux, etc., etc. L'usage les oblige encore à entretenir les couprets, les sebilles et autres légers ustensiles des pressoirs ; à clore les étangs, les prés, les vignes. *V. M. Ruelle, Man. des prop.*

89. Nous devons encore faire observer que les usages locaux l'emportent sur ces principes généraux.

90. 1°. La coutume de Berghs-Winox, rub. 7, art. 22, oblige les conducteurs à entretenir les bâtimens, d'aire de planchers, de pieux et de renduits depuis la gouttière en bas, etc. Celle de Courtray, rub. 7, art. 24, charge les fermiers de tenir en réparations ; savoir, *les couvertures de paille épaisses d'un pied et un pouce, en continuant ainsi jusqu'au faîte, pour que la tuile du faîte puisse tenir dessus; les planchers en terre des maisons égaux, dehors et dedans.* Suivant l'art. 25, lorsqu'il est besoin de paille, de nouveaux osiers et de nouvelles harts pour les couvertures, le preneur les fournit *sans qu'il en coûte à son maître.* Les lattes nouvelles et les clous doivent être fournis par les propriétaires, etc. Celle d'Audenarde, rub. 9, art. 28, charge les fermiers d'entretenir les couvertures en paille épaisses d'un pied, *et de renduire les palis en dedans et en dehors.* Voyez art. 29. Celle d'Alost, rub. 14, art. 21, veut

qu'ils entretiennent les couvertures en paille de l'épaisseur *d'un pied et un pouce de ligne* jusqu'au faîte, de manière que le sommet de tuile ou de paille y puisse clore. Elle les oblige à fournir la paille et les gaules nécessaires à l'entretien; elle les dispense de fournir *de nouvelles lattes et des clous*, art. 22. C'est à eux à tenir les parois des maisons en terre unis et égaux au dehors et au dedans. Cette coutume les charge, art. 27, de tenir en réparation les courans d'eau, les ruisseaux et les fossés.

91. La bonne foi oblige les preneurs à avertir les bailleurs des réparations dont leurs terres ont besoin, sous peine de répondre de dommages-intérêts. *V. M. Ruelle.*

92. S'il n'a pas été fait un état des lieux, le preneur est présumé les avoir reçus en bon état de réparations locatives, et doit les rendre tels, sauf *la preuve* contraire. *Art.* 1731 *C. c.*

Selon le témoignage de M. Ruelle, n°. 365, d'après « la jurisprudence, en usage de temps immémorial, c'est au locataire à faire cette preuve tant qu'il est encore dans les lieux. Mais passé cette époque, et le locataire une fois sorti, cette preuve doit au contraire être administrée par le propriétaire ».

93. Le propriétaire a le droit d'exiger les réparations locatives pendant le cours du bail, si la négligence à les faire l'expose à des pertes ou lui devient nuisible.

Mais en règle générale, « Ce n'est qu'à l'expiration du bail, et quand le fermier sort, que l'action s'ouvre, en faveur du propriétaire, pour le contraindre à ces réparations ». *Denisart*, v°. *réparations locatives.*

94. « L'action pour contraindre un fermier à faire les réparations dont il a été chargé par son bail ne dure qu'un an ». En effet, lorsque le propriétaire ou un nouveau fermier a joui pendant une année depuis

le premier preneur, il est réputé avoir causé les dégradations locatives ou avoir trouvé les lieux en bon
état. *V. Duparc-Poullain, vol. 6, pag. 388; Denisart.*

95. Aucune des réparations réputées locatives n'est
à la charge du preneur, quand elles ne sont occasionnées que par vétusté ou force majeure. Mais il répond
des dégradations ou des pertes qui arrivent pendant
sa jouissance, à moins qu'*il ne prouve* qu'elles ont
eu lieu sans sa faute. *Art.* 1732, 1735.

Pour que le preneur soit tenu de la perte ou de la
détérioration, il suffit qu'il y ait donné occasion, sans
même qu'elle soit le résultat direct de sa faute. *V.
Rép., v°. bail.*

« Il répond de l'incendie, à moins qu'il ne prouve
qu'il est arrivé par cas fortuit ou force majeure, ou
vice de construction; ou que le feu a été communiqué par une maison voisine ». *Art.* 1733 *C. c.*

96. Le preneur est responsable des dommages
qu'éprouvent les fonds affermés, soit par incendie,
soit autrement. Non-seulement lorsque ces événemens ont eu lieu par sa faute, mais encore par celle
des personnes dont il est civilement responsable aux
termes de l'art. 1584 du Code, et même des personnes qui logeraient chez lui passagèrement. *V. Pothier, n°.* 193; *art.* 1735 *C. c.*

97. Les propriétaires ne sont nullement responsables de l'incendie communiqué aux voisins. Tout
le poids de la responsabilité porte sur les preneurs;
c'est un point consacré par des arrêts rapportés dans
Boutaric. En effet, comme l'a jugé la Cour de Caen,
le 27 août 1819, on ne répond de l'incendie qu'autant qu'on l'a occasionné par sa faute ou par sa négligence. Or, l'on ne peut raisonnablement imputer
aucune faute à celui qui n'occupe pas les lieux. *V.
M. de Malleville; arrêt de Riom, du 5 mai 1809.*

98. Si les héritages sont occupés par plusieurs preneurs, tous sont solidairement responsables de l'incendie; à moins qu'ils ne prouvent que l'incendie a commencé dans l'habitation de l'un d'eux, auquel cas celui-là seul en est tenu; ou que quelques-uns ne prouvent que l'incendie n'a pu commencer chez eux, auquel cas ceux-là n'en sont pas tenus. *Art.* 1734 *C. c.*

99. Si le bail a été fait sans écrit, l'une des parties ne peut donner congé à l'autre, qu'en observant les délais fixés par l'usage des lieux. *V. Art.* 1736 *C. c.*

Le congé ne se donne valablement que par exploit ou par un acte fait double. Dans aucun cas, et quelque modique que soit le prix du bail, on n'en reçoit la preuve par témoins s'il n'est suivi d'aucune exécution. *V. Nouv. Denisart; Pigeau, vol.* 2.; *Sir., Cas.* 12 *mars* 1816.

Autrefois on était tenu de le faire juger valable; il suffit aujourd'hui de le donner sans se pourvoir en justice, à moins que l'une des parties ne le conteste. *V. Toullier, n°.* 34, *vol.* 9.

Selon M. Ruelle, n°. 188, la remise et l'acceptation des clefs peuvent s'établir par témoins.

Il nous semble au contraire que ces faits, ayant pour objet la résolution d'un bail, ne doivent pas se prouver ainsi, à moins qu'il n'y ait eu congé signifié. *Arg. art.* 1347 *C. c.*

100. Les congés sont nécessaires non-seulement avant l'expiration de chaque bail, mais avant la révolution des périodes auxquelles les baux expirent. Par exemple, si l'une des parties veut faire cesser un bail, même écrit, de 3, 6 ou 9 années, à l'une ou l'autre des deux premières périodes, elle doit donner congé avant l'échéance de chacune, en observant les délais d'usage. *V. Nouv. Denisart; Pothier, n°.* 326; *M. Delvincourt; Toullier, vol.* 9, *n°.* 34.

101. Les délais dans lesquels les congés doivent

se donner varient selon les lieux et les usages ; le juge a même la liberté de les proroger, s'ils expirent dans le cours d'une contestation élevée sur la durée du bail. *V. Cas.* 23 *février* 1814.

Le plus généralement, ils sont de 6 mois, d'un an. Sous la coutume d'Ypres, dans le Cambresis, ils sont de 3 mois ; en Normandie, de 6. Sous la coutume de Douai, le preneur doit accorder au bailleur 3 mois, et le bailleur est tenu de lui donner 6 mois pour les fermes, chap. 4, art. 5.

La déclaration des usages locaux sur ce point est tellement abandonnée à l'arbitrage des juges, que l'on ne peut recourir en cassation pour la violation que les tribunaux commettraient contre ces usages. *Cas.* 26 *février* 1814, *Sir.* 16.

La partie qui donne congé à l'autre, est tenue de lui laisser francs les délais fixés par l'usage ou le bail. Par exemple, s'il s'agit d'un délai de 6 mois, le congé doit être donné au plus tard la veille du jour commençant les 6 mois. *Acte de notoriété du* 28 *mars* 1703. *V. Pigeau, vol* 2.

102. Les congés doivent être donnés par toutes les parties ayant le même intérêt. Le fermier qui n'aurait reçu un congé de la part que de l'un de ses bailleurs serait donc autorisé à se refuser à sortir, car le bail est indivisible dans son exécution. Toutefois si les autres copropriétaires donnaient adhésion au congé, le fermier devrait y obéir. *Cas.* 5 *pluviôse an* 12 ; *Rép. v°. congé.*

Une fois que le congé est signifié ou accepté, l'une des parties ne peut changer de volonté malgré l'autre, et s'opposer à la cessation des jouissances. Le congé forme un contrat synallagmatique.

S'il est stipulé dans les baux que le droit de signifier un congé à telle ou telle époque est accordé à *l'une* des parties, elle seule profite de cette faculté, si elle le juge convenable, sans que l'autre puisse s'en plaindre. *V. Pothier*, n°. 328.

103. L'art. 1738 exige en général un congé, mais l'art. 1775 n'en prescrit pas pour les baux ruraux. *V. M. de Maleville.*

« Le bail des héritages ruraux, dit ce dernier article, quoique fait sans écrit, cesse de plein droit à l'expiration du temps pour lequel il est censé fait, selon l'art. 1774 ».

Cette disposition est spéciale pour les baux ruraux, et ne renferme aucune contradiction avec l'art. 1736. *V. Rép.*, v°. *bail.*

Aussi la Cour de Trèves a jugé, le 27 mai 1808, que les baux *ruraux*, écrits ou non, expiraient de plein droit sans congé. Celle de Lyon a décidé que l'art. 1775 fait exception à l'art. 1736, et qu'il n'est pas besoin de congé pour les baux ruraux. *V. M. Merlin, Rép.*; *Bruxelles* 15 *mars* 1808, *Sir.* 10.

104. « Le bail cesse de plein droit à l'expiration du terme fixé, lorsqu'il a été fait par écrit, sans qu'il soit nécessaire de donner congé ». *Art.* 1737 *C. c.*

Remarquez que la loi ne dispense pas de donner congé dans tous les cas. Elle avertit seulement les parties qu'elles ne sont pas tenues de s'annoncer à l'avance la cessation des jouissances. Il suffit, dans le cas prévu par cet article, que le bailleur ou le preneur déclare ne vouloir pas laisser continuer le bail. Cette déclaration peut être faite le jour même où les jouissances doivent cesser, ou peu de jours après. Autrement, il y aurait tacite réconduction.

En effet, « Si, à l'expiration des baux écrits, le preneur reste et est laissé en possession, il s'opère un *nouveau* bail dont l'effet est réglé par l'article relatif aux locations faites sans écrit. » *Art.* 1738.

L'art. 1776 porte : « Si, à l'expiration des baux *ruraux* écrits, le preneur reste et est laissé en possession, il s'opère un nouveau bail dont l'effet est réglé par l'art. 1774 ».

La tacite réconduction était autorisée en France depuis des siècles. La loi du 6 octobre 1791, sur la police et les usages ruraux, avait déclaré qu'elle n'aurait plus lieu pour les biens ruraux; mais le Code lui a rendu, comme on va le voir, tous ses anciens effets.

105. La réconduction, formant un nouveau bail, doit se régler comme le veut l'art. 2 du Code civil, par les lois, sous l'empire desquelles la jouissance qui l'établit a eu lieu. *Rouen*, 17 *mai* 1811, *Sir.* 12.

Elle s'opère au profit du fermier ou contre lui, soit par suite d'un bail verbal, soit par suite d'un bail écrit. La loi, quoique ne parlant que des baux écrits, s'applique aux baux verbaux. *Rouen*, 17 *mai* 1810, *Sir.* 12.

106. Le bail opéré par tacite réconduction, est censé consenti aux mêmes conditions que le premier. La durée en est réduite à celle des baux non écrits, fixée par l'usage et la nature des biens affermés. L'article 1738 se réfère évidemment aux articles 1736 et 1774 applicables à la durée des baux ; il n'a aucun rapport ni à l'art. 1715, ni à l'art. 1716. Autrefois, selon Domat et Pothier, la tacite réconduction prorogeait le bail pour le temps pendant lequel tout bail était censé fait. Quant au prix, on suivait les premières conditions. C'est ainsi qu'on doit appliquer le Code civil. *V. Rép.*, *v°. tacite récond.* ; *M. Delvincourt*; *Pothier*, *n°.* 360.

107. Le bail opéré par tacite réconduction renferme de nouvelles conventions pour la durée des jouissances. La tacite réconduction d'une terre qui se cultive en trois soles est donc de trois ans, quand même le premier bail n'aurait été que d'une année. *V. Pothier*, *n°.* 361.

Selon cet auteur, le prix du bail opéré par tacite

réconduction, sur un bail d'un an, ne doit pas être le même que celui du premier, car il peut y avoir inégalité dans la valeur des soles; il veut que le prix de la tacite réconduction soit fixé par experts. Le Code ne paraît pas admettre cette exception. Dès que les parties ne se sont point donné congé, on doit supposer qu'elles trouvent juste la fixation du premier prix.

108. Le prix du second bail, pour chaque année, est le même que celui qui a été déterminé par le premier.

S'il avait été payé un pot-de-vin sur celui-ci, on en supposerait un pour la tacite réconduction, proportionné à sa durée. Par exemple, si un premier bail est de 6 ans, et que le preneur ait donné un pot-de-vin de 200 fr., le pot-de-vin, pour la tacite réconduction de 3 ans, doit être de 100 fr. *V. Pothier, n°. 365; M. Ruelle, n°. 22.*

109. Dans le cas des articles 1738 et 1739, la caution donnée par le bail ne s'étend pas aux obligations résultant de la prolongation. *Art. 1740 C. c.*

Les hypothèques ou la contrainte par corps, stipulée par le preneur dans le premier bail, ne sont pas censées renouvelées dans la tacite réconduction. *V. M. Delvincourt; Pothier, n°⁵. 364 et 367.*

110. Le premier bail ayant la forme exécutoire ne peut servir au bailleur pour exécuter contre le fermier sur la tacite réconduction. Il ne doit être suivi que pour faire connaître les conditions du nouveau bail; on le regarde comme étant sous seing. *V. Pothier, n°. 367.*

111. Le Code ne dit point pendant combien de temps les jouissances du preneur doivent se prolonger après l'époque où il est tenu de sortir, pour qu'il y ait tacite réconduction.

Le conseil d'état a reconnu qu'il ne fallait point fixer le temps, mais qu'on devait s'en rapporter à la prudence des juges sur ce point.

D'après l'usage, il y a tacite réconduction, si le fermier est resté sur les lieux assez long-temps pour que le bailleur en ait connaissance et puisse le sommer de sortir. Au surplus, on s'en rapporte sur cela à l'usage des lieux et aux coutumes.

Selon la coutume d'Orléans, art. 420, il y a lieu à la tacite réconduction lorsque le locataire d'une maison y est demeuré huit jours depuis l'expiration du bail, sans que le locateur l'ait sommé de déloger, et lorsqu'il n'a pas commencé à déménager. La coutume de Reims, art. 390, n'exige que cinq jours de jouissance depuis l'expiration du bail pour opérer la tacite réconduction. *V. Pothier, n°*. 349 *et* 35r.

La coutume de St.-Sever, tit. 3, et celle de Bordeaux, chap. 3, comportent des dispositions sur les délais de grâce accordés à la fin des baux.

En général, la tacite réconduction des héritages *ruraux* a lieu, lorsque, depuis l'expiration du bail pour *les bâtimens*, le fermier a continué d'y demeurer, ou lorsqu'après l'expiration de la dernière année, il a commencé les *façons* et *labours* de l'année suivante; lorsqu'étant encore sur les lieux il a payé les impôts des fonds affermés, échus depuis l'expiration du bail.

Mais comme le preneur pourrait faire les travaux et payer les impôts à l'insçu du bailleur, celui-ci peut empêcher la tacite réconduction par une défense de continuer l'exploitation.

L'époque où les défenses doivent être faites, est laissée à l'arbitrage du juge dans les lieux où les coutumes sont muettes. La coutume de Lille et de la Salle donne au propriétaire jusqu'à la Chandeleur pour sommer le fermier, qui, depuis l'expiration du bail, a labouré et ensemencé les terres, de cesser l'exploitation, à la charge de l'indemniser de ses labours et de ses semences. *Pothier, n°.* 352.

112. Le fermier jouissant en vertu d'un bail écrit,

qui, après l'expiration de son bail, et malgré un congé, fait des travaux sur les fonds affermés, ne peut, sous aucun prétexte, se perpétuer dans ses jouissances. *Rouen*, 1er. *mai* 1811 ; *Pothier*, n°. 352.

La loi dit expressément : « Lorsqu'il y a un congé signifié, le preneur, quoiqu'il ait continué sa jouissance, ne peut invoquer la tacite réconduction ». *Art.* 1739 *C. c.*

Il ne le peut pas non plus, lorsqu'il a été convenu entre lui et le bailleur qu'elle ne s'opérerait pas ; ainsi, quand il est stipulé dans un bail que *le fermier sortira à telle époque, sans pouvoir invoquer de tacite réconduction, eût-il même depuis cette époque continué d'exploiter la métairie*, le preneur ne peut se prévaloir de ses jouissances pour invoquer la réconduction.

113. Si, malgré la défense du propriétaire ou des stipulations, le preneur avait labouré et ensemencé, il lui serait tenu compte de ses dépenses ; personne ne doit en effet s'enrichir aux dépens d'autrui. *V. Pothier*, n°. 354.

114. La défense d'invoquer la tacite réconduction, apposée dans un bail, n'est pas absolue ; elle n'a d'autre objet que d'empêcher les surprises. On ne peut supposer que les parties aient voulu s'interdire un changement de volonté. Lorsque le propriétaire a laissé faire les labours, et courir par son fermier les dangers auxquels les récoltes sont exposées, on doit donc présumer une réconduction. Cette clause n'est stipulée qu'en faveur du bailleur. Si le preneur continue son exploitation depuis l'expiration du bail, il est évident qu'il ne peut refuser la réconduction. *V. Pothier*, n°s. 355 *et* 356.

115. La tacite réconduction est fondée sur la présomption que les parties veulent tenir à leurs ancien-

nes conventions, et qu'elles les renouvellent par leur silence.

Delà il suit, 1°. que si, avant l'expiration du bail, le propriétaire a poursuivi le fermier en expulsion, et qu'il ait joui pendant le procès, depuis l'époque fixée pour sa sortie, il ne peut invoquer la tacite réconduction ; 2°. que si, à l'expiration du bail, l'une des parties n'était pas capable de donner un consentement valable, et qu'elle ne fût pas pourvue d'un tuteur ou curateur, il n'y aurait pas lieu à la tacite réconduction ; 3°. que les baux passés par adjudication, comme ceux des biens des communes et des hospices, ne se prorogent point par la tacite réconduction. Ces baux ne peuvent en effet se passer que sur des enchères. *V. Pothier*, *n°s*. 344, 345 *et* 346.

116. Selon Pothier, la tacite réconduction ne peut avoir lieu contre celui qui est pourvu d'un conseil. Il nous semble, au contraire, que ni le conseil, ni le pupille n'ayant manifesté l'intention de changer les conditions du bail, la réconduction s'opère contre eux.

La réconduction s'opère encore contre l'héritier bénéficiaire, même pendant les délais pour faire inventaire ; la loi n'autorise aucune exception. *V. Pothier*, *n°*. 348.

117. La réconduction prend son cours, malgré tous actes contraires, lorsque le propriétaire laisse jouir sans donner congé après l'expiration du bail. Ainsi, le bail qu'il aurait passé à un tiers par acte, ayant même date certaine, avant ou pendant le terme accordé pour expédier le congé, n'empêcherait pas le preneur de continuer ses jouissances. *V. Pothier*, *n°*. 350.

118. Le contrat de louage se résout par la perte de la chose louée, et par le défaut respectif du bailleur et du preneur, de remplir leurs engagemens ». *Art.* 1741 *C. c.*

Le bail résolu par la perte de la chose, ne donne lieu à aucune action en dommages-intérêts en faveur de l'une ou l'autre des parties. Cependant, si la perte pouvait être imputée à l'une des parties, celle qui l'aurait causée devrait à l'autre des dommages-intérêts. *V. Poithier*, *n°*. 309; *art*. 1722 *C. c.*

119. Le preneur peut être expulsé, s'il dégrade les fonds affermés, s'il cultive mal, si enfin il cesse, par exemple pendant deux ans, de payer le prix de la ferme. *Cour de Potiers*, 31 *juillet* 1816, *Sir*. 7.

Le bailleur est bien autorisé, comme on l'a vu, à exiger la résiliation pour défaut de paiement; mais les tiers, par exemple les sous-preneurs, ont le droit de l'empêcher, en acquittant ce qui est dû, et en remplissant généralement les conditions du bail.

120. Le bail n'est point résolu par la mort du bailleur, ni par celle du preneur, ni même par celle de l'usufruitier qui aurait affermé. *Art*. 1744 *et* 595. *C. c.*

121. Lorsque le bail d'une ferme a été renouvelé, plus de 3 ans avant son expiration, par l'usufruitier d'une partie ayant la nue propriété de l'autre, le propriétaire de la portion chargée d'usufruit est autorisé à faire résilier le bail à l'extinction de l'usufruit pour sa part seulement. *V*. 29 *juillet* 1818, *Sir*. 19.

122. Selon la loi du 6 octobre 1791, sur les usages ruraux, l'acquéreur ne pouvait expulser le fermier ayant un bail de 6 ans ou au-dessous. Il avait le droit de l'expulser en le dédommageant pour les baux excédant 6 années, afin de jouir lui-même; il devait donner congé un an à l'avance.

Aujourd'hui, si le bailleur *vend* la chose louée, l'*acquéreur* ne peut expulser le fermier ou le locataire qui a un bail authentique ou dont la date est certaine, à moins qu'il ne se soit réservé ce droit par le bail. *Art*. 1743.

Mais la loi ne permet ni aux légataires, ni aux donataires; d'expulser le fermier dont le bail n'a pas de date certaine. Les principes étaient les mêmes sous l'ancien droit; l'acquéreur seul pouvait l'expulser. *V. M. Delvincourt; Pothier*, n⁰. 296.

Selon M. Delvincourt, le fermier qui a un bail dont la date est certaine, peut être évincé par l'acquéreur, si son bail n'a reçu aucune exécution; il nous semble au contraire que, la loi ne faisant aucune exception, tout fermier dont le bail a une date certaine avant la vente doit être préféré à l'acquéreur.

123. Les adjudicataires des biens vendus sur saisie immobilière ne sont pas toujours maîtres d'expulser les fermiers.

« Si les immeubles sont loués par bail dont la date ne soit pas certaine, avant le commandement, la nullité peut en être prononcée, si les créanciers ou l'adjudicataire le demandent. Si le bail a une date certaine, les créanciers peuvent saisir et arrêter les loyers ou fermages; et, dans ce cas, il en est des loyers ou fermages échus depuis la dénonciation faite au saisi, comme des fruits mentionnés en l'art. 689 du Code de procédure ». *Art.* 691 *C. p.*

Il paraît que les baux qui seraient de plus de 9 ans, étant regardés comme emportant aliénation, peuvent être critiqués par les créanciers ou les adjudicataires, bien qu'ils aient une date certaine. A plus forte raison on répute frauduleux les paiemens faits par anticipation et contre l'usage des lieux. *V. M. Delvincourt;* art. 692 *C. p.*

Mais le droit de se plaindre de la fraude n'appartient qu'à ceux qui ont des hypothèques antérieures aux baux portant date certaine. *V. M. Delvincourt.*

124. « La vente d'une terre ne donne pas le droit à l'acheteur, qui est un successeur à titre singulier, d'exercer l'action d'indemnité contre le fermier pour des dégradations antérieures à son contrat. La raison

est que les actions que le vendeur pourrait avoir contre son fermier, pour les dégradations pendant le temps qu'a duré sa propriété, ne passe point à l'acquéreur sans une stipulation expresse ; de manière que si l'on a vendu le tout, ainsi qu'il se poursuit et comporte, et qu'il y ait eu des dégradations commises avant la vente, les choses ne s'en trouvent pas moins avoir été vendues sur ce pied ; et par conséquent, le prix aura été proportionné à leur état actuel. L'acquéreur n'a donc aucune indemnité à prétendre, à moins qu'on ne lui ait nommément cédé les actions rescindantes et rescisoires, *nisi specialiter venierint.* C'est ce qui a été jugé par arrêt rendu aux eaux et forêts en 1767. » *Denisart, v°. vente, n°.* 47.

125. L'acquéreur ne peut réclamer l'exécution des baux, soit pour le paiement des fermages, soit pour le service des prestations en voitures, en grains, en travaux, en améliorations, etc., qu'à partir de son entrée en jouissance. Par exemple, l'acquéreur qui serait mis en possession d'un héritage pour le 29 septembre d'une année, ne pourrait forcer le fermier à faire, à la fin du bail, les travaux ou les réparations auxquelles il était assujetti envers le vendeur, s'il n'y paraissait autorisé par l'esprit de son acte d'acquêt. Il toucherait des fermages au *prorata* de ses jouissances, si le bail n'était pas expiré lorsqu'il entre en jouissance. Mais il n'aurait pas le droit de faire répéter le pot-de-vin ou les travaux qui auraient été acquittés dès le commencement du bail, surtout si son titre le chargeait de prendre *les choses dans l'état où elles seraient.*

126. La totalité des fermages n'appartient pas toujours, selon le Nouveau Denisart, aux acquéreurs, à partir de leur entrée en jouissance. Le partage s'en fait entre le vendeur et l'acquéreur, à proportion des fruits récoltés pendant la jouissance de chacun. *Exemple.*:« Un fermier entre en jouissance au 1er. mars 1780;

il fait les avoines, lève les jachères, récolte à la St.-Jean les foins, et au mois d'août les avoines sans rien payer ».

« Le fermier sortant récolte les blés mis en terre l'année précédente, et paye l'année pleine au propriétaire, à Noël 1780 et Pâques 1781. Le fermier entrant fait les blés en 1780, qu'il récolte en 1781, et paye sa première année de fermages à Noël 1781 et Pâques 1782 ».

«On peut supposer alors que la terre affermée a été vendue pour en commencer la jouissance le 1er. janvier 1782. Le vendeur, dans ce cas', a droit de prétendre dans les fermages à payer par le fermier actuel, le prix des mars 1780 et 1781, et celui des blés 1781, parce qu'ils ont été récoltés de son temps : l'acquéreur doit avoir le prix des mars et des blés 1782, avec les fermages des années suivantes ».

« Les deux termes payables à Noël 1781 et Pâques 1782, prix des mars 1780 et blés 1781, appartiendront en entier au vendeur, quoique le dernier ne vienne à échoir que depuis la jouissance de son acquéreur ».

«La seconde année de fermages, payable à Noël 1782 et Pâques 1783, est tout à la fois le prix des mars 1781, appartenant au vendeur, et le prix des blés 1782, appartenant à l'acquéreur. Il est donc juste que cette année de fermages se répartisse entre eux, à proportion de la valeur des fruits récoltés de leurs terres.

« On voit que le fermier jouit une année d'avance des mars et des prés; que la première année des fermages, payables à Noël 1781 et Pâques 1782, n'est pas le prix de tous les fruits récoltés par le fermier en 1781, mais le prix des mars et foins récoltés d'avance dans l'année 1780, et des blés récoltés en 1781 ».

«Successivement, chaque année de fermages est le prix des derniers blés et des avant-derniers mars, les mars de l'année courante étant toujours récoltés par le fermier d'avance sur l'année suivante ». *V* .*Nouveau Denisart*, *v°. fruits.*

127. On peut demander quelle est , sur l'année de fermages , la portion due pour les mars et les prés , et quelle est celle due pour les blés? Le Nouveau Denisart répond : « Quand il s'agit de liquider dans une année entière de fermages ces deux portions , on estime ordinairement les mars et les prés à la moitié des blés ; de sorte que les blés sont évalués les deux tiers au total du fermage , les mars et les prés un tiers ».

« On est quelquefois obligé de suivre d'autres proportions ».

« Par exemple , on joint aux terres labourables des bois taillis en coupe réglée qui forment un objet considérable de la location. Dans ce cas, le fermier entré au 1er. mars 1780, fait la coupe de cette année. Il en paye le prix par les termes de Noël 1781 et Pâques 1782. Il paye de même la coupe de 1781 par les termes de Noël 1782 et Pâques 1783. Ces termes comprennent le prix des mars et taillis 1781 et des blés 1782 ».

« L'acquéreur qui entre en jouissance au 1er. janvier 1782 ne doit donc avoir que le dernier objet. Les deux premiers appartiennent aux vendeurs. Les mars sont réputés valoir la moitié des blés. Le vendeur, outre le prix des mars, doit avoir la moitié des taillis; ainsi, dans la totalité de la seconde année de fermages, payables à Noël 1782 et Pâques 1783, il doit avoir plus d'un tiers, et l'acquéreur moins que les deux tiers ».

128. Ceux qui obtiennent le renvoi en possession d'héritages affermés , par suite d'une action résolutoire, sont obligés d'entretenir les baux de 9 ans, faits de bonne foi par celui contre lequel la résolution a été prononcée.

Le nouveau propriétaire est dans ce cas l'ayant cause du bailleur. M. Ruelle professe, n°. 57, mal à propos une doctrine contraire. *V. Henrys, Quest. vol. 4.; Olivier-Étienne, Nouveau Traité des Hypothèques; M. Delvincourt.*

Le débiteur qui ayant abandonné la jouissance de ses biens à ses créanciers, la reprend, est également tenu d'entretenir les baux qu'ils en ont faits pendant leur administration. *V. Pothier, n°. 307; Turin 21 juillet 1811, Sir. 12.*

129. Le Code semble n'accorder qu'au fermier ayant un bail portant date certaine, le droit de continuer ses jouissances, malgré l'aliénation; toutefois, si l'acquéreur était chargé d'entretenir le bail, s'il était prouvé qu'il en connût les conditions, ou que, sur une délation de serment, il avouât les avoir connues lors de l'acquêt, il ne pourrait pas expulser le fermier. Il en serait de même s'il avait reçu le paiement des fermages depuis son entrée en jouissance, sans réserves, ou si le vendeur avait stipulé qu'il toucherait les fermages à échoir. Le droit de chasser les preneurs n'est établi que pour empêcher les baux frauduleux que le vendeur pourrait faire après l'aliénation. Or, cet inconvénient ne se rencontrerait pas ici. L'on suivait d'autres principes autrefois, mais le Code ne les admet plus. *V. M. Delvincourt; Despeisses, vol. 1er.*

130. L'acquéreur n'aurait pas non plus le droit de chasser le preneur dont le bail aurait une date certaine et porterait le droit de l'expulser, si le vendeur ne l'y avait autorisé par la vente. On peut supposer dans ce cas que le vendeur n'a pas voulu lui accorder l'expulsion, afin d'éviter les dédommagemens auxquels il était tenu. *V. M. Delvincourt.*

131. La vente ne donne qu'à l'acquéreur la faculté de faire cesser les baux sans date certaine. Elle ne l'accorde pas au preneur; mais le fermier peut s'assu-

rer s'il continuera de jouir, en forçant l'acquéreur de s'expliquer à cet égard. *V. Despeisses ; M. Delvincourt.*

132. S'il a été convenu, lors du bail, qu'en cas de vente, l'acquéreur pourrait expulser le fermier, et qu'il n'ait été fait aucune stipulation sur les dommages-intérêts, le bailleur est tenu d'indemniser le fermier de la manière suivante. S'il s'agit de biens ruraux, l'indemnité que le bailleur doit payer au fermier, est du tiers du prix du bail pour tout le temps qui reste à courir. L'indemnité se règle par experts, s'il s'agit de manufactures, usines, ou autres établissemens qui exigent de grandes avances. *Art.* 1744, 1745 *et* 1746 *C. c.*

133. L'acquéreur qui veut user de la faculté réservée par le bail d'expulser le fermier en cas de vente, est en outre tenu d'avertir le fermier de biens ruraux au moins un an à l'avance. *Art.* 1748 *C. c.*

Cet article ne semble fait que pour l'acquéreur ; mais le bailleur qui se réserve le droit d'expulser lui-même, doit, comme l'acquéreur, donner le délai d'un an pour quitter la jouissance des biens ruraux. *Cour de Poitiers* 30 *pluviôse an* 13, *Sir.* 5.

134. Les fermiers ne peuvent être expulsés qu'ils ne soient payés par le bailleur, ou, à son défaut, par le nouvel acquéreur, des dommages-intérêts ci-dessus expliqués. *Art.* 1749 *C. c.*

Mais le preneur qui règle avec l'acquéreur le taux des dommages-intérêts qui lui sont dus, n'a plus le droit d'exiger du vendeur aucun dédommagement. *V. Turin* 13 *juin* 108, *Sir.* 12.

135. Tout ce que nous venons d'expliquer n'est relatif qu'au bail ayant date certaine. S'il n'est pas fait par acte authentique, ou n'a point de date certaine, l'acquéreur n'est tenu à aucuns dommages-intérêts. *Art* 1750 *C. c.*

L'on ne regarderait pas comme étant authentique

le bail à ferme sous seing, même transcrit sur les registres d'une communauté, si ces registres n'étaient revêtus d'une délibération capitulaire. *Cas.* 24 *prairial an* 12, *Sir.* 7.

156 L'art. 1750 ne dit point si l'acquéreur peut expulser le fermier n'ayant pas un bail avec date certaine, sans lui donner aucun délai pour opérer sa sortie. La Cour de Bruxelles a jugé, le 13 vendémiaire an 13, qu'il ne peut l'expulser qu'en lui donnant congé suivant l'usage des lieux. La Cour de Turin a décidé le contraire le 21 juin 1810. M. Delvincourt pense, 1°. que le fermier en possession lors de la vente, doit être regardé comme jouissant en vertu d'un bail ayant date certaine, mais dont la durée égale celle d'un bail verbal; 2°. que l'acquéreur est obligé de suivre les règles prescrites pour l'expulsion des fermiers qui jouissent sans bail écrit.

Il nous semble que l'acquéreur n'a le droit d'expulser le fermier qu'en lui accordant le délai d'un an, conformément à l'art. 1748. La loi du 6 octobre 1791, sur les baux des biens ruraux, accordait le même délai au fermier que le nouvel acquéreur était autorisé à expulser pour jouir par lui-même. On peut suivre cette disposition comme raison écrite. Enfin, pourquoi ne comparerait-on pas le fermier à expulser, en vertu d'un acte fait par son vendeur, à celui qui est obligé de quitter la ferme d'après des stipulations portées dans le bail? Il y a identité de raison entre les deux cas. *V. Pothier*, n°. 297; *arrêt de Poitiers du* 30 *nivôse an* 13, *Sir.* 13.

137. Le bail est bien rompu par la vente, au respect de l'acquéreur; mais à celui du vendeur, il reste dans toute sa force. Le fermier qui se trouve évincé, a, contre lui, une action en dommages-intérêts, dont le taux doit être réglé par experts. Le propriétaire doit

dédommager le preneur, quand même l'expulsion aurait lieu par suite d'une vente sur saisie immobilière.
*V. Pothier, n°. 86; M. de Maleville; Cas. 7 messi-
dor an 12, Sir. 4.*

A plus forte raison, le bailleur qui, sans y être obligé,
aliène les héritages affermés pour cause d'utilité publique, doit être condamné à des dommages-intérêts
envers le preneur dont le bail se trouve résilié. *Paris 23 janvier 1813, Sir. 13.*

138. « L'acquéreur à pacte de rachat ne peut user
de la faculté d'expulser le preneur, jusqu'à ce que,
par l'expiration du délai fixé pour le réméré, il de-
vienne propriétaire incommutable. » *Art. 1751 C. c.*

139. « Celui qui cultive sous la condition d'un partage de fruits avec le bailleur, ne peut ni sous-louer
ni céder, si la faculté ne lui en a été expressément accordée par le bail. En cas de contravention, le propriétaire a droit de rentrer en jouissance, et le preneur est condamné aux dommages-intérêts résultant de l'inexécution du bail. *Art. 1763 et 1764 C. c.*

Cette espèce de bail est celle où le bailleur prend
une quote-part dans les fruits, comme un tiers, une
moitié, etc. Le bail par lequel il serait assigné au propriétaire une quantité fixe de fruits, ne serait donc
pas un bail partiaire dont parle l'art. 1773.

140. Si, dans un bail à ferme, on donne aux fonds
une contenance moindre ou plus grande que celle
qu'ils ont réellement, il n'y a lieu à augmentation
ou diminution de prix pour le fermier que dans les
cas et suivant les règles exprimés au titre de la vente.
Art. 1765, 1616 et suiv. C. c.

141. « Si le preneur d'un héritage rural ne le garnit
pas des bestiaux et ustensiles nécessaires à son exploitation, s'il abandonne la culture, s'il ne cultive pas
en bon père de famille, s'il emploie la chose louée à
un autre usage que celui auquel elle a été destinée,

ou, en général, s'il n'exécute pas les clauses du bail, et qu'il en résulte un dommage pour le bailleur, celui-ci peut, suivant les circonstances, faire résilier le bail. En cas de résiliation provenant du fait du preneur, celui-ci est tenu des dommages-intérêts, ainsi qu'il est dit en l'art. 1764 ». *Art.* 1766 *C. c.*

Ce n'est pas seulement dans l'intérêt de l'exploitation que la loi oblige le preneur à garnir les fonds de bestiaux et d'ustensiles, mais pour assurer un gage au propriétaire.

D'après l'art. 1752 du Code, le locataire est tenu de garnir les bâtimens affermés de meubles suffisans pour répondre du prix du loyer.

L'art. 1776 n'est pas si exigeant. La garantie du propriétaire consiste particulièrement dans les ustensiles d'exploitation et dans les fruits de la ferme. Aussi la loi, à l'exemple de l'ancienne jurisprudence, n'oblige le preneur à garnir les métairies que des meubles servant à l'exploitation. *V. Pothier, cout. d'Orléans, tit.* 19, *n°.* 27; *Louage, n°s.* 204 *et* 318; *M. Ruelle, n°.* 478.

142. Afin d'assurer son privilége au propriétaire, l'art. 1767 dit : « Tout preneur de bien rural est tenu d'engranger dans les lieux à ce destinés d'après le bail ».

Le Code se sert de l'expression engranger, comme générique. Ce ne sont pas seulement les preneurs de terres produisant des grains, qui doivent apporter les récoltes sur la propriété affermée; tous les fermiers doivent déposer leurs récoltes, soit en vins, soit en foins, en fruits, en cidre ou poiré, dans les bâtimens à ce destinés par l'usage ou par le bail. *Arg. cout. de Dunois, art.* 86 *et* 87.

Si le preneur ne peut loger ses récoltes hors de la ferme, c'est en règle générale; mais lorsque les bâtimens de la terre ne peuvent les contenir, il est autorisé à les loger ailleurs. *V. M. Ruelle, n°.* 526.

143. Le preneur n'a pas le droit de laisser en jachère les terres qui ont coutume d'être cultivées, ni de convertir les herbages en prairie, *et vice versâ* ; ce serait agir en *mauvais père de famille* ; pourtant on doit suivre les usances locales. *V. n°.* 42 *précité.*

144. Selon le témoignage de Bourjon, sous la coutume de Paris et dans beaucoup d'autres coutumes, il n'est pas permis aux fermiers de marner les terres. Il paraît que la marne fait d'abord produire beaucoup, mais qu'elle épuise le sol. Les bénéfices sont pour les premiers cultivateurs qui l'emploient. *V. Denisart, v°. fermier.*

De-là est venu le proverbe, *Riche marnier, pauvre héritier.*

L'usage ne permet pas, dans toute la Normandie, d'employer la marne pour fertiliser les terres. Les fermiers doivent en cela suivre l'usage du propriétaire ou fermier qui cultivait avant eux. En règle générale, ils ne peuvent marner que sur la permission du propriétaire, ou en vertu de son propre usage. Il en est à plus forte raison de même du plâtre, dont l'effet est actif et épuise le sol par les abondantes récoltes qu'il fait produire. Aussi les propriétaires des fermes avoisinant Caen, sont-ils dans l'usage de défendre, par les baux, l'emploi du plâtre.

Enfin, suivant une loi du 12 fructidor an 2, ni les fermiers ni les propriétaires ne peuvent se servir de fumier de porc et de vidanges de fosses d'aisances pour engraisser les jardins ou les terres labourables, qu'après les avoir laissé séjourner dans les lieux indiqués par la police locale. *V. n°.* 41 , *vol.* 1.

145. Quand il est stipulé qu'à défaut de paiement le bail sera résilié de plein droit à telle époque, la résiliation s'opère sans recourir aux tribunaux. Mais

si la condition résolutoire, n'étant pas stipulée, était sous-entendue, le bailleur serait obligé de faire résilier par la justice. *Bruxelles* 1ᵉʳ. *août* 1810; *V. M. Toullier, vol.* 6, *n°.* 554.

146. « Le preneur d'un bien rural est tenu, sous peine de tous dépens, dommages-intérêts, d'avertir le propriétaire des usurpations qui peuvent être commises sur les fonds. Cet avertissement doit être donné dans le même délai que celui qui est réglé en cas d'assignation suivant la distance des lieux. » *Art.* 1768 *C. c.; Art.* 72 *et* 73 *C. p.*

Comme le maître peut être troublé, non-seulement par des actes de jouissances, mais par des exploits, le fermier est obligé de l'instruire des significations qui lui sont faites, et que l'on regarde comme des troubles. Le délai dans lequel le propriétaire est tenu de se pourvoir au possessoire court à partir des actes signifiés au preneur. *Cas.* 12 *octobre* 1814, *Sir.* 15.

147. « Si le bail est fait pour plusieurs années, et que, pendant la durée du bail, la totalité ou la moitié *d'une récolte* au moins soit enlevée par des cas fortuits, le fermier peut demander une remise du prix de sa location, à moins qu'il ne soit indemnisé par les récoltes précédentes. S'il n'a pas été indemnisé, l'estimation de la remise ne peut avoir lieu qu'à la fin du bail, auquel temps il se fait une compensation de toutes les années de jouissance ; et cependant le juge peut provisoirement dispenser le preneur de payer une partie du prix en raison de la perte soufferte ». *Art.* 1769 *C. c.*

La perte du fermier doit être de la moitié de toute une récolte pour qu'il puisse réclamer une indemnité. Si les cas fortuits ne portaient que sur une espèce de fruits ne formant pas la moitié du produit de la terre, si par exemple ses blés étaient entièrement perdus, et que ses vignes n'eussent pas souffert, la remise ne devrait avoir lieu que si , la valeur des vins et des blés réunie, il se trouvait en perte de plus de moitié. *V. M. Ruelle.*

La réunion a lieu, lorsque les biens sont affermés par le même bail ; autrement elle ne doit nullement se faire. *V. Pothier, n°. 157.*

148. Comme le fermier ne doit pas être cru sur l'allégation de ses pertes, c'est à lui à les établir. Il serait non recevable à réclamer une remise, s'il ne les faisait pas constater à mesure qu'il les éprouve, ou au moins à des époques auxquelles on peut les reconnaître. *Cas. 25 mai 1808, Sir. 9.*

149. Il paraît, selon M. Delvincourt, que si le propriétaire accorde une remise dès le commencement du bail, sans jugement et sans réserve, il conserve le droit de réclamer sa remise à la fin des jouissances, si la perte est compensée par des récoltes postérieures. Pothier, dont il suit l'opinion, trouve que la question peut souffrir difficulté. Il ne paraît en effet guère naturel de supposer que le bailleur ait eu l'intention de se rétracter, s'il arrivait des années abondantes.

150. La compensation des années de jouissances s'opère ainsi. Par exemple, une terre est louée pour 9 années, elle peut produire une récolte valant 8,000 fr. ; la moitié de l'une des récoltes a été perdue par cas fortuit, mais deux des huit autres ont été tellement abondantes qu'elles ont rapporté 10,000 fr. chacune ; les six autres années ont produit une récolte ordinaire ; la perte et le gain imprévus sont alors compensés.

151. Si le bail n'est que d'une année, et que la perte soit de la totalité des fruits, ou au moins de la moitié, le preneur doit être déchargé d'une partie proportion-

nelle du prix de la location. Il ne peut prétendre aucune remise si la perte est moindre de moitié.

Le preneur ne peut obtenir de remise, lorsque la perte des fruits arrive après qu'ils sont séparés de la terre, à moins que le bail ne donne au propriétaire une quotité de la récolte en nature; auquel cas le propriétaire doit supporter sa part de la perte, pourvu que le preneur ne fût pas en demeure de lui délivrer sa portion de récolte. Le fermier ne peut également demander une remise, lorsque la cause du dommage était existante et connue à l'époque où le bail a été passé. *Art.* 1770 *et* 1771 *C. c.*

152. La loi n'accorde une remise au fermier que pour les cas fortuits qu'il n'a pu prévoir. Il n'a pas le droit, par exemple, d'en réclamer pour les inondations qui portent les vases sur ses foins et ses herbages, ou sur ses grains, lorsque le pays est sujet à ses dégâts. En effet, la cause des dommages lui est connue à l'inspection des héritages affermés; remarquez que les inondations donneraient lieu à une remise, si, de *mémoire d'homme*, on en avait vu de pareilles dans le pays. *V. Pothier, introd. cout. d'Orléans, titre* 19, *n°.* 22; *M. Delvincourt.*

153. Le preneur peut être chargé des cas fortuits par une stipulation expresse.

Cette stipulation ne s'entend que des cas fortuits ordinaires, tels que grêle, feu du ciel, gelée ou coulure. Elle ne s'entend point des cas fortuits *extraordinaires*, tels que les ravages de la guerre ou une inondation, auxquels le pays n'est pas ordinairement sujet, à moins que le preneur n'ait été chargé de tous les cas fortuits prévus ou imprévus. *Art.* 1772 *et* 1773 *C. c.*

Lorsque le bail charge le preneur des cas fortuits, prévus ou imprévus, il ne lui est permis de réclamer aucune remise, la perte excédât-elle la moitié de

ses récoltes. La loi ne fait aucune exception. *V.*
M. Delvincourt.

154. Le fermier sortant doit laisser à celui qui lui
succède dans la culture, les logemens convenables et
autres facilités pour les travaux de l'année suivante ;
et réciproquement, le fermier entrant doit procurer à
celui qui sort des logemens convenables et autres facilités pour la consommation des fourrages, et pour les
récoltes restant à faire. Dans l'un et l'autre cas, on
doit se conformer à l'usage des lieux. *Art.* 1777 *C. c.*

La loi oblige les deux fermiers à s'entendre entre
eux pour les logemens ; elle ne charge pas le propriétaire de les régler en cas de discord. Il n'est point
tenu de fournir à l'un ou à l'autre des logemens ailleurs
que sur sa terre.

Suivant l'usage de plusieurs contrées de la Basse-
Normandie, le fermier sortant est autorisé à garder
la jouissance des caves et des greniers jusqu'à la St.-
Jean de l'année où il quitte.

Le fermier entrant a le droit de prendre sur la
terre les fourrages dont ses animaux ont besoin pendant qu'ils sont employés à faire ses premiers labours.

Quant aux foins, il est de règle que le fermier sortant ne les récolte point, s'il ne les a point eus en entrant. Il fait dépouiller les regains en quittant, s'il ne
les a point fait manger en entrant.

155. Le Code ne parle que des fermiers, mais les
principes seraient les mêmes, s'il s'agissait du propriétaire qui succédât à son fermier, ou du fermier qui
remplaçât son propriétaire.

156. Le fermier sortant doit aussi laisser les pailles
et engrais de l'année, s'il les a reçus lors de son entrée en jouissance ; et quand même il ne les aurait pas
reçus, le propriétaire peut les retenir suivant l'estimation. *Art.* 1778.

Quoique le Code ne parle que des pailles et engrais

de l'année, le fermier qui sort doit laisser ceux des années précédentes. Il en est de même des foins.

Ce n'est pas seulement à sa sortie qu'il doit s'abstenir d'enlever des engrais ou des fourrages, c'est pendant le cours de son bail. Du reste, on doit observer sur cela les usages locaux. *V. M. Ruelle.*

157. Les conducteurs ne peuvent prouver par témoins avoir apporté les pailles et engrais, et se permettre de les enlever à la fin des baux, à moins qu'il ne s'agisse d'une valeur inférieure à 150 fr. *Art.* 1341 *C. c.*

158. En général, les preneurs doivent convertir les pailles et les fourrages en engrais pour fumer les terres. Les coutumes de Courtrai, titre 7, art. 161, de Bouchaute, tit. 10, art 20, de Bergues, tit. 6, art. 20, d'Alost, tit. 14, art. 23, d'Assénède, tit. 7, art 6, et un arrêt du grand conseil du 10 septembre 1761 le décident ainsi.

Des coutumes défendent expressément de distraire des métairies aucune espèce d'engrais V. Furne. tit. 33, art. 16; Poperinghe, tit. 5, art. 23; Dunois, art. 87. *Q. de Droit, M. Merlin.*

159. Autrefois les fermiers étaient autorisés, en Artois, à emporter les pailles et les engrais; aujourd'hui ils ne le peuvent que s'ils les ont apportés.

Les preneurs qui sèment des grains sans fumiers, ne peuvent pas plus emporter les engrais que si les propriétaires les leur eussent fournis. En effet, la loi leur fait un devoir de laisser ceux que le sol a produits.

160. Dès que le fermier sortant a terminé ses cultures, et qu'il n'a plus besoin de pailles ni d'engrais, le fermier entrant, ou le propriétaire, est libre de disposer de tous les engrais et de toutes les pailles. *Bruxelles* 19 *fructidor an* 13, *Sir.* 5.

Mais le pâturage, dans les terres vaines et vagues,

appartient au fermier sortant, jusqu'au départ de ses bestiaux de la terre. Le fermier entrant ne peut rien faire auparavant qui le prive de ce pâturage.

161. Outre les règles établies par le Code civil sur la sortie des fermiers, l'usage nous en offre dont l'autorité fait encore loi dans toute la France.

1°. Dans la coutume de Berghs-Winox, les fermiers *sortans* sont tenus de vider les métairies, savoir, à la mi-mars, pour les maisons et les pâturages; à la St.-Bavon, pour les terres à labour; et pour les autres, aussitôt après l'enlèvement des fruits. *Art.* 7, *rub.* 7.

2°. Dans celle d'Hondtschote, ils doivent quitter *les maisons aux champs* au mois de mai, et cesser la jouissance des prairies à la mi-mars. Ils jouissent des vergers, des clos jusqu'au mois de mai, des terres à labour, semées de froment, jusqu'à la St.-Bavon ou St.-Remy, et des autres jusqu'à la dépouille de leurs fruits. *Rub.* 11, *art.* 6.

3°. La coutume de Furne veut, tit. 33, art. 7, que les fermiers délogent au mois de mai, et que les fermiers entrans viennent cultiver les terres à labour auparavant.

4°. D'après celle d'Audenarde, rub. 9, art. 16, les fermiers entrans ne peuvent labourer avant leur entrée en jouissance.

5°. Suivant la coutume d'Alost, rub. 14, art. 13, le fermier sortant est autorisé à faire un labour aux terres *en chaume* jusqu'à Noël, époque de l'expiration de son bail, et le fermier entrant est tenu de l'en indemniser.

6°. En Normandie, les fermiers sortans sont obligés de laisser les terres à labour bien labourées, s'ils les ont reçues telles. L'usage leur accorde jusqu'à la St.-Jean pour faire les labours des terres légères, et jusqu'à la mi-mai seulement pour faire ceux des grosses terres.

7°. Sous la coutume de Melun, les preneurs ont huit jours après l'expiration de leur bail pour vider les lieux. Chap. 11, art. 186.

8°. La coutume de Bourgbourg, rub. 7, art. 9, veut, qu'à défaut de stipulation contraire, ils quittent les lieux au 1er janvier, et que les fermiers entrans disposent des terres à labour aussitôt après la récolte.

9°. La coutume de Furne, tit. 33, art. 22, fixe l'entrée des fermiers à la Chandeleur. Elle oblige les fermiers sortans à retirer leurs bestiaux sur une partie des métairies.

10°. Celle d'Ecloo et Lambeke, l'assigne, à défaut de stipulation, à la St.-Remy ou St.-Bavon. Rub. 5, art. 13.

11°. Celle d'Ypres, chap. 89, art. 2, fixe la sortie tantôt au mois de mai, tantôt à la St.-Bavon; le fermier entrant ne peut ni cultiver ni faire pâturer avant son entrée.

12°. Celle de Courtray, rub. 7, art. 7, autorise les fermiers entrans dans les métairies dont les baux commencent au mois de mai, à labourer après Noël et à semer des mars.

13°. Celle d'Alost, rub. 14, art. 18, permet aux fermiers sortant à Noël, de résider sur les terres, jusqu'au mois de mai suivant, pour battre leurs grains, consommer les pailles, les foins et généralement les fourrages avant que le fermier entrant puisse y faire une demeure entière. Toutefois ils doivent donner aux fermiers entrans une habitation, une écurie, un lieu pour déposer leurs fourrages nécessaires aux chevaux servant à faire les labours après Noël.

162. Sous la coutume de Berghs-Winox, rub. 7, art. 72, les fermiers sont obligés, à la fin de leurs baux, d'offrir aux propriétaires, à dire d'experts, les

bois montans qui leur appartiennent, à peine de les perdre. Celle de Pitgam, rub. 4, art. 2, exige que ces bois soient *hors de l'empoignure de l'homme au moins au-dessus de 8 pouces de circonférence à la hauteur de l'homme, et les branches ayant crue au moins pendant deux ans, etc.*, pour que les fermiers puissent les réclamer. Voyez sur ce point la coutume d'Hondtschote, rub. 11, art. 7. Celle de Furne, tit. 33, art. 23, oblige les preneurs à offrir tous leurs bois durs ou tendres aux propriétaires, etc.

163. La coutume de Berghs-Winox, rub. 7, art. 15, comporte des dispositions sur les coupes de bois dans les prés, et des mesures pour préserver les jets de la dent des bestiaux. Celle de Courtray, rub. 7, art 23, leur défend de laisser aller les bestiaux en l'année de leur sortie dans les pâtures, après la mi-mars, lorsque les baux finissent au mois de mai, etc. Celle de Courtray, rub. 7, art. 31, dit : « Le fermier ne peut, dans l'année qu'il déloge et de la dernière récolte, couper ni abattre après la faucille, c'est-à-dire, après l'août. » Celle d'Audenarde, rub. 9, art. 26, défend aux preneurs sortant au mois de mai, de laisser pâturer leurs bestiaux après la mi-mars sur les terres, et d'abattre aucuns bois *après la faucille*, c'est-à-dire, après l'août de l'année où ils sortent, art. 30. Celle d'Alost, rub. 14, art. 10, leur permet d'enlever, avant l'expiration des baux, les arbres par eux plantés, etc. Elle les autorise à couper les *taillis et les troncs du terme fini* de leurs baux, *aussi loin que vont la coignée et la serpe jusqu'au commencement de mars, etc.* V. art. 18. Suivant la coutume de Poperinghe, tit. 7, art. 1, les fermiers doivent laisser les bois bien pourvus de semences d'hiver, tous les plants et les baliveaux de la grosseur *de dix pouces et de là au-dessous.*

164. D'après la coutume d'Audenarde, rub. 9, art.

10 , le fermier qui plante plus d'arbres montans ou autres qu'il n'est stipulé, a le droit d'en obtenir la valeur à la fin de son bail ; mais s'il continue ses jouissances , sans en exiger le prix, il les perd. Celle de Courtray , rub. 7, art. 52, accorde aux fermiers qui ensemencent plus de terre qu'il n'en doivent laisser à leur sortie , le paiement de leurs labours et semences, contre le propriétaire ou le fermier entrant ; mêmes dispositions dans la coutume d'Audenarde, rub. 9, art. 52 ; celle d'Alost, rub. 14, art. 15, oblige le fermier entrant à payer au fermier sortant le tiers de la façon des fossés pour la dernière année. *V. Normandie , art.* 516 *et* 517.

165. La coutume de Berghs-Winox , rub. 7, art. 20, oblige les fermiers sortans à laisser tous les fumiers faits dans les deux dernières années ; à la charge, par les propriétaires, de leur en payer la valeur. Celle d'Audenarde , rub. 9, art. 11, refuse au fermier sortant toute espèce d'indemnité pour tous les engrais qu'il peut apporter sur les terres, tels que chaux, cendre et autres, *lorsqu'il a recueilli quatre sortes de fruits* sur les terres auxquelles il les a employés ; mais s'il a recueilli moins, il lui en est dû récompense. Elle leur défend de détourner aucuns engrais des métairies , art. 19. Celle d'Alost, rub. 14, art. 14, veut que le fermier entrant paye le tiers des engrais chariés dans les jachères de la dernière année et le tiers des voitures. Celle de Furne, art. 17, renferme des dispositions particulières, au respect des fermes situées au-delà du canal de Loo, etc.

166. Suivant une loi du 2 complémentaire an 3, le propriétaire qui succède à son fermier, pour cultiver à son compte, peut exiger de lui, à valoir sur ses fermages en nature, la quantité de grains dont il a besoin pour ses semailles, s'il n'a pas eu part aux dernières récoltes. *V. M. Ruelle.*

Mais il semble que le Code civil, n'ayant point renouvelé cette loi, l'a implicitement abrogée.

167. Les preneurs sont obligés de laisser visiter, dans le cours des baux, par les propriétaires, les fonds affermés, pour voir si la culture et l'exploitation se font régulièrement.

Ils sont astreints particulièrement, sur la fin des baux, à laisser les propriétaires voir leurs métairies, et à y recevoir des tiers qui désirent les visiter pour les louer. *V. M. Ruelle*, n°. 248.

TITRE HUIT.

CHAPITRE III.

Des Communautés rurales-tacites.

168. Le Code civil ne parle pas des communautés tacites, et par conséquent il les condamne en général. *V. rép., v°. com. tacite et les orat. du gouv.*

Ces communautés se formaient autrefois par le seul fait de l'habitation, et comprenaient tous les biens meubles ou immeubles qu'acquéraient les *communistes.*

Nous n'admettons plus que celles qui se forment par écrit, si leur valeur excède une somme de 150 fr.

169. Mais à la campagne, il se forme des communautés tacites qui peuvent s'établir par témoins, bien que leur objet soit supérieur à cette valeur.

Il faut pour cela que leur existence se tire d'une convention ou d'un fait préalable qui demeure légalement constant, comme nous allons le voir.

170. A défaut de conventions contraires, ces communautés sont naturellement bornées aux choses qui font l'objet de l'association ; elles ne comprennent que les travaux, les dépenses et le produit de la culture, et non le mobilier que chaque individu aurait apporté dans le ménage, lors de son association. *Arg.* 1841 *et* 1842 *C. c.; rép. v°. com.*

171. L'habitation seule des père et mère avec les enfans ne fait point présumer la communauté tacite entre eux, parce que leur vie commune est réputée n'être que le résultat de leurs liaisons naturelles. *V. rép., v°. com. tacite.*

Il faudrait des actes pour établir que les parens ont admis leurs enfans à prendre part à la communauté d'exploitation.

172. Ces sociétés ou communautés ne sont en général fondées que sur des présomptions. Les personnes qui vivent ensemble peuvent empêcher ces présomptions par des titres, c'est-à-dire, en rédigeant des actes où elles reconnaissent vivre séparées d'intérêt. Ces actes s'appellent actes d'incommunité. *Cas.* 27 *janvier* 1807, *rep.*

173. On ne peut, en général, établir que par écrit toute société dont l'objet excède 150 fr. *Art.* 1834 *C. c.*

Mais en cette matière, il y a exception. Les tiers intéressés ont tous le droit de prouver, par témoins, cette espèce de société, quelqu'en soit l'objet et l'importance.

En effet, quand un père décède, laissant ses biens indivis entre ses enfans, quand plusieurs acquéreurs d'un domaine n'en opèrent pas le partage entre eux en l'achetant, il se forme une société qui ne peut cesser que par des actes. Son existence se tire de l'état des choses, sans autre preuve. *V. Domat, lois civiles; Bourjon, t.* 1er., *p.* 505.

Lorsque plusieurs particuliers se trouvent, par l'ouverture d'une succession, en jouissance commune d'une terre, ou en louent une par indivis, il s'établit entre eux un contrat tacite de société.

Entre le propriétaire et les preneurs, le bail se forme par la jouissance; la preuve testimoniale est admissible pour l'établir dès qu'il y a eu exécution. *Art.* 1774 *C. c.*

174. Par suite des mêmes principes, dès que divers individus sont entrés en jouissance d'une terre, ils peuvent prouver par témoins la société les uns contre les autres. S'il se forme un contrat, au respect du propriétaire, par le seul fait de la jouissance, il s'en forme

naturellement un autre entre les preneurs. *V. Bour-jon, t.* 1, *p.* 505 ; *Arg. de l'art.* 49 *C. de com.*

On ne pourrait refuser la preuve testimoniale pour un objet excédant 150 fr. dans les sociétés rurales, sans donner lieu à des injustices fâcheuses. Par exemple : deux frères ou deux étrangers prennent verbalement à ferme une terre valant 10,000 fr. de revenu, et entrent en jouissance ; chacun y apporte son mobilier ; le propriétaire aura sans doute le droit de prouver la jouissance commune, et de se faire payer par les preneurs en leur qualité de sociétaires.

Mais supposons que l'un d'eux, usant de violence ou de ruse, expulse de la ferme son associé, ou lui en refuse l'entrée lorsqu'il en est sorti pour affaires, qui devra jouir de préférence ? Le fait de l'association pourra-t-il être méconnu par celui qui occupe les lieux ?

Il n'y a pas de doute que la société pourra s'établir par témoins, quelqu'en soit l'objet. En effet, il s'agit là moins du fait direct de l'association que de la prise à ferme. Or, le bail se formant par la jouissance, il s'établit un contrat secondaire entre les preneurs, et c'est-là ce qui constitue la société.

175. On doit en général suivre dans la matière les dispositions du Code civil, art. 1832 et suivans.

Les associés ont entre eux une égalité de droits pour régir la communauté. Ce que l'un fait est censé fait de l'aveu et du consentement des autres ; ils sont des mandataires respectifs entre eux.

Les communiers ne sont cependant censés se donner le pouvoir d'emprunter, si ce n'est pour des choses nécessaires à la société ; par exemple, pour la réparation de bâtimens, l'achat de grains. Ils sont aussi censés se donner le droit d'affermer les biens possédés en commun, ou de continuer des baux commencés en société. *V. rép.,* v°. *com. tacite.*

176. Chacun des communiers a le droit d'user, pour son service particulier, des choses communes Les frais de maladie des sociétaires sont à la charge de la communauté.

L'entretien des femmes et des enfans est aussi à sa charge. C'est à elle à pourvoir à l'éducation des enfans et aux frais en général dont les cohéritiers ne font pas le rapport.

177. Si l'un des coparsonniers contracte des dettes étrangères à la société, on fait des acquisitions pour lui, les autres n'y prennent aucune part. Chacun a le droit de reprendre, lors de la dissolution, les meubles meublans ou ustensiles qu'il y a apportés, sans autre compte ni partage que des pertes ou des profits de la communauté. *V. rép.*, *v°. com. tacite*, §. 1.

178. A la dissolution de la communauté, chaque sociétaire reprend ce qu'il y a apporté. Si l'un d'eux quitte la métairie après que les blés ou autres grains sont semés, ou après que les terres ont été préparées pour recevoir la semence, il a droit au partage de la récolte, mais en payant sa part de tous les frais ultérieurs de culture, de récolte et de battage des grains. *Arg. de l'art.* 1868 *C. c.*

179. Les femmes ne sont, à moins d'une preuve écrite du contraire, ainsi que leurs enfans, jusqu'à 14 à 15 ans, réputés faire qu'une personne avec les maris. On ne doit leur attribuer aucune part à la communauté. S'ils confèrent quelques travaux pour l'exploitation commune, le prix s'en trouve compensé avec les frais de leur nourriture et de leur entretien. *V. rép.*, *v°. com. tacite.*

180 Quoique la femme et les enfans d'un associé ne soient pas membres de la communauté, et qu'ils n'y aient aucune part, néanmoins il doit leur être accordé sur les grains et les fruits une valeur pour vivre

le reste de l'année, où le partage s'opère. Mais il faut
que les enfans aient au moins de 14 à 15 ans pour obtenir cette espèce d'indemnité, parce qu'avant cet
âge, ils ne sont pas supposés avoir servi à la société.
Rép., *v°. com. tacite.*

TITRE NEUF.

CHAPITRE PREMIER.

Des Animaux domestiques, tels que chevaux, ânes, bestiaux, chèvres, volailles, oiseaux de basse-cour, pigeons, abeilles, vers à soie, lapins, chiens, etc.

181. Tout propriétaire est libre d'avoir chez lui telle ou telle espèce de troupeaux et de bestiaux qu'il lui plaît, mâles ou femelles. *Arg. loi du 6 octobre 1791.*

Les coutumes qui autorisaient les seigneurs à avoir exclusivement un taureau pour couvrir les vaches, un verrat banal pour couvrir les truies, sont abolies. Le droit d'avoir ainsi des mâles, établi en Picardie et en Normandie, s'appelait *thor* ou *tor, verrat.*

182. Le gouvernement s'est occupé depuis long-temps des moyens propres à encourager les cultivateurs à élever des animaux ; il a même porté sa sollicitude jusqu'à prendre des mesures pour la conservation de certaines espèces. Un arrêt du conseil d'état, du 4 avril 1720, défend de vendre aux bouchers, 1°. les veaux âgés de plus de 8 ou 10 semaines ; 2°. aucunes vaches en état de porter des veaux.

Le 14 mars 1745, le roi a renouvelé, en conseil d'état, ce premier arrêt, et l'a appliqué à toute la France, avec plus d'étendue, en ces termes :

« Art. 1ᵉʳ. L'arrêt du conseil du 4 avril 1720 sera exécuté selon sa forme et teneur ; en conséquence, inhibition est faite à tous laboureurs, fermiers, herbagers, ménagers et autres, de vendre à aucuns bouchers, tant dans les villes qu'à la campagne, aucuns veaux et génisses au-dessus de l'âge de 6 semaines, ni aucunes vaches qu'elles n'aient dix ans passés ; le tout à peine de confiscation et de 300 livres d'amende pour chaque contravention ».

Art. 2. « Défend pareillement, Sa Majesté, tant aux bouchers de Paris qu'à ceux des *autres villes du royaume*, même à ceux répandus *dans les campagnes*, d'acheter lesdits veaux et génisses au-dessus de l'âge de 6 semaines, et les vaches qui n'auront pas dix ans passés pour les tuer, sous pareille peine de confiscation, de 300 liv. d'amende, et d'être en outre privés de leur état ».

Art. 3. « Veut, Sa Majesté, que, par un officier qui sera commis par le lieutenant général de police aux marchés de Sceaux et de Poissy, les commis des fermes à Paris, ceux des *autres villes du royaume*, les commis des aides répandus dans les provinces, les huissiers et autres officiers ayant serment en justice, les contrevenans puissent être saisis et qu'ils soient poursuivis par-devant le lieutenant général de police à Paris, les intendans et commissaires départis dans les provinces ».

Art. 4. « Les peines ci-dessus seront prononcées contre les parties saisies, sur les simples procès-verbaux des commis, affirmés véritables devant le plus prochain juge du lieu où ils auront été faits dans le temps prescrit par l'ordonnance des aides ».

Art. 5. « Enjoint, Sa Majesté, au lieutenant général, aux intendans et commissaires départis dans les *provinces*, de tenir la main à l'exécution du présent ».

183. Cet arrêt, quoique fait pour toute la France, n'a jamais été généralement exécuté. Mais les autorités administratives locales sont autorisées à s'en approprier les dispositions, comme tenant à la police des foires et marchés. *V. loi du 22 juillet 1791, art. 46.*

On peut voir, sur l'approvisionnement de Paris et des marchés qui lui fournissent des bestiaux, les ordonnances de police des 8 vendémiaire et 30 ventôse an 11, un arrêté du ministre du 19 ventôse même année, les ordonnances des 24 vendémiaire an 12, 29 janvier 1805, 1er mai 1809, 29 juillet 1813 et 15 mars 1819. *V. M. Mars.*

Il existe, pour la même ville, une ordonnance de police sur la vente des vaches laitières au-dessous de 8 ans, et celle des veaux au-dessus de 8 à 10 semaines ; elle est du 12 thermidor an 10.

184. Un arrêt du conseil d'état, du 29 octobre 1701, permettait de vendre et de tuer des agneaux dans l'étendue de dix lieues de Paris, depuis Noël jusqu'à la Pentecôte seulement ; il défendait d'en vendre dans tout le royaume pour être tués en quelque saison que ce fût. Il autorisait néanmoins les laboureurs à s'en vendre *les uns aux autres pour garnir leurs troupeaux.*

La contravention à cette défense était punie d'une amende de 300 liv. contre ceux qui en vendaient ou en achetaient *dans l'étendue du royaume;* de 500 liv. contre ceux qui commettaient la même contravention dans les *dix lieues de rayon* de Paris. *V. Traité de la police, par Delamarre.*

Mais cet arrêt est tombé en désuétude. Il n'a plus d'autorité que dans les lieux où le pouvoir administratif en a réordonné l'exécution.

Une ordonnance de police, du 9 germinal an 8, rendue pour Paris, défend aux bouchers et aux charcutiers de vendre des veaux âgés de moins de 4 décades ou de plus de 7, comme de tuer soit des vaches pleines ou autres en état de porter des veaux et d'au-dessous de 8 ans, soit des brebis propres à la propagation ; et enfin de vendre des veaux trouvés dans les entrailles de vaches tuées ; le tout à peine de confiscation et de 100 liv. d'amende contre les contrevenans.

On sent que ce règlement est purement local.

Du reste, les autorités administratives peuvent s'en approprier les dispositions par des arrêtés.

185. En 1806, le chef du gouvernement, voulant améliorer les races de chevaux, fit sur les haras un règlement ainsi conçu :

« Il y a en France six haras, trente dépôts d'étalons, deux écoles d'expériences ». *Décret du 4 juillet 1806, art.* 1er.

1°. « Les haras contiennent particulièrement les étalons étrangers, et les étalons des plus belles races françaises. Les haras et dépôts sont divisés en six arrondissemens et en trois classes, d'après un règlement du ministre de l'intérieur. *Art.* 2.

2°. » Quatre des haras désignés par le ministre doivent avoir des jumens au nombre de cent au plus, réparties entre eux. *Art.* 3.

» Les deux tiers des étalons doivent être français, et sont pris spécialement parmi ceux qui, aux foires, ont mérité des primes à leurs propriétaires. *Art.* 4.

3°. » Pendant le temps de la monte, il est réparti dans les arrondissemens de chaque haras ou dépôt, un nombre d'étalons proportionné aux besoins. *Art.* 5.

» Ils sont placés sur l'indication des préfets, chez les propriétaires ou cultivateurs les plus distingués par leur zèle et leurs connaissances dans l'art d'élever ou de soigner les chevaux. *Art.* 6.

4°. » Les haras sont administrés par des inspecteurs et des employés dont la nomination, les devoirs et la comptabilité sont réglés par le décret ci-dessus rapporté ».

Mais on sent que le matériel de l'administration peut varier ; dès-lors, il nous suffit de renvoyer à ce sujet au texte de ce décret.

5°. « Les propriétaires qui ont des étalons qu'ils destinent à la monte des jumens, peuvent les présenter aux inspecteurs généraux des haras, par qui ils seront approuvés quand ils en seront trouvés susceptibles ». *Art.* 22.

Mais comme l'inspection ne se fait qu'une fois chaque année, et qu'il serait souvent gênant pour les particuliers de l'attendre, le ministre approuve provisoirement les étalons sur la proposition des préfets faite aux inspecteurs. *V. Mémor. de l'Orne, n°.* 15, 7 *avril* 1820.

6°. « Les étalons sont inspectés chaque année avant la monte. L'inspecteur général prononce la réforme de ceux qu'il trouve défectueux et les marque. » *Art.* 23.

« Les propriétaires d'étalons approuvés recevront, pour chaque année d'entretien d'un étalon, une prime de 100 à 300 fr., suivant la qualité des étalons ».

« Le propriétaire de tout cheval ayant obtenu une prime, ne peut le faire hongrer sans la permission de l'inspecteur général de son arrondissement, sous peine de rembourser la prime à lui payée ». *Art.* 25 *et* 16.

7.° « Sur les sommes allouées pour la dépense des haras, il en est pris celle qu'il est jugé convenable d'accorder pour primes aux cultivateurs de tous les arrondissemens des haras qui auront fait et présenté les plus beaux élèves, et pour prix aux courses qui ont lieu. » *Art.* 16.

8°. « Le ministre de l'intérieur publie des réglemens et des instructions sur le régime des haras, dépôts d'étalons, et sur celui des étalons approuvés ; il doit en publier pour la distribution des primes et des prix de courses et leur police ». *Art.* 25, 26 *et* 27.

9°. « La connaissance de toutes les difficultés qui peuvent naître entre les concurrens, est réservée exclusivement aux maires des lieux pour le provisoire, et aux préfets pour la décision définitive, sauf le recours au conseil d'état. » *Art* 28.

186. Ce décret n'est pas le seul règlement qui ait existé sur les haras ; on en connaît un revêtu de lettres-patentes le 22 février 1717 ; mais il faut s'arrêter uniquement au décret.

Le gouvernement a autorisé l'établissement de divers hippodromes dans plusieurs départemens. Il en existe un près du haras du Pin. Le régime et la police des courses sont déterminés par des règlemens d'administration publique.

187. Suivant un décret du 8 mars 1811, il doit être établi soixante dépôts de beliers mérinos. *Art.* 1er.

« Chacun de ces dépôts doit être de 150 beliers au moins, et de 250 au plus. Ils sont confiés à des propriétaires ou fermiers, lesquels les entretiennent, les nourrissent et profitent de la toison, et reçoivent, s'il y a lieu, selon les localités et le prix des fourrages, une indemnité annuelle qui est réglée par le ministre ». *Art.* 2 et 3.

188. « Au temps de la monte, les beliers sont distribués gratuitement aux propriétaires de troupeaux indigènes qui les soignent et en répondent, sauf les accidens non provenant de leur part. Ces beliers, après la monte, rentrent au dépôt ». *Art.* 4.

189. « Le nombre des dépôts doit être augmenté, chaque année, et porté jusqu'à 500. Leur placement est déterminé par le ministre, selon les besoins et les lieux. » *Art.* 5 et 6.

« Pour former les dépôts de beliers, on prend tous les beliers qui existent, au-dessus des besoins, dans les bergeries royales ; tous les beliers qui se trouvent dans les troupeaux extraits d'Espagne ; les beliers qui sont achetés de gré à gré dans les troupeaux des particuliers, reconnus par les inspecteurs pour être de race pure. » *Art.* 7.

190. Les dépôts sont administrés par des inspecteurs généraux et particuliers dont les devoirs et les appointemens sont fixés par le décret précité. Il est pourvu par le gouvernement aux dépenses de ces établissemens.

191. « Il est défendu à tout propriétaire de troupeau de race reconnue pure, de faire châtrer aucun belier sans que l'un des inspecteurs ait examiné les animaux anciens, antenois ou de l'année, ne lui en ait donné attestation, n'ait fait le choix des beliers pour les dépôts, et permis la castration de ceux qu'il aura laissés comme défectueux ou trop faibles, lesquels il marquera à cet effet. Le surplus doit être acheté de gré à gré pour le compte du gouvernement. » *Art.* 8.

192. « Tout propriétaire de troupeau métis qui est à portée d'un dépôt de beliers mérinos, et à qui ce dépôt peut fournir des beliers pour sa monte, est tenu de faire châtrer tous ses mâles. » *Art.* 9.

193. « La contravention aux articles précédens est constatée par les inspecteurs des troupeaux, ou, sur leur réquisition, par les officiers de police, et punie, 1°. de la confiscation des animaux châtrés, dans le cas de l'art. 8, et non châtrés, dans le cas de l'art. 9; 2°. d'une amende qui ne peut être au-dessous de 100 fr., ni au-dessus de 1,000 fr., et double en cas de récidive. » *Art.* 10.

194. Mais, d'après un avis du conseil d'état du 13 mai 1811, « l'art. 8 précité doit être entendu dans le sens de la faculté laissée au propriétaire du troupeau, 1°. de réserver, pour son usage, les beliers dont il aurait besoin ; 2°. de ne pas vendre à d'autres les animaux dont les agens du gouvernement, traitant de gré à gré, ne lui donneraient pas le prix qu'il jugerait convenable. »

Le ministre a la faculté de faire transhumer momentanément, parquer, ou faire nourrir dans les bergeries les animaux qui arrivent d'Espagne, jusqu'au moment favorable pour les vendre. S'il juge nécessaire d'établir de nouvelles bergeries pour naturaliser, dans quelques parties du royaume, l'élève des bêtes pures et la métisation des indigènes, il peut, à mesure que besoin se fait sentir, proposer à Sa Majesté d'autoriser l'établissement de chaque bergerie qu'il juge nécessaire.

195. La loi du 16 avril 1791 affranchit de tout droit d'entrée les chevaux qui viennent des pays étrangers. Un arrêté du 13 thermidor an 9, prohibe l'importation des chevaux anglais en France.

La loi du 1er. mars 1793 défend d'exporter, tant par mer que par terre, les chevaux et même les mulets, sous peine de confiscation, dont elle accorde la moitié aux dénonciateurs et aux saisissans.

La même prohibition est renouvelée par la loi du 19 thermidor an 4, mais elle est modifiée pour les mules et pour les mulets. Enfin, la loi du 30 avril 1806 permet indéfiniment la sortie des mulets et des mules, en portant le droit d'exportation à dix francs par tête.

Comme ces diverses lois varient au gré des circonstances politiques, il nous a suffi d'en rapporter ici les dispositions principales.

196. Les propriétaires doivent retenir leurs volailles et oiseaux de basse-cour sur leur terrain, et empêcher qu'ils n'aillent sur l'héritage d'autrui.

Celui qui trouve sur son terrain des volailles ou oiseaux de basse-cour, peut les y tuer au moment où ils causent du dommage ; c'est ce qui est établi par la loi du 6 octobre 1791, tit. 2, art. 12.

197. Les volailles qui s'envolent par épouvante ou autrement, ne cessent point d'appartenir à leur maître, encore qu'il les ait perdues de vue. Il en est de même des animaux apprivoisés de toute espèce qui

conservent l'instinct de retour. *Instit. de rerum divisione* , §. 16 , *inst. du Droit français.*

Il serait à désirer que les conseils municipaux puissent régler quelle quantité de volailles chacun pourrait avoir , en raison de l'étendue de ses propriétés et de leur situation. Mais nous n'avons point de lois qui leur donnent ce droit.

198. Nous avons expliqué en notre premier volume, page 130 , les règles sur le parcours et la vaine pâture des animaux.

Mais qu'il nous soit permis de retracer quelques principes essentiels , échappés dans le cours de l'impression.

1°. Le parlement de Paris a fait , le 30 novembre 1785 , un règlement sur le pâturage.

Il porte : « La cour ordonne que les arrêts des 23 janvier 1779 , et 28 décembre 1780 , seront exécutés ; en conséquence , fait défense à tous propriétaires , fermiers , cultivateurs , journaliers , habitans de la campagne et autres , de mener paître , en aucuns temps , les moutons et brebis dans les prairies , à moins que les prairies n'appartiennent aux propriétaires desdits moutons et brebis , et soient closes de murs ou de haies ; le tout sous les peines portées par lesdits arrêts , sauf néanmoins l'exécution de l'arrêt du 9 mai 1783 pour les paroisses situées dans le ressort des coutumes de Vermandois et de Vitry-Le-Français , qui continuera d'être exécuté , jusqu'à ce qu'autrement , par la cour , il en ait été ordonné : ordonne que dans les paroisses où il y a des communes , il sera désigné et fixé par les juges des lieux , sur l'invitation qui en aura été faite par les syndics des paroisses , des cantons dans lesdites communes pour y mener paître les moutons et brebis , et des cantons pour y mener paître les chevaux et vaches. Ordonne que dans les paroisses situées dans les coutumes qui ne fixent point le temps où les prairies doivent être mises en réserve, il sera défendu de mener paître aucuns bestiaux dans lesdites prairies, après le premier mars de chaque année, à moins que les prairies n'appartiennent aux propriétaires desdits bestiaux, et soient closes de murs ou de haies, aussi à peine de 20 liv. d'amende contre les contrevenans, du double en cas de récidive et d'être poursuivis extraordinairement, sauf les dommages-intérêts des propriétaires et fermiers : ordonne que l'arrêt du 20 juin 1785 sera exécuté, et que les habitans qui élèvent et nourrissent des oies, des dindes et autres volailles, ne pourront les mener pâturer que dans les cantons qui auront été désignés par les juges des lieux, sur l'indication qui en aura été faite par les syndics des paroisses, sans que lesdites oies, dindes et autres volailles puissent être conduites à pâturer dans les cantons destinés pour la pâture des moutons et brebis, ainsi que dans les cantons destinés pour la pâture des chevaux et vaches, ni en tout temps dans les prairies, à moins que les prairies n'appartiennent aux propriétaires desdites oies, dindes et autres volailles, et soient closes de murs ; le tout sous les peines portées par l'arrêt dudit jour 20 juin 1785 ».

2°. Chacun peut envoyer dans les *communes*, dit l'Encyclopédie, tel nombre de bestiaux qu'il veut, même un troupeau étranger, pourvu qu'il soit hébergé dans le lieu dont les communes dépendent.

Néanmoins un arrêt du parlement de Paris, du 9 mai 1777, rendu pour la sénéchaussée de Saumur, défend aux habitans d'avoir plus d'une bête à laine et son suivant par arpent de terre labourable, et à ceux qui ne font valoir aucunes terres, d'envoyer pâturer leurs bestiaux dans les campagnes, à peine de 10 liv. d'amende. *V. Cout. d'Amiens et de Tours.*

3°. En Normandie, « le banon d'une paroisse n'est

ouvert qu'au profit de ses habitans. » C'est l'usage, dit Basnage, que les habitans d'une paroisse ne peuvent mener pâturer leurs bêtes dans une autre ; arrêts des 6 juin 1647 et 1er. août 1686. *V. Flaust, vol. 2, p. 30.*

« Cependant si quelques habitans d'une paroisse avaient des terres en propre ou à ferme dans une autre paroisse, ils pourraient y envoyer leurs troupeaux ». *V. Flaust, vol. 2, p. 30.*

Autrefois on mettait en question, dans cette province, de savoir si les habitans d'une commune pouvaient envoyer leurs troupeaux sur les terres de pillage d'une autre commune où ils avaient des héritages. On jugeait dans quelques contrées de la France qu'ils ne le pouvaient. D'après M. Henrion de Pansey, l'affirmative est établie par la loi du 6 octobre 1791, rap. vol. 1, n°. 340. *V. M. Henrion de Pansey, du Pouv. mun.*

4°. Les anciens règlemens sur le parcours et la vaine pâture, sont encore en pleine vigueur, comme on l'a vu n°. 306, vol. 1. *V. M. Henrion de Pansey, du Pouv. mun.*

Par suite de ce principe, une ordonnance royale du 22 juillet 1818, a décidé que le préfet du Gard n'avait pu modifier des règlemens sur le parcours, faits par le parlement de Toulouse en 1673 et 1739, et qu'à Sa Majesté seule appartenait de les modifier ou rapporter. *Sir. 18.*

On doit donc faire exécuter les anciens règlemens jusqu'à ce qu'ils soient révoqués.

199. Les maires et les préfets sont autorisés à faire des règlemens contre la divagation des animaux. *V. liv. 2, tit. 1, chap. 1 et 3.*

En général, il est défendu de laisser vaguer les chèvres ; c'est ce que nous avons vu n°. 321, vol. 1.

200. Le droit d'avoir chez soi des pigeons en aussi grande quantité qu'on le juge convenable, appartient

à tout individu. On n'est point astreint, comme l'enseigne mal à propos l'auteur des Lois rurales, à n'élever des pigeons qu'en raison de ses terres, ou à n'avoir qu'un nombre déterminé de boulins dans les colombiers.

En effet, le décret du 4 août 1789 porte : « Le droit *exclusif* de fuies et de colombiers est aboli ».

Ensuite il ajoute : « Les pigeons doivent être enfermés aux époques fixées par les communautés ; et *durant ce temps*, ils sont regardés comme gibier, et chacun a le droit de les tuer sur son terrain ».

Enfin, l'art. 564 du Code civil, en attribue la propriété aux colombiers où ils vont se fixer, sans y avoir été attirés par artifice.

Il suit de là une pleine liberté pour avoir des pigeons chez soi, et pour construire des colombiers comme on le juge convenable.

201. C'est aux conseils municipaux à fixer la saison pendant laquelle les pigeons doivent être enfermés. *Avis du com. féod. de la Const.*, 23 *juillet* 1790.

Mais la loi ne leur permet, ni aux maires, de prononcer des peines contre ceux qui laissent sortir ces oiseaux en temps prohibé. *Avis du com. féod. précité.*

202. Personne n'est autorisé à tuer, même sur soi, les pigeons d'autrui, soit au fusil, soit de toute autre manière, hors la saison où leur sortie est prohibée. *V. Rép. M. Merlin.*

Il n'est pas permis non plus de les détruire dans les communes où leur sortie n'est pas défendue par un arrêté. Cependant le propriétaire sur lequel ils commettraient des dégâts, pourrait les y tuer ; par exemple, au moment où il les y surprendrait pendant les semailles ou la moisson. *V. Arg. cout. d'Etampes, art.* 193 ; *M. Toullier, vol.* 4.

203. Chaque propriétaire a le droit d'avoir sur soi

des abeilles en aussi grande quantité qu'il lui plaît. Il est maître d'aller les cantonner sur ses héritages là où il le trouve convenable, et de les transporter d'un département dans un autre. Nous n'avons aucunes lois ou règlemens contraires.

Ce serait en vain qu'un particulier se plaindrait, par exemple, qu'un autre réunissant dans une contrée où il a peu de terres, beaucoup d'abeilles, empêcherait les siennes de butiner sur les fleurs. Il est en effet reconnu par les naturalistes qu'il se perd beaucoup plus de sucs qu'il n'en faut pour toutes les abeilles de chaque pays.

On sait aussi que les abeilles ne nuisent point, en picorant, à la fécondité des arbres ou des grains. Un particulier ne pourrait donc s'opposer, sous ce rapport, à ce qu'un autre vînt établir une grande quantité d'abeilles près de lui.

204. Cependant l'autorité administrative pourrait empêcher d'établir des ruches près d'un chemin ou d'une place publique où elles pourraient aller piquer les personnes. Elle a le droit de prendre des arrêtés à cet égard contre les abeilles, comme animaux malfaisans. *Diction. gen. de la police.*

Il en serait de même si un individu voulait en élever près d'un pressoir, d'un lieu où l'on prépare le miel et la cire, car elles incommoderaient les personnes employées dans ces établissemens. Toutefois l'administration ne devrait prendre, dans ce cas, d'arrêtés qu'autant que l'intérêt public l'exigerait. Si elle gardait le silence, la partie lésée aurait le droit de se pourvoir par action civile contre le propriétaire des abeilles. *V. Encyclopédie, v°. abeilles (police).*

205. Quoique l'on regarde les abeilles comme participant de la nature des animaux sauvages, il n'est permis à personne de faire périr celles d'autrui, par artifice; par exemple, en empoisonnant les fleurs

où elles vont butiner, en faisant de la fumée près d'elles. On trouve un exemple de ces honteuses manœuvres dans les plaidoyers de Quintilien. *V. ff., leg. 49 ad legem aquiliam.*

206. La loi, après avoir dit : « Aucuns engrais ni ustensiles, ni autres meubles utiles à l'exploitation des terres, et aucuns bestiaux servant au labourage ne pourront être saisis ni vendus pour contributions publiques; ils ne pourront l'être pour aucune dette, si ce n'est au profit de la personne qui aura fourni lesdits effets ou bestiaux, ou pour l'acquittement de la créance du propriétaire envers son fermier; ce seront toujours les derniers objets saisis en cas d'insuffisance d'autres objets mobiliers »; AJOUTE : «La même règle aura lieu pour les ruches, etc». Pour aucune raison, il n'est permis de troubler les abeilles dans leurs courses et leurs travaux. En conséquence, même en cas de saisie légitime, une ruche ne peut être déplacée que dans les mois de septembre, janvier et février de chaque année. *Loi du 6 octobre* 1791, *art.* 3 *et* 4, *tit.* 1er., *sect.* 3.

207. On regarde les abeilles comme appartenant, sauf la preuve contraire, au propriétaire du fonds où elles sont établies. *Arg. des art.* 528, 551 *et* 524 *C. c.*

« Le propriétaire d'un essaim a le droit de le réclamer et de s'en ressaisir, tant qu'il n'a point cessé de le suivre; autrement l'essaim appartient au propriétaire du terrain sur lequel il s'est *fixé* ». *V. loi 6 octobre* 1791, *sect.* 3, *tit.* 1er., *art.* 5.

208. On n'est réellement propriétaire des abeilles qui viennent sur son fonds, qu'autant qu'elles y sont *fixées*, c'est-à-dire, établies dans une ruche ou autre récipient. On peut bien s'emparer de celles qui sont arrêtées sur son propre héritage, lorsque leur maître ne les a pas suivies. Mais on n'a le droit de les suivre, si elles quittent le lieu où elles se sont ainsi reposées

qu'autant qu'elles ont été reçues dans une ruche. Jusque là ; elles n'appartiennent pas plus au propriétaire du fonds sur lequel elles sont que les oiseaux qui vont y faire leur nid. *Traité du voisinage ; Inst. lib.* 2, *tit.* 1.

209. Qu'un essaim parte à la vue du propriétaire ou à son insçu ; que son maître le perde de vue depuis son départ ou ne cesse de le voir, celui-ci n'en conserve pas moins le droit de le suivre. La loi n'admet aucune distinction. Cependant il est toujours obligé d'établir, par les circonstances, l'identité. Fournel prétend, dans ses Lois rurales, que le droit de le suivre s'évanouit dès qu'on le perd de vue, mais son opinion est mal fondée.

210. La loi attribue l'essaim *au propriétaire* sur le fonds duquel il va se fixer ; *quid* si l'héritage est possédé par un fermier ou un usufruitier...?

Autrefois l'on regardait les essaims sans maître, comme des épaves. Ils appartenaient au premier occupant ; aujourd'hui l'essaim est dévolu *au propriétaire du terrain sur lequel il s'est fixé.* Il n'appartient donc plus au premier occupant ; celui qui en trouve un sur le terrain d'autrui, doit le rendre au maître du fonds. *V. M. Toullier, vol.* 4, *n°.* 50.

Ni les usufruitiers, ni les fermiers, n'ont le droit de s'emparer des essaims qui s'arrêtent sur les fonds dont ils jouissent. Ils peuvent seulement en jouir comme d'un accessoire de l'héritage où ils sont fixés.

211. Le copropriétaire d'un essaim ne peut contraindre son copropriétaire à le diviser. Si l'un ou l'autre d'entre eux en exige le partage, le juge doit en ordonner la licitation. *V. Encyclopédie, v°. vaisseaux.*

212. Les vers à soie sont aussi l'objet de la sollicitude de nos lois. Ils sont comme les abeilles insaisissables pendant leur travail, ainsi que la feuille du mû-

rier qui leur est nécessaire pendant leur éducation. *Loi du 6 octobre* 1791, *art.* 4, *sect.* 3, *tit.* 1er.

213. Autrefois, le droit d'avoir des garennes n'était accordé qu'à certaines personnes.

Aujourd'hui « le droit *exclusif* de la chasse et des *garennes* ouvertes est aboli, et tout propriétaire a le droit de détruire et faire détruire, seulement sur ses possessions, toute espèce de gibier, en se conformant aux lois sur la chasse ». *Déc. du* 4 *août* 1789, *art.* 3.

Les effets de cette abolition sont sensibles : 1°. les ci-devant seigneurs qui avaient, avant le 4 août 1789, des garennes ouvertes ont conservé la propriété du terrain où elles étaient établies. *Avis du com. féod. de l'assemb. const. du* 9 *juin* 1790.

2°. En abolissant le droit *exclusif* de garennes ouvertes, la loi du 4 août 1789 a permis à tout propriétaire de convertir son terrain en garenne, sans être obligé de l'enclore. *V. Cas.* 3 *janvier* 1810.

3°. Par suite du même principe, les règlemens locaux et les coutumes qui défendaient d'avoir une garenne sans posséder une certaine étendue de terrain à l'entour ; qui autorisaient les voisins à faire détruire les garennes trop abondantes en lapins ; qui voulaient une information de *commodo et incommodo*, avant qu'on pût établir des garennes, sont abrogées.

Le Manuel des Maires et l'auteur des Lois rurales semblent prétendre le contraire ; mais leur opinion n'est pas compatible avec le décret du 4 août, puisqu'en rendant à chacun le droit d'avoir des lapins sur sa propriété, il n'impose pas de pareilles conditions.

4°. Comme chacun ne doit jamais causer de dommages à autrui, même en usant de sa propriété, le maître d'une garenne doit répondre des dégâts que ses lapins peuvent causer sur les héritages voisins ; surtout s'il néglige de les détruire, ou n'accorde pas cette liberté aux riverains. Il en était de même sous la féo-dalité. Les propriétaires des garennes autorisées étaient responsables des dégâts que les lapins causaient aux fruits des héritages voisins. Ceux qui étaient con-damnés à détruire leurs garennes, étaient obligés d'en défoncer les terriers. *V. Houard ; Encyclop. ; Cas. 3 janvier* 1810 *, et* 14 *septembre* 1816 *, Sir.* 17.

214. Les garennes sont des propriétés d'une nature ordinaire ; on peut les louer ou en donner l'usufruit comme d'un champ, etc. Ceux qui en jouissent peu-vent y chasser soit avec des furets, soit avec des fusils ou des chiens, en se conformant aux lois de police.

Les lapins sont une dépendance des garennes où ils se retirent. Les tiers ne peuvent les y chasser, ni les y prendre sans se rendre coupables de larcin, à moins que le propriétaire ne les y ait autorisés. *V. Ordon. de* 1669 *, tit.* 30 *; cout. d'Orléans, art.* 167 *; Nivernois.*

215. Tout individu peut tuer sur son terrain les la-pins d'autrui, sortis de leur garenne. Hors de leur retraite, ils sont considérés comme gibier ; tout indi-vidu peut les tuer, comme un renard, un lièvre, etc., etc. (*). *Loi du* 4 *août* 1789 *; C. c., art.* 564.

Autrefois on ne pouvait les tuer, même hors des li-mites de leurs garennes ; il n'était permis qu'aux gentilshommes et à ceux qui avaient droit de garenne, d'avoir des furets et des poches pour prendre les la-pins. *V. Encyclop.*

216. Les lapins qui passent d'une garenne dans une autre, appartiennent au propriétaire de leur nouvelle résidence, pourvu qu'ils n'y aient point été attirés par fraude et artifice. *Art.* 564 *C. c.*

(*) Martial, en parlant du lapin, qu'il appelle *cuniculus* (petit coin) dit :

    « *Gaudet in effossis habitare cuniculus antris ;*
    « *Monstravit tacitas hostibus ille vias* ».

217. Chacun est libre d'avoir des chiens de garde, et de toute autre espèce, à la charge de les contenir, de manière qu'ils n'infestent point la voie publique, et de répondre des dommages qu'ils pourraient causer.

On portait, à Rome, la rigueur jusqu'à les empêcher de sortir le jour (*). Chez nous, sous l'ancien régime, il était défendu à tout roturier d'avoir des chiens de chasse. On permettait seulement aux laboureurs d'avoir des chiens pour *courir sur les porcs et autres bêtes*, ou pour la garde de leurs maisons. Ces roturiers étaient tenus de les laisser à la chaîne ou de leur mettre un billot au col. Les bergers devaient tenir leurs chiens en laisse. *V. Boucher-d'Argis, C. rur.*

Aujourd'hui, chacun peut avoir chez soi des chiens de *toute espèce*, et les laisser vaguer à volonté, en se conformant à la police. Mais ceux qui excitent ou ne retiennent pas les leurs, attaquant les passans, doivent être punis d'une amende, suivant l'art. 475, n°. 7, du Code pénal.

218. Les propriétaires qui ont des chiens mordus, ou soupçonnés de l'être par des bêtes enragées, ou soupçonnées de l'être, doivent les tenir enfermés ou les garder à l'attache. Les maires peuvent prendre des arrêtés à cet égard. *V. n°.* 227.

(*) C'est pourquoi Phèdre, dans sa fable du Chien et du Loup, fait dire par le chien : « *Quia videor acer alligant me interdiù* ».

CHAPITRE II.

Des animaux malfaisans ou nuisibles, comme loups, chenilles, etc.

219. Les préfets, représentant aujourd'hui les corps administratifs, doivent « encourager les habitans des campagnes, par des récompenses, et suivant les localités, à la destruction des animaux *malfaisans* qui peuvent ravager les *troupeaux ;* ainsi qu'à la destruction des *animaux et des insectes* qui peuvent nuire aux récoltes ». *Art.* 20, *tit.* 1, *sect.* 4, *loi du* 6 *octobre* 1791.

La loi leur fait un devoir, en général, 1°. d'ordonner des battues contre les loups, sangliers, ours, blaireaux et autres animaux malfaisans ; 2°. de faire établir des piéges pour la destruction de ces animaux, ou de les faire périr par le poison; 3°. enfin, de prescrire toutes les mesures convenables pour détruire les hannetons, chenilles, escarbots, mulots, taupes, loutres, fourmis, les oiseaux de proie, et généralement tous les animaux et insectes nuisibles. *V. M. Péchart, de l'Admin. mun. , et Man. des Maires.*

Aussi l'arrêté (*) du 19 pluviôse an 5, exige-t-il qu'il soit « fait, dans les forêts nationales et les campagnes, tous les trois mois, et plus souvent s'il est nécessaire, des chasses et battues générales ou particulières, aux loups, renards, blaireaux et autres animaux nuisibles ». *Art.* 2.

220. Les battues doivent être exécutées dans les formes prescrites au tit. 10, où nous parlons de la chasse.

Après les battues, on rassemble les tireurs et les

(*) Du gouvernement.

batteurs. Le commandant fait un second appel pour reconnaître si personne n'a abandonné la chasse. Ceux qui la quittent encourent une amende de 10 fr., dont les tribunaux correctionnels leur font l'application. *Arrêt du cons.* 1697; *les Lois rurales.*

221. « Il est dressé procès-verbal de chaque battue, du nombre et de l'espèce des animaux qui ont été détruits, un extrait en est envoyé au ministre des finances. Il lui est également envoyé un état des animaux détruits par des chasses particulières mentionnées en l'art. 5 de l'arrêté de l'an 5 précité, et même par les piéges tendus dans les campagnes par les habitans, à l'effet d'être pourvu, s'il y a lieu, sur son rapport, au paiement des récompenses promises par l'art. 20, sect. 4 du Code rural, et le décret du 11 ventôse an 3 ». *Art.* 6 *et* 7, *arrêté du* 19 *pluviôse an* 5.

222. La loi du 11 ventôse an 3 accorde des primes à ceux qui tuent des loups. Celle du 10 messidor an 5, en introduisant des règles nouvelles sur la destruction de ces animaux, les a réduites. Enfin, d'après une lettre ministérielle du 25 septembre 1807, elles sont fixées, pour tous les départemens, savoir : à 18 fr. pour la destruction d'une louve pleine, à 15 fr. pour une louve non pleine. Depuis, le ministre a réglé la prime pour un louveteau à 6 fr. La loi du 10 messidor an 5 précitée accorde aussi une prime de 150 fr. à celui qui tue un loup qui s'est jeté sur des hommes ou des enfans.

223. Ceux qui, ayant droit aux primes, veulent les obtenir, doivent se présenter au maire de la commune la plus voisine de leur domicile, et y faire constater la mort de l'animal, son âge et son sexe ; s'ils ont tué une louve, ils doivent faire établir si elle est pleine ou non.

La tête de l'animal, et le procès-verbal dressé par le maire, doivent être envoyés au préfet, qui délivre un mandat sur le receveur du département, pour être rempli avec les fonds laissés, à cet effet, en ses mains par le ministre de l'intérieur. *Art. 4 et 5, loi du 10 messidor an 5.*

224. La coutume de la ville et châtellenie de Bergh-Saint-Winox prescrit des mesures pour la destruction des corneilles et des pies; l'art. 13 de la rub. 1re. est ainsi conçu : « Personne ne peut laisser nulles corneilles ou pies faire leurs nids sur ses arbres; chacun est obligé de les ôter de dessus ses arbres avant la fête de St.-George par chacun an, à peine de l'amende de 20 sols de chacun nid, à la charge de celui qui occupe le fonds sur lequel les arbres sont plantés ».

Celle de Lasalle, chap. 115, porte : « Personne ne tiendra des nids de corneilles sur ses arbres, à peine de l'amende de 20 sols parisis ou de confiscation de l'arbre, si ce n'était qu'ils fussent en effet des nids de hérons. Quiconque prendra dans ladite châtellenie quelques corneilles ou corbeaux, et les apportera aux mains du receveur, aura quatre deniers de chaque tête ».

Les préfets ont le droit de faire des règlemens pour la destruction de ces oiseaux, comme de tous ceux qui peuvent être nuisibles; par exemple, celle des moineaux, des corbeaux, etc. Les coutumes locales qui renferment des mesures à cet égard, sont encore en pleine vigueur. *Arg. n°s. 219 et 220.*

225. Suivant la loi du 26 ventôse an 4, tirée d'un arrêt du parlement de Paris du 4 février 1732, « tous propriétaires, fermiers, locataires ou autres faisant valoir leurs propres héritages ou ceux d'autrui, sont tenus, chacun en droit soi, d'écheniller ou faire écheniller les arbres étant sur lesdits héritages, à peine d'une amende ». Cette amende est, d'après l'art. 471, n°. 8 du Code pénal, d'un fr. à 5 fr. *Art. 1er.*

« Ils sont tenus, sous les mêmes peines, de brûler

sur-le-champ les bornes et les toiles qui sont tirées des arbres, haies ou buissons, et ce dans un lieu où il n'y a aucun danger de communication de feu, soit pour les bois, arbres, bruyères, soit pour les maisons et bâtimens ». *Art.* 2.

Les *préfets* sont obligés « de faire écheniller, dans le même délai, les arbres étant sur les domaines nationaux non affermés ». *Art.* 3.

226. « Les maires et les adjoints des communes sont tenus de surveiller l'exécution de cette loi dans leurs arrondissemens respectifs ; ils sont responsables des négligences qui y sont découvertes ». *Art.* 4.

1°. « L'échenillage doit se faire sous les peines portées aux articles ci-dessus, avant le 20 février de chaque année ». *Art.* 6.

2°. « Dans le cas où quelques propriétaires ou fermiers auraient négligé de le faire pour cette époque, les maires et leurs adjoints le font faire aux dépens de ceux qui l'ont négligé, par des ouvriers qu'ils choisissent ; l'exécutoire des dépenses leur est délivré par le juge de paix, sur les quittances des ouvriers, contre lesdits propriétaires et locataires, sans que ce paiement puisse les dispenser de l'amende ». *Art.* 7.

3°. « Cette loi doit être publiée par les maires le 21 janvier de chaque année ». *Art.* 8.

4°. On peut voir sur l'échenillage dans le département de l'Orne, un arrêté de M. le préfet du 18 janvier 1806, rapporté dans son mémorial.

227. Quand il se manifeste parmi les chiens des signes de rage, on doit, sur l'ordre des maires, les retenir à l'attache. Si leurs maîtres ne remplissent pas cette mesure de sûreté, les maires, chargés par la loi du 22 juillet 1791 de prévenir les *fléaux*, les *accidens*, etc., peuvent faire tuer ceux qui sont errans, après avoir fait publier l'ordre de les enfermer. *V. Manuel des Maires ; Dict. gén. de la police.*

Tous les règlemens qui prescrivent des mesures sur la matière, qui, par exemple, obligent les habitans à enfermer leurs chiens, sont obligatoires pour les tribunaux. Ils ne le sont pourtant, que si les mesures prises par le pouvoir municipal n'excèdent pas ses attributions. Cas. 19 août 1819, Sir. 19.

TITRE DIX.

CHAPITRE PREMIER.

De la Chasse (*).

228. Le droit de chasser sur ses héritages a été rendu à chaque citoyen par les décrets des 4, 5, 7, 8 et 11 août 1789. « *Tout propriétaire*, dit la loi, art. 3, a le droit de détruire et de faire détruire *toute espèce de gibier*, seulement sur ses possessions, sauf à se conformer aux lois de police relatives à la sûreté publique ».

Mais comme la chasse aurait pu entraîner des abus et causer la destruction entière du gibier, si elle n'avait été contenue dans de justes bornes, le législateur a senti la nécessité d'apporter des restrictions à son usage.

En conséquence, la loi du 30 avril 1790, et le décret du 4 mai 1812, ont déterminé sous quelles conditions on peut chasser.

L'ordonnance de 1669 renfermait la législation sur la matière, mais les peines qu'elle prononçait ne se trouvaient plus en harmonie avec nos principes constitutionnels. Les contrevenans trouvaient leur impunité dans sa sévérité même. Le besoin de lois nouvelles se faisait sentir depuis long-temps.

229. Aujourd'hui chacun peut chasser sur son terrain ou sur celui d'autrui avec son agrément. Dans tous les cas, on doit se conformer aux règles de police ci-après exposées.

(*) Quis non malarum, quas amor curas habet,
Hæc inter obliviscitur? *Horat. Epod.* 2.

La loi défend la chasse sur le terrain d'autrui de toute manière, soit avec des engins, soit au fusil, soit aux chiens courans, soit au lévrier. Mais on peut chasser sur soi dans la saison licite avec les chiens et les engins que l'on juge convenables. *Cas.* 22 *février* 1815, *Sir.* 15. *V. n°.* 235.

230. Suivant le décret du 4 mai 1812, « quiconque est trouvé *chassant*, et ne justifiant pas d'un permis de port d'armes de chasse délivré conformément au décret du 11 juillet 1810, doit être traduit devant le tribunal de police correctionnelle, et puni d'une amende qui ne peut être moindre de 30 fr., ni excéder 60 fr. » *Art.* 1er.

Ce délit est de la compétence des tribunaux correctionnels, encore qu'il soit commis par des militaires en garnison ou présens à leur corps. *Av. cons. d'ét.* 30 *frim. an* 14 *et* 4 *janvier* 1806; *art.* 137 *et* 179. *C. d'inst.*

Le décret n'exige pas que les chasseurs justifient de leurs permis de port d'armes au moment même où ils sont trouvés *chassant*; il n'y a pas délit pour ne pas représenter le permis; il suffit qu'ils justifient en avoir eu un lors de la chasse. *Cas.* 19 *février* 1813, *M. Mars.*

231. « En cas de récidive, l'amende est de 60 fr. au moins, et de 200 fr. au plus. Le tribunal peut en outre prononcer un emprisonnement de six jours à un mois. Dans tous les cas, il y a lieu à la confiscation des armes; et si elles n'ont pas été saisies, le délinquant doit être condamné à les rapporter au greffe ou, à en payer la valeur suivant la fixation faite par le jugement, sans que cette fixation puisse être au-dessous de 50 fr. » *Art.* 2 *et* 3.

232. Aucun individu trouvé à la chasse sans permis ne peut échapper aux peines prononcées par le décret

précité, sous aucun prétexte. Ainsi, la chasse sans port d'armes ne peut être excusée par le motif que le prévenu avait précédemment consigné les droits exigés pour obtenir le permis, lors même qu'ensuite il lui serait délivré. *Cas.* 24 *décembre* 1819, *Sir.* 20.

La confiscation des armes doit avoir lieu lors même que les chasseurs sont munis d'un port d'armes, et encore que les fusils ne soient pas saisis à l'instant de la contravention. *Cas.* 10 *février* 1809, *Sir.* 10.

233. On a soutenu devant plusieurs tribunaux que l'on ne devait pas appliquer les peines portées au décret du 4 mai comme étant établies inconstitutionnellement ; mais la cour de cassation, sans examiner si le chef du gouvernement avait eu le droit d'établir des peines par un simple décret, a rejeté ce système. C'est ce qu'elle a implicitement jugé par arrêt du 15 octobre 1813. *V. Sir.*, *vol.* 14.

234. Le délit de port d'armes et le délit de chasse sont réprimés par deux dispositions spéciales. En effet, 1º. le délit de chasse, soit sur le terrain d'autrui, soit en temps prohibé, est puni par la loi du 30 avril. *V. nº.* 235.

2º. Le délit de port d'armes à la chasse est puni, non par l'ordonnance du 14 juillet 1716, actuellement abrogée, mais par le décret de 1812.

Ce n'est plus le port d'armes seul qui est prohibé, mais le port d'armes à la chasse. *Cas.* 15 *octobre* 1813, *Sir.* 14.

235. L'ordonnance de 1669 n'est plus en vigueur comme nous l'avons vu, que pour les bois de l'état. La loi du 30 avril 1790 régit la chasse sur les autres propriétés ; elle porte :

« Il est défendu à toutes personnes de chasser en *quelque temps* et *de quelque manière que ce soit*, sur le terrain d'autrui, sans son consentement, à peine de 20 liv. d'amende envers la commune du lieu, et d'une indemnité de 10 fr. envers le propriétaire des fruits, sans préjudice de plus grands dommages-intérêts, s'il y a lieu ».

« Défenses sont pareillement faites, sous ladite peine de 20 liv. d'amende, aux propriétaires ou *possesseurs*, de chasser dans leurs terres non closes, même en jachères, à compter de la publication des présentes, jusqu'au 1er septembre prochain, pour les terres qui seront alors dépouillées, et pour les autres terres jusqu'à la dépouille entière des fruits, sauf à chaque département à fixer, pour l'*avenir*, le temps dans lequel la chasse est libre dans son arrondissement aux propriétaires sur leurs terres non closes ». *Art.* 1er.

236. Les coutumes de Lasalle, chap. 96, et de la châtellenie de Furne, art. 20, tit. 66, défendent de prendre les poussins de canards, d'oies et d'autres espèces de gibier dans les eaux ou sur le terrain d'autrui, à peine d'amende. Cette chasse est encore prohibée par la loi de 1790, qui ne distingue point les diverses espèces de chasse ou de gibier.

On entend par gibier, toute espèce d'animaux sauvages, même les oiseaux de passage. *Ar. du* 11 *août* 1756.

237. Ce n'est pas seulement la chasse au fusil que la loi prohibe en certaines saisons, ou sur le terrain d'autrui, elle défend aussi celle qui a lieu, soit avec des engins ou filets, soit à la pipée, soit avec des pots à passes, soit avec de la glu, soit avec des trappes, et enfin avec tous les instrumens propres à détruire le gibier. *V. Encyclop.*

Il n'est pas non plus permis, dans les saisons prohibées, de chasser au furet ou au lévrier (*), de détruire les œufs ou les petits du gibier. Le législateur se sert, comme on l'a vu n°. 235, des expressions *de*

(*) Cas. 22 juin 1815; rép. v°. chasse.

quelque *manière* que ce soit. *V. inst. du préfet de Seine-et-Marne* 1809.

Toutefois il y a des exceptions en faveur des cultivateurs et des possesseurs qui veulent détruire le gibier dans leurs récoltes.

238. L'époque où la chasse s'ouvre, et celle où elle se ferme, doit être fixée par chaque préfet. Tant qu'elle n'est pas déterminée, personne ne peut chasser *d'aucune manière.*

Aussitôt que l'ouverture de la chasse est publiée, chacun peut chasser sur soi ou sur d'autres propriétaires avec leur permission, soit au chien courant, soit au chien ferme, soit avec des engins, soit au fusil avec un permis de port d'armes.

239. Les préfets n'ont le droit, sous aucun prétexte, de modifier la loi par leurs arrêtés ; par exemple, ils ne peuvent défendre la chasse à ceux qui ne possèdent pas telle ou telle étendue de terrain, de chasser au lévrier. Leur pouvoir se borne ici à fixer l'ouverture de la chasse.

240. La chasse est, comme la pêche, essentiellement attachée à la jouissance foncière. On ne peut la céder isolément et sans les héritages sur lesquels elle doit s'exercer. Le nû-propriétaire n'est point autorisé à l'accorder sur des fonds dont un autre a l'usufruit. *V. avis du cons. d'état du* 19 *octobre* 1811, *rep. v°. chasse.*

Par suite de ce principe, la chasse appartient aux usufruitiers et aux emphytéotes, à l'exclusion des *propriétaires* fonciers. La loi du 30 avril 1790 les signale sous la qualification de possesseurs, art. 1, 13, 14 et 15. *V. Encyclop. ; M. Toullier.*

241. Le droit de chasser est susceptible d'être donné à ferme ; les communes sont libres d'affermer le droit de chasser dans leurs communaux. *V. decret du* 25 *prairial an* 13.

Si les bailleurs, en général, ne se réservent pas la chasse sur leurs terres, elle appartient tacitement aux fermiers. Cependant la cour de Paris a décidé, le 19 mars 1812, que le fermier ne peut chasser lorsque son bail se tait sur ce point, mais cette décision ne paraît pas exacte. En effet, dès que le propriétaire ne fait aucune réserve, il abandonne nécessairement au fermier le droit de chasser.

242. Selon Fournel, dans ses Lois rurales, le chasseur n'est point autorisé à prouver par témoins qu'il a obtenu la permission de chasser sur autrui. Il semble au contraire que tout délinquant ayant le droit de se justifier par témoins, le chasseur peut établir la permission par la preuve vocale. D'ailleurs la loi n'exige pas un genre de preuve spéciale.

Néanmoins si le propriétaire méconnaissait avoir donné la permission, les tribunaux ne devraient admettre le chasseur à l'établir vis-à-vis de lui, que s'il s'agissait d'un objet n'excédant pas 150 fr.

Mais on ne peut jamais acquérir par la prescription le droit de chasser sur le terrain d'autrui. *V. Encyclop.*

243. Le propriétaire ne peut s'emparer du gibier que le chasseur tue malgré lui sur son héritage. Le gibier n'appartenant à personne en particulier, devient la propriété de celui qui le prend. Toutefois le maître de l'héritage a le droit d'exiger des dommages-intérêts en raison de la valeur du gibier. *Pothier du droit de propriété*, n°. 24.

Il en serait autrement d'une pièce qu'un chasseur tuerait dans un parc ou un terrain enclos; le propriétaire aurait là faculté de s'en saisir. La clôture de l'héritage lui donne une espèce de propriété sur ce gibier. *V. Pothier.*

244. Le gibier blessé n'appartient à celui qui l'a frappé que s'il le prend, ou que s'il le blesse de ma-

nière à ne pouvoir s'échapper. *Pothier, de la propriété, n°.* 26.

L'animal sauvage pris à des collets ou à des piéges, devient la propriété de celui qui a tendu ces instrumens. Un tiers ne pourrait donner la liberté à l'animal, sans s'exposer à être poursuivi en dommages-intérêts. Si les piéges ou les collets étaient placés sur le terrain d'autrui, celui qui les aurait tendus n'aurait pas le droit de réclamer le gibier. *Pothier, de la propriété, n°.* 25.

245. L'on ne doit pas toujours regarder comme gibier tous les animaux que l'on peut trouver à la chasse. Par exemple, lorsqu'un oiseau apprivoisé, comme un perroquet, une pie, un serin, s'envole de chez son maître, celui qui le connaît, et le trouve sorti hors de la maison à laquelle il appartient, ne doit pas le tuer. *V. Pothier, propriété, n°.* 57.

L'on ne considère pas toujours les pigeons comme du gibier ; on ne peut les tuer comme tels, que s'ils causent des dégâts, ou s'ils sortent hors la saison qui leur est accordée pour aller aux champs. Celui qui tue un pigeon dans le temps où il n'est point considéré comme gibier, se rend coupable d'un vol s'il s'en empare. *V. ordon. de* 166- ; *Manuel des chasses.*

246. Autrefois le gentilhomme qui faisait lever du gibier dans sa haute justice ne pouvait le suivre sur les terres où il n'avait pas le droit de chasser, que pour rompre ses chiens. Aujourd'hui personne n'est autorisé à marcher sur l'héritage d'autrui, soit pour y rompre ses chiens, soit pour les y faire passer, soit pour aller chasser ailleurs sans sa permission. *V. les Lois rurales.*

On ne punirait toutefois pas comme ayant chassé sur le terrain d'autrui, celui qui y aurait seulement laissé passer ses chiens ou les y aurait rompus ; on ne pourrait pas dire qu'il y chassait.

247. De ce qu'on possède des fonds enclavés, il ne s'ensuit pas qu'on ne puisse y chasser ; on a le droit d'y conduire ses chiens, et d'y aller soi-même, ou par ses préposés, en payant une indemnité à ceux par sur les héritages desquels on passe.

Il arrive souvent que plusieurs individus qui possèdent des terres enclavées se donnent le droit de chasser les uns sur les autres. Cette convention s'appelle cantonnement. On est libre de consentir à cet accord ou de s'y refuser. *Rép.*, *v° chasse*.

248. « L'amende et l'indemnité prononcées contre celui qui a chassé sur le terrain d'autrui, sont portées respectivement à 30 liv. et à 15 liv. quand le terrain est clos de murs ou de haies, et à 40 liv. et 20 liv. dans le cas où le terrain clos tient immédiatement à une habitation, sans entendre rien innover aux autres lois qui défendent de violer les clôtures, et notamment celles des lieux qui forment leur domicile ou qui y sont attachés ». *Art.* 2.

« Chacune de ces différentes peines doit être doublée en cas de récidive ; elle est triplée s'il survient une troisième contravention, et la même progression est suivie pour les contraventions ultérieures ; le tout dans le courant de la même année seulement ». *Art.* 3.

Pour savoir dans quel cas les héritages sont réputés clos, *V. n°s* 119 *et* 120, *vol.* 1.

249. Le contrevenant qui n'a pas, huitaine après la signification du jugement, satisfait à l'amende prononcée contre lui, doit être contraint par corps et détenu en prison pendant vingt-quatre heures pour la première fois, pour la seconde pendant huit jours, et pour la troisième ou ultérieure contravention, pendant 3 mois ». *Art.* 4.

250. « Dans tous les cas, les armes avec lesquelles la contravention a été commise, sont confisquées,

sans néanmoins que les gardes puissent désarmer les chasseurs. ». *Art.* 5.

La défense de désarmer est fondée sur la crainte que les chasseurs ne fassent feu sur les personnes étant à leur poursuite ; dès-lors, aucun fonctionnaire n'a le droit de les désarmer.

« Néanmoins, si les délinquans sont déguisés ou masqués, ou s'ils n'ont aucun domicile connu dans le royaume, ils doivent être arrêtés sur-le-champ à la réquisition du maire ». *Art.* 7.

251. « Les pères et mères répondent des délits de leurs enfans mineurs de 20 ans (aujourd'hui 21.) non mariés et domiciliés avec eux, sans pouvoir néanmoins être contraints par corps ». *Art.* 6.

252. « Les peines et contraintes ne doivent être prononcées que sur la plainte du propriétaire ou autre partie intéressée, soit même dans les cas où l'on aurait chassé en temps prohibé, sur la seule poursuite du ministère public ». *Art.* 8.

En effet, la chasse est, comme la pêche, un délit purement privé. Un chasseur ne peut donc être poursuivi devant les tribunaux que sur la plainte du *possesseur* sur lequel il a chassé. Cependant le ministère public a le droit de le faire punir, malgré le silence de la partie civile, s'il a chassé en temps prohibé. *Cas. février* 1808 ; *Denevers ,vol.* 8.

253. L'art. 9 de la loi du 30 avril 1790, autorisait les communes à nommer des gardes champêtres, bangards , gardes-messiers , pour constater les délits de chasse.

Aujourd'hui, ces délits peuvent, d'après le Code d'instruction criminelle, et en général les lois de police, s'établir par les rapports soit des gardes-champêtres, soit des maires ou adjoints, soit des gendarmes, et enfin par tous les agens de la police.

D'après une ordonnance royale du 17 juillet 1816,

Il est accordé aux gendarmes et aux gardes champêtres et forestiers qui constatent des contraventions
aux lois ou règlemens sur la chasse, une gratification
de 5 francs.

254. L'art. 10 de la loi de 1790 indique et trace
dans quelle forme et dans quel délai les procès-verbaux
doivent être rédigés. On n'en suit plus les dispositions,
chaque fonctionnaire verbalise d'après les formalités
prescrites dans l'exercice de ses fonctions. Les rapports doivent toujours être rédigés dans les vingt-
quatre heures. Aucune loi ne dispense d'observer
ce délai. Aux termes de cet article et de l'art. 11, il
peut être suppléé aux rapports par la déposition de
deux témoins; les procès-verbaux font foi de leur
contenu, sauf la preuve contraire, admissible sans
inscription de faux.

255. « Il est libre à tout propriétaire ou possesseur
de chasser ou de faire chasser en tout temps, et nonobstant l'art. 1er. de ce décret, dans ses lacs et
étangs, et dans celles de ses possessions qui sont
séparées par des *murs* ou des haies *vives* d'avec les
héritages d'autrui ». *Art.* 13.

La loi semble restreindre la permission de chasser
au cas ou les propriétés sont enfermées par des *murs*
ou des haies vives. Toutefois on doit l'appliquer à
tous les héritages bien clos de palissades, haies sèches
ou autres moyens qui remplissent le même but que
les haies vives ou les murs.

Selon Fournel, le propriétaire n'aurait pas le droit
de chasser dans ses enclos, qui présenteraient des ouvertures pour recevoir le gibier. Nous ne croyons pas
qu'on puisse ajouter cette exception à la loi, dont le
vœu est d'autoriser, en général, la chasse dans les propriétés closes. On ne doit avoir aucun égard à d'anciens règlemens contraires; ils étaient une suite du
droit exclusif de chasse.

256 . « Tout propriétaire ou *possesseur*, autre qu'un simple *usager*, peut, dans les temps prohibés par l'art. 1er., chasser ou faire chasser *sans chiens courans* dans ses bois et forêts ». *Art.* 14.

« Les raisons qui font suspendre avant la récolte la chasse aux chiens et aux armes à feu sur les terres ensemencées, ne s'appliquent pas aux bois ». *Rap. de M. Merlin sur le projet de loi.*

257. « Il est libre en *tout temps* au propriétaire ou *possesseur*, et même au fermier, de *detruire* dans ses récoltes, (*) non closes, le gibier, en se servant de *filets ou autres engins* qui ne puissent pas nuire aux fruits de la terre, comme aussi de repousser avec des armes à feu les bêtes fauves qui se répandraient dans ses dites récoltes ». *Art.* 15...

Chacun est libre, d'après cet article et le décret du 11 août 1789, de détruire dans ses récoltes le gibier sur soi, ou en prenant ses petits, ses œufs, ou de toute autre manière qu'au fusil. Il n'a besoin d'aucune permission pour se livrer à cette espèce de chasse sur ses possessions. *V. Rap. de M. Merlin.*

258. La loi ne parle que des héritages non clos ; néanmoins il n'en résulte pas que l'on ne puisse détruire du gibier dans ceux qui le sont. Au contraire, elle suppose que chacun est libre de l'y détruire, d'après les dispositions précédentes.

Le décret du 12 mai 1812, sur le port d'armes à la chasse, n'est pas applicable à l'usage d'armes pour repousser les bêtes fauves. La loi n'exige un permis que pour la chasse proprement dite.

259. Telles sont les règles générales sur la chasse dans les héritages des particuliers ; peu importe que les propriétés consistent en bois, en vignes, en prairies, en labours, etc. L'ordonnance de 1669 et les

____

(*) *Même.* V. rép. vᵒ. oiseleur.

règlemens qui en étaient la suite, sont devenus sans objet.

Cependant M. Dralet paraît décider, d'une manière générale, qu'il est, en général, défendu, d'après l'art. 8, tit. 40 de l'ordonnance, de prendre les œufs du gibier, sous les peines y portées ; d'après l'art. 12 du même titre, de se servir de lacs, tirasses, tonnelles, traîneaux, bricoles de col, et autres engins ; et suivant l'art. 16, de chasser aux chiens courans.

Mais toutes ces manières de détruire le gibier ne sont point interdites par les lois nouvelles. Au contraire, chacun est libre de les employer sur soi. La loi du 30 avril s'exprime de la manière la plus générale, elle punit ceux qui chassent au mépris de ses dispositions sans examiner de quels moyens ils se sont servis pour détruire le gibier. Dès que la chasse est ouverte, on peut donc prendre les œufs du gibier et les vendre comme toute espèce de gibier. Les anciens règlemens contraires sont abrogés à cet égard par l'art. 15. *V. Rép.*, *v°. gibier ; Lois rurales.*

Du reste, on doit observer que M. Dralet, s'occupant des lois forestières, n'a sans doute rappelé ces différentes mesures de protection, établies pour le gibier, que relativement aux forêts de l'état.

260. Une ordonnance du 3 août 1760, défendait de colporter et d'exposer en vente aucune espèce de gibier, ailleurs que dans les marchés ; elle punissait les pâtissiers, etc., qui en achetaient hors les marchés. Mais comme aujourd'hui chacun peut tuer du gibier sur soi, cette ordonnance est sans objet. *V. Encyclop. v°. gibier,* (pol. mun).

261. La chasse dans les forêts royales fut interdite à toute personne par la loi du 30 avril 1790, et ensuite par un arrêté du directoire du 28 vendémiaire an 5.

Par un autre arrêté du 19 pluviôse suivant, les corps administratifs furent autorisés à permettre aux particuliers de chasser les animaux nuisibles, sous l'inspection des agens forestiers.

Aujourd'hui, toute espèce de chasse dans les bois est sous la surveillance du grand veneur. C'est lui qui donne à cet égard ses ordres aux agens forestiers. *Dec. du 8 fruct. an 12, ordon. du roi du* 15 *août* 1814.

Les permissions de chasse dans les forêts ne sont accordées que par lui. Elles doivent être visées par le conservateur dans l'arrondissement duquel elles sont accordées.

Les dispositions qui se font par suite des différens arrêtés concernant les animaux nuisibles, appartiennent au grand veneur. *Règlement du* 1er. *germinal an* 13, *ordon. royale du* 20 *août* 1814.

262. L'ordonnance de 1669 est remplacée pour la chasse dans les héritages ruraux ou forestiers des particuliers, et pour les bois de l'état ou des communes, par la loi du 30 avril 1790. *V. n°.* 235.

Mais elle a conservé son empire pour les bois de la couronne, désignés dans l'art. 16 de la loi du 30 avril. *Cas.* 30 *avril* 1822, *Sir.* 22.

Cet art. porte : « Il est défendu à toute personne de chasser et de détruire aucune espèce de gibier dans les forêts appartenant à *Sa Majesté*, et *dans les parcs* attenant aux maisons royales de Versailles, de Marly, Rambouillet, Saint-Cloud, Saint-Germain, Fontaine-bleau, Compiègne, Meudon, bois de Boulogne, Vincennes et Villeneuve-le-Roi. La chasse est même interdite sur leurs fonds non clos de murs, sauf à statuer sur l'indemnité qui peut leur être due pour raison de cette défense ». *Lois des* 30 *avril, art.* 16, *et* 22 *juillet* 1790.

« Tous les délits de chasse commis dans lesdits lieux,

doivent être poursuivis par-devant les juges ordinaires ». *Art.* 2, *loi du 22 juillet* 1790.

On a prétendu que les particuliers avaient le droit de chasser sur leurs propriétés enclavées dans les domaines de la liste civile, mais ce système a été rejeté par la cour de cassation le 2 juin 1814. *V. Sir.* 16.

Il convient donc de rapporter l'ordonnance sur ce point. Or, 1°. il est défendu à toutes personnes non pourvues d'une permission de chasser à feu et d'entrer ou demeurer de nuit dans les forêts royales, bois et buissons en dépendant, avec armes à feu, à peine de 100 fr. d'amende. *Ordon. de* 1669, *tit.* 30, *art.* 4; *arrêté du 28 vendémiaire an* 5.

2°. Il est interdit à qui que ce soit de prendre dans les forêts royales, garennes, buissons, plaisirs, aucun aires d'oiseaux de quelque espèce que ce soit, à peine de 100 fr. d'amende pour la première fois, et du double pour la seconde. *Ordon. de* 1669, *tit.* 30, *art.* 8.

263. Par un arrêté du mois de germinal an 12, le préfet du Haut-Rhin a défendu à tout individu de détruire les nids et aires des oiseaux dans les forêts nationales ou dans les propriétés particulières de son département. Ce préfet s'est fondé, 1°. sur ce qu'en cherchant des nids on commet des dégâts; 2°. sur ce que les oiseaux mangeant beaucoup d'insectes, il est utile d'en empêcher la destruction.

Cet arrêté paraît légal, quant aux forêts de l'état; mais il est inconstitutionnel, quant à la défense générale faite à chacun de détruire les nids d'oiseaux sur sa propriété. Aucune loi ne lui confère le droit de prendre de pareilles mesures.

264. « Les officiers des chasses, et à leur défaut les officiers forestiers, sont tenus de faire fouiller et renverser tous les terriers des lapins qui se trouvent dans

les *forêts royales*, et de prendre les lapins avec furets et poches, sous peine de 500 fr. d'amende et de sus-pension de leur place pendant un an ». *Ordon. de 1669, tit.* 30, *art.* 11.

Mais on ne tient pas rigoureusement la main à ces dispositions. (*)

265. Il est défendu à qui que ce soit de tirer dans les forêts et bois royaux les cerfs et biches, à peine de 250 fr. d'amende. *Ordon. de* 1669, *tit.* 30, *art.* 15; *règlement du grand veneur du* 1er. *germinal an* 13; *ordon. de Henri*, 4 *juin* 1601.

266. « Il est défendu à qui que ce soit, de prendre en tous lieux les œufs de caille, perdrix et faisans, à peine de 100 fr. d'amende pour la première fois, et du double pour la seconde ». *Ordon. de* 1669, *art.* 8, *tit.* 30.

« Tous tendeurs de lacs, tirasses, tonnelles, trai-neaux, bricoles de cordes et de fil d'archal, pièces et pans de rets, colliers, halliers, filets de soie, sont punis corporellement, et condamnés à 30 fr. d'amen-de ». *Titre* 30, *art.* 12.

267. La chasse est défendue aux tiers dans les bois des particuliers. Elle est également défendue dans les forêts ou bois des communes. L'arrêté du gouver-nement du 19 ventôse an 10, les assimile, quant à l'ad-ministration, à ceux de l'état. *V. Cas.* 28 *janvier* 1808, 29 *ventôse an* 10 *et* 21 *prairial an* 11.

Les maires sont autorisés à affermer la chasse dans les bois de leur commune, à la charge de faire ap-prouver les conditions du bail par le préfet et le mi-nistre de l'intérieur. *Décret du* 25 *prairial an* 13.

268. Toute action pour délit de chasse se prescrit par le laps d'un mois, à compter du jour où le délit est commis. *Art.* 12, *loi du* 30 *avril* 1790.

Néanmoins si le délit avait eu lieu dans les bois de

(*) V. n° 268.

la couronne ou liste civile, la prescription serait de trois mois, car il prendrait le caractère de délit forestier. *Cas.* 1814, 2 *juin*, *Rép. additions.*

Quant à la chasse dans les autres bois, appartenant soit à l'état, soit à des communes ou des établissemens publics, soit à des particuliers, elle se prescrit par un mois. Elle est en effet réprimée par la loi du 30 avril. *Arg. Cas. cité n°.* 262.

La prescription n'est point suspendue, ou plutôt interrompue par un simple acte ou procès-verbal, ni par une assignation nulle, ni par des diligences du ministère d'un juge incompétent. Elle ne l'est que par une assignation ou citation régulière donnée devant un juge compétent. (*) *Cas.* 28 *octobre* 1809, *mars* 1819, *Sir.* 19; 29 *avril* 1808.

269. Cette prescription n'est établie que pour le délit de chasse. Quant au délit de port d'armes seul, il est soumis à d'autres règles. On ne peut le considérer ni comme un délit rural, ni comme un délit de chasse; c'est un délit de police qui se prescrit par le temps fixé pour les délits de cette espèce. *V. M. Mars, arrêts des* 12 *février* 1808, 23 *février et* 1er. *août* 1811.

(*) D'après l'avis du conseil d'état du 3 pluviôse an 10, les peines infamantes du fouet, du carcan, des galères, etc., retranchées des art. 8 et 12 ci-dessus, et autres de l'ordonnance de 1669, doivent être remplacées par un emprisonnement dont la durée ne peut excéder deux années. *V. M. Dralet. p.* 4.

Mais M. Merlin observe que l'on ne doit appliquer que des peines rappelées dans l'arrêté du 28 messidor an 6.

CHAPITRE II.

De la Péche.

270. Les droits *exclusifs* de la pêche ont subi le même sort que les autres droits féodaux. Ils ont été abolis par les art. 2 et 5 du décret du 25 août 1792, et par les décrets interprétatifs des 6 et 30 juillet 1793.

En vertu de ces nouvelles dispositions législatives, chacun a eu pendant long-temps le droit de pêcher dans toutes les rivières, même dans les fleuves et dans les rivières navigables, avec la plus grande liberté.

Mais ensuite le Code du 3 brumaire an 4 a recommandé aux tribunaux l'exécution de l'ordonnance de 1669, sans parler de la pêche. Néanmoins la police ne l'a interdite ni en certaines saisons, ni avec des engins défendus; enfin, le gouvernement ayant senti qu'il résulterait des abus de cette liberté illimitée, et que les rivières seraient bientôt dépeuplées, a pris, le 28 messidor an 6, un arrêté par lequel il a enjoint aux tribunaux de faire exécuter les art. 5, 6, 7, 8, 9, 10, 11, 12, 14, 17, 18, tit. 31 de l'ordonnance de 1669, et maintenu « les règles établies pour la conservation des différentes sortes de poisson ».

Les propriétaires qui pêchent sur eux-mêmes, doivent donc se conformer à l'ordonnance et aux dispositions générales de police sur la pêche. *Avis du conseil d'etat du 27 pluvióse an 13.*

271. Ensuite, la loi du 14 floréal an 10 est venue introduire de nouvelles dispositions sur la pêche dans les fleuves et rivières navigables.

« Nul ne peut y pêcher s'il n'est muni d'une licence, ou s'il n'est adjudicataire de la ferme de la pêche.

» Le gouvernement détermine les parties de ces fleuves et rivières où la pêche est susceptible d'être affermée. Il règle les conditions auxquelles sont assujettis les citoyens qui veulent y pêcher moyennant une licence ». *Art.* 12 *et* 13, *tit.* 5.

L'article 41 du tit. 32 de l'ordonnance de 1669, maintenait les droits de pêche acquis aux particuliers par titre et possession légitimes dans les rivières navigables ; mais il résulte de la loi du 30 juillet 1793, de celle du 14 floréal an 10 et d'un décret du 11 avril 1810, que tous ces droits sont abolis, comme étant le fruit de la puissance féodale.

272. « Tout individu qui, n'étant ni fermier, ni pourvu de licence, pêche dans les fleuves et rivières navigables, autrement qu'à la ligne flottante à la main, doit être condamné,

1°. A une amende qui ne peut être moindre de 50 fr., ni excéder 200 fr. ; 2°. à la confiscation des filets et engins de pêche ; 3°. à des dommages-intérêts, envers le fermier de la pêche, d'une somme pareille à l'amende. L'amende est double en cas de récidive. *Art.* 14 ; *V. arrêté du* 7 *nivôse an* 12, *article unique.*

273. L'amende ne peut être moindre de 100 fr., dans tous les cas où la pêche est faite avec des engins prohibés. *Cas.* 2 *mars* 1809 ; *M. Dralet.*

1°. Les fermiers de la pêche ne sont point responsables des amendes encourues pour délits commis par des particuliers auxquels ils ont donné licence de pêcher. *Cas.* 14 *juillet* 1814.

2°. L'art. 14 de cette loi est applicable à ceux qui, sans tenir une ligne à la main, se servent d'un instrument placé au fond de l'eau avec un plomb, c'est-à-dire, avec un mazzachera. *Cas. décembre* 1810, *Sir.* 16.

274. Les gords, barrages et autres établissemens fixes de pêche, construits ou à construire, doivent être affermés après qu'il a été reconnu qu'ils ne nuisent point à la navigation, qu'ils ne peuvent produire aucun attérissement dangereux, et que les propriétés riveraines n'en peuvent souffrir aucun dommage. *Art.* 16.

275. La police, la surveillance et la conservation de la pêche sont exercées par les agens et préposés de l'administration forestière, en se conformant aux dispositions prescrites pour constater les délits forestiers. *Art.* 17.

Les fermiers de la pêche peuvent établir des gardes pêches, à la charge d'obtenir l'approbation du conservateur des forêts, et de les faire recevoir comme les gardes forestiers. *Art.* 18.

276. On peut voir au Répertoire de jurisprudence un décret du 21 janvier 1812, contenant des dispositions importantes sur la pêche dans la Loire.

277. La police de la pêche dans les rivières navigables et dans les fleuves, est en outre soumise aux art. 5, 6, 7, 8, 9, 10, 11, 12, 14, 15, 17 et 18 de l'ordonnance de 1669, dont nous allons voir le texte. En un mot, les fermiers de la pêche, les porteurs de licence et les propriétaires riverains ne peuvent exercer leurs droits dans ces fleuves et rivières, ainsi que dans les ruisseaux ou sur les canaux qui en reçoivent les eaux, qu'en s'y conformant. *Cas.* 12 *février* 1808, 2 *mars* 1809 *et* 20 *février* 1812 ; *V. Jousse.*

278. Suivant un arrêté du conseil du 27 novembre 1751, la pêche dans les rivières ou dans les simples ruisseaux, et en général dans tous les cours d'eau privés, même dans les canaux qui ne communiquent aux rivières que par une extrémité, est régie par l'or-

donnance de 1669. *Cas. 20 décembre 1810, M. Dralet ; les Lois rurales , p.* 166, *vol.* 1er.

Les riverains, à l'exclusion des communes, ont le droit d'y pêcher, en se conformant aux lois et règlemens dont nous allons rapporter les dispositions. *V. Avis du conseil d'état du 30 pluviôse an* 13.

La pêche appartient non-seulement aux propriétaires, mais à ceux qui ont la jouissance utile des fonds riverains ; ainsi, les usufruitiers, les emphytéotes doivent l'exercer à l'exclusion des nûs-propriétaires ; pendant leur jouissance, aucun autre particulier n'a le droit d'y pêcher, même à la ligne volante, sans leur permission. *V. les Lois rurales.*

279. Les riverains ne sont pas tenus de s'avertir réciproquement des époques où ils veulent pêcher ; ils ont la faculté de prendre autant de poisson qu'ils le jugent convenable, sans que l'un d'eux puisse s'en plaindre. Aucune loi n'établit de limitation à cet égard.

Toutefois l'un des riverains peut empêcher l'autre de pêcher, soit avec des engins prohibés, soit hors la saison permise. Il est libre de se pourvoir en dommages-intérêts à ce sujet devant les tribunaux civils ou correctionnels. C'est une suite du droit de copropriété, établi par la loi entre les riverains.

280. Quant aux mares, viviers, réservoirs et abreuvoirs où il existe du poisson, il y a d'autres règles à observer.

L'ordonnance de 1669 ne leur est nullement applicable, chaque propriétaire est libre de pêcher dans les siens pendant les saisons et avec les engins qu'il juge convenables.

Ceux qui possèdent ces pièces d'eau en commun, ne doivent y pêcher que de concert ; et, en cas de discord, suivant le règlement que les tribunaux peuvent faire entre eux. En général, la justice prend pour règle, entre les copropriétaires, l'ordonnance de 1669, sur le mode d'effectuer la pêche.

L'on ne regarde comme réservoirs, mares, étangs, etc., que les pièces d'eau d'où le poisson ne peut sortir à volonté. L'on ne doit pas réputer tels les bassins qui se forment à même les héritages riverains dans les ruisseaux ou rivières. La pêche dans ces eaux se règle d'après les principes établis pour les rivières.

281. Le droit de pêche est de son essence attaché à la propriété ; on ne peut l'aliéner en gardant l'héritage riverain auquel il appartient. *Avis du conseil d'état du* 19 *octobre* 1811.

Néanmoins il est permis au propriétaire de se le réserver, en affermant son héritage ; tel paraît être l'usage. A moins d'une réserve, le bail d'un héritage comporte, en faveur du preneur, le droit de pêcher sur les fonds affermés à l'exclusion du bailleur.

282. Les peines prononcées par l'ordonnance, sont les mêmes contre celui qui pêche sur son propre terrain, dans un cours d'eau, avec des engins prohibés ou hors la saison permise, que contre celui qui pêche sur autrui. Il n'en est pas de la pêche comme de la chasse. *Cas.* 2 *mars* 1809, 1er. *consid.*

283. Les riverains ont bien le droit d'empêcher les tiers de pêcher le long de leurs héritages ; ils n'ont pas pour cela la liberté de s'emparer du poisson pris sur leurs rivières ou cours d'eau ; le pêcheur en acquiert la propriété par l'occupation ; on ne leur accorde qu'une action en dommages-intérêts contre lui.

Il en serait autrement du poisson pris dans une mare ou réservoir. Le pêcheur devrait le restituer et serait même exposé à subir des peines infamantes.

284. Les communes ont, comme les particuliers, le droit de pêcher le long de leurs héritages ; mais aucun de leurs habitans ne peut l'exercer individuelle-

ment. La pêche communale doit être affermée aux enchères, devant l'autorité administrative, dans la forme prescrite pour les baux des biens des communes. *Ordon. de 1669, art. 17, tit. 25.*

«Tous habitans, autres que les adjudicataires, qui ne peuvent être que deux en chaque commune, ne peuvent pêcher ès eaux, étangs, rivières, fossés, marais et pêcheries communes, nonobstant toutes coutumes et possessions contraires, à peine de 20 fr. d'amende et d'un mois de prison pour la première fois, de 100 fr. d'amende en cas de récidive». *Art.* 8.

L'ordonnance porte la peine du bannissement de la paroisse dans ce dernier cas; mais cette disposition ne doit plus être suivie, comme contraire à nos lois pénales. *V. n°. 268, aux notes.*

285. Les particuliers ou les communes ont le droit, bien que le ministère public n'agisse pas, de faire condamner les contrevenans à leurs dommages-intérêts. Les tribunaux qui sont saisis de ces délits, comme juges correctionnels, doivent alors appliquer les peines prononcées par l'ordonnance et les règlemens. *Ordon. de 1669, tit. 26, art. 5; V. M. Dralet.*

286. Puisque l'ordonnance de 1669, tit. 31, doit être appliquée à ceux qui pêchent, soit dans les rivières privées, soit dans les fleuves et rivières navigables, il devient nécessaire d'en rapporter les articles conservés d'après l'arrêté du 28 messidor an 6.

Or, 1°. « Il est défendu de pêcher, en quelques jours et saisons que ce puisse être, à autres heures que depuis le lever du soleil jusqu'à son coucher; sinon aux arches des ponts, aux moulins et gords où se tendent des dideaux, auxquels lieux on peut pêcher tant de nuit que de jour. *Art.* 5, *ordon. de 1669, tit. 31.*

2°. Les *gords* sont des constructions de pieux fichés dans des ruisseaux ou une rivière, en forme d'entonnoir, pour y tendre des filets. Les *dideaux* ou *gui-deaux* sont de grands filets, en forme de chausse, at-chés à deux pieux. On en fait aussi qui barrent le cours de l'eau, pour arrêter tout le poisson qui peut y passer.

3°. La loi ne permet de pêcher, même le jour, en temps non prohibé, dans les rivières non navigables ou dans les ruisseaux, qu'avec le consentement des propriétaires riverains. *Cas.* 27 *décembre* 1810 *et* 1811 ; *M. Loiseau, dict.*

287. « Les pêcheurs ne peuvent pêcher durant le temps de frai, savoir, aux rivières où la truite abonde sur tous les autres poissons, depuis le 1er. février jusqu'à la mi-mars; et aux autres, depuis le 1er avril jusqu'au 1er. juin, à peine, pour la première fois, de 20 fr. d'amende et d'un mois de prison, et du double de l'amende et de deux mois de prison pour la seconde. Telles sont les dispositions littérales de l'ordonnance de 1669, maintenues par l'arrêté du 28 messidor an 6. *Art.* 6.

288. Selon l'auteur des Lois rurales, l'autorité administrative peut fixer la saison du frai, comme ne pouvant être uniforme. En effet, le roi à senti la nécessité de déroger à l'ordonnance, par une déclaration du 24 août 1773. Elle porte : 1°. « Toutes les pêcheries établies sur les petites rivières d'Aune, de Béthune ou Neuchâtel, d'Arques, de Scie et de Saune, demeurent ouvertes depuis le 15 décembre de chaque année jusqu'au 1er. février suivant ; en conséquence, les vannes donnant dans ces pêcheries doivent être exactement fermées pendant ce temps ».

2°. « L'une desdites vannes qui sont au-dessus de ces pêcheries et donnent dans l'arrière-fossé des moulins à volets ou aubes, situés sur lesdites rivières, doit demeurer ouverte pendant ledit temps, pour que la truite ait un libre passage. Ne peut néanmoins cette disposition s'appliquer aux moulins à auges ».

3°. « Il est défendu d'interposer dans aucun endroit desdites rivières, des grilles, râteliers, filets et autres engins qui puissent empêcher la truite de remonter librement dans les rivières et d'y frayer ».

4°. « Il est pareillement défendu, sous les peines portées par l'art. 6 précité, de pêcher dans lesdites rivières depuis le 15 décembre de chaque année jusqu'au 1er. février suivant inclusivement ». *V. Rép. de M. Merlin.*

289. « Est exceptée de la prohibition portée en l'art. 6, la pêche aux saumons, aloses et lamproies, qui sera continuée en la manière accoutumée ». *Art.* 7.

290. « Les pêcheurs ne peuvent mettre bires ou nasses d'osier à bout de dideaux, pendant le temps de frai, à peine de 20 fr. d'amende, et de confiscation des harnois pour la première fois, et d'être privés de la pêche pendant un an pour la seconde ». *Art.* 8.

« Il est néanmoins permis aux pêcheurs d'y mettre des chausses ou sacs, du moule de 18 lignes en carré (4 centimètres environ), et non autrement, sous les mêmes peines ; mais après le temps de frai passé, ils y pourront mettre des *bires ou nasses d'osier à jour,* dont les verges seront éloignées les unes des autres de 12 lignes (27 millimètres) ». *Art.* 9.

291. « Très-expresses défenses sont faites aux pêcheurs de se servir d'aucuns engins et harnois prohibés par les anciennes ordonnances sur le fait de la pêche, et en outre de ceux appelés *giles, tramail, furet, épervier, châlon* et *sabre,* dont elles ne font pas mention, et de *tous autres* qui pourraient être inventés au dépeuplement des rivières, comme aussi d'aller au barandage, et mettre des bacs en rivières, à peine de 100 fr. d'amende pour la première fois, et de punition corporelle pour la seconde ». *Art.* 10.

On regarde comme engins prohibés, les pêcheries appelées trébuchets. *V. Cas.* 20 *décembre* 1810.

La loi ne fait aucune espèce de distinction ; ainsi, 1°. l'art. 10 s'applique aux maîtres pêcheurs comme aux particuliers ; il n'est point rapporté par la loi du 14 floréal an 10. *V. Cas.* 2 *mars* 1809, 1810 ; *dict. Loiseau.*

2°. Les peines portées en cet article, s'étendent à toutes personnes sans distinction, entre les pêcheurs licenciés ou fermiers, et les particuliers qui pêchent dans des rivières navigables ou non. Les peines mentionnées en l'art. 18, tit 25 de la même ordonnance, ne s'appliquent qu'aux personnes qui pêchent indûment, sans engins défendus, dans les rivières non navigables. *Arrêt de Cas.* 20 *août* 1812.

292. Les ordonnances auxquelles celle de 1669 renvoie, et dont elle recommande l'exécution, sont : 1°. celle de Charles-le-Bel, de 1326 ; 2°. celles de Charles-Lesage de 1376 et de septembre 1407. On peut voir sur la matière diverses ordonnances rapportées par M. Mars.

Les engins ou instrumens prohibés par les ordonnances, sont connus sous les noms de bas-rebouers, de chapelet, de garnis, de vallois, d'amende, de pluferois, de le trap, de jullois, de fouroye, de la chasse de marche-pied, de chiquet, de rouaille, de ramoës, de sucurs, de sogals, de nasses, de pellées, de jonchées, de lignes du loug, de hameurs, de hameçon, de grand roborin, de puisoir, de trable à bois, de bourriche, de chatte, de ramerey, de saisines, de fragros. *V. Muyard-de-Vouglans.*

293. Le délit de pêche avec engins, prévu n°. 291 ci-dessus, est punissable de dommages-intérêts, égaux au moins à l'amende d'après l'art. 8, tit. 32 de l'ordonnance de 1669. *Cas.* 23 *février* 1823, *Sir.* 23.

294. Le ministère public n'a pas le droit de poursuivre la répression de la pêche dans une rivière non navigable ni flottable *en temps non prohibé*, et sans engins défendus, lorsque le propriétaire riverain ne se plaint pas ; le délit est privé ; il n'appartient qu'à la partie lésée d'en demander la répression. *Cas.* 1817 ; *V. dict. M. Loiseau.*

Cependant si la pêche avait lieu dans un vivier ou réservoir, le ministère public pourrait toujours agir contre le gré même des propriétaires, car il y aurait alors vol. *V. C. pén. art.* 388.

Mais la pêche *avec des engins défendus* est un délit public ; dans ce cas, le ministère public peut agir sans la participation d'un riverain. Il en est de même de la pêche en temps de frai, soit avant le lever, soit après le coucher du soleil. *V. rép., v°. pêche ; Cas.* 1812, *dict. de M. Loiseau.*

La prohibition de certains engins est fondée sur l'intérêt public, et a pour but de conserver les espèces. Elle ne peut donc être détruite par l'usage ou la possession d'un employé. *Cas.* 10 *décembre* 1810.

295. « Il est défendu aux pêcheurs de bouiller avec bouilles ou rabots, tant sur les chevrins, racines, saules, osiers, terriers et arches, qu'en autres lieux, ou de mettre lignes avec échets et amorces vives, ensemble de porter chaînes et *clairons* en leurs batelets, et d'aller à la *fare*, ou de pêcher dans les noues avec filets, et d'y bouiller pour prendre le poisson et le frai qui a pu y être porté par le débordement des rivières, sous quelque prétexte, en quelque temps et manière que ce soit ; à peine de 50 fr. d'amende contre les contrevenans, et d'être bannis des rivières pour trois ans, et de 500 fr. contre les maîtres particuliers ou leurs lieutenans qui en ont donné la permission ». *Art.* 11.

Bouiller, c'est battre l'eau sous les chevrins ou chantiers pour en faire sortir le poisson et le faire *donner dans des filets*. Des *bouilles*, sont de longues perches, larges par le bout, en forme de rabots, avec lesquelles on remue la vase pour en faire sortir le poisson. Le *clairon*, est une espèce de trompette dont on se sert pour attirer le poisson. La *fare* était une pêche de réjouissance qui se faisait autrefois dans le mois de mai par les pêcheurs de chaque port, et quelquefois par les officiers des eaux et forêts. Elle était pour la pêche, ce que les parties dites St.-Hubert sont pour la chasse.

296. « Les pêcheurs doivent rejeter en rivière les truites, carpes, barbeaux, brêmes et mouniers qu'ils prennent, ayant moins de 6 pouces entre l'œil et la queue, et les tanches, perches et gardons qui en ont moins de 5; à peine de 100 fr. d'amende et confiscation contre les pêcheurs et marchands qui en ont vendu ou acheté ». *Art*. 12.

L'art. 13 défend de se servir d'aucuns engins ou harnois, même de ceux dont l'usage est permis, avant qu'ils aient été scellés des armes du roi, gravées sur un sceau de plomb avec le nom de la maîtrise (aujourd'hui de la conservation des eaux et forêts) à l'entour, sous peine de confiscation et d'amende. Il exige qu'il soit tenu un registre des harnois qui ont été scellés, du jour auquel ils l'ont été, et le nom du pêcheur auquel ils appartiennent.

Cet article n'est pas rappelé dans l'arrêté du directoire du 23 messidor an 6; mais, comme il a pour but de conserver le poisson, on doit encore le faire observer. *Arrêté du 23 messidor an 6, Code du 3 brumaire an 4.*

297. L'arrêté du 23 messidor an 6 ne signale pas non plus l'art. 15 comme devant être observé; mais l'ordonnance de 1669 n'en doit pas moins être exé-

cutée sur ce point. Elle porte : « Il est fait inhibition à tous mariniers, contre-maîtres, gouverneurs et autres compagnons de rivière conduisant leurs nefs, bateaux, besognes, marnois, flottes et nacelles, d'avoir aucuns engins à pêcher, soit de ceux permis ou défendus par les anciennes ordonnances et par les présentes, à peine de 100 fr. d'amende et de confiscation des engins ». Soit que les bateaux soient en mouvement, soit qu'ils soient amarés. *Cas.* 29 *octobre* 1813 ; *M. Dralet.*

298. L'art. 25 du tit. 3 de l'ordonnance autorisait les officiers des maîtrises à faire brûler les engins et harnois prohibés, et à faire condamner les pêcheurs à des amendes. L'art. 24 du même titre et un arrêt du conseil du 22 novembre 1735, leur permettait d'exiger la représentation des engins des pêcheurs, et de leur poisson, pour constater les contraventions à l'ordonnance.

Ces articles n'ayant point été rappelés par l'arrêté du directoire du 28 messidor an 6, nous paraissent abrogés.

299. Aujourd'hui, les riverains qui ont le droit de pêcher, représentent ceux qui exerçaient exclusivement la pêche.

Ils sont tenus, d'après l'art. 20 du tit. 31 de l'ordonnance de 1669, de faire connaître à l'administration les personnes auxquelles ils afferment la pêche sur leurs propriétés. *V. les Lois rurales ; tit.* 31, *ordonnance de* 1669.

300. « Il est interdit à toutes personnes de jeter dans les rivières aucunes chaux, noix vomique, coque de levant, momie et autres drogues ou appâts, à peine de punition corporelle ». *Art.* 14.

Personne n'a le droit de faire rouir du chanvre ou du lin dans les rivières ou ruisseaux, parce que ces plantes corrompent l'eau, font périr le poisson et occasionnent des maladies aux bestiaux. Voyez arrêts du conseil des 4 avril et 27 juin 1702, 14 décembre 1719, 11 septembre 1725, 26 février 1732, 6 août 1735 et 28 décembre 1756. Cette prohibition se trouve dans plusieurs coutumes, et est fondée sur divers règlemens locaux, rapportés n°. 392, vol. 1. *V. Jousse, ordon. de* 1669.

301. L'art. 17, relatif aux épaves, porte : « défendons de prendre et enlever les épaves sans la permission des officiers de nos maîtrises après la reconnaissance qui en aura été faite, et qu'elles aient été adjugées à celui qui les réclame ». *V. n°. 290, vol. 1, et art.* 15 *de l'ordon.*

Nous devons remarquer que les choses trouvées dans les cours d'eau par les fermiers de la pêche ne leur appartiennent pas. Elles ne sont point censées comprises dans leurs baux. *V. les Lois rurales, vol.* 1, *p.* 112.

302. « Il est défendu à toutes personnes d'aller sur les mares, étangs et fossés, lorsqu'ils sont glacés, pour en rompre la glace et y faire des trous, ni d'y porter flambeaux, brandons et autres feux, à peine d'être punies comme de vol ». *Art.* 18.

303. L'arrêté du 28 messidor an 6 ne rappelle pas l'art. 4 du tit. 31 de l'ordonnance qui défendait, à peine de 50 liv. d'amende, de pêcher les dimanches et fêtes. Son silence tient aux temps d'alors, sous lesquels on ne reconnaissait point nos jours fériés. Mais on ne doit pas moins en faire encore l'application sur ce point. *V. M. Dralet.*

Quant à ses autres dispositions, elles sont incompatibles avec la nouvelle législation, depuis la suppression des maîtrises.

304. « Les délits de pêche sur les fleuves et rivières navigables sont poursuivis et punis par les tribunaux

correctionnels, de la même manière que les délits forestiers ». *Art.* 15, *loi du* 14 *floréal an* 10.

Ceux qui se commettent sur les cours d'eau privés, ne sont pas poursuivis par les agens forestiers : ce sont de simples délits ruraux, aussi de la compétence des mêmes tribunaux, d'après le code du 3 brumaire an 4 et l'art. 1er de l'arrêté du 28 messidor an 6.

305. Les amendes prononcées par l'ordonnance étant de vraies peines, ne doivent point être appliquées aux personnes civilement responsables, par exemple, aux parens des enfans mineurs. *Cas.* 14 *juillet* 1814, *Sir.* ; *C. pén. art.* 9 *et* 74.

306. Ni l'ordonnance de 1669, ni l'arrêté du directoire sur la pêche, ni aucune loi postérieure ne déterminent par quel temps se prescrivent les délits de pêche en général.

D'après les art. 15 et 17 de la loi du 14 floréal an 10, les délits de pêche dans les rivières navigables et dans les fleuves, doivent être *poursuivis et punis de la même manière que les délits forestiers.* Or, ces délits se prescrivent par trois mois (loi du 15 septembre 1791). Les délits de pêche dans ces cours d'eau se prescrivent donc par le même temps.

Quant aux délits de pêche dans les rivières qui ne sont ni navigables ni flottables, ils se prescrivent par 3 mois. *Deux arrêts, Cas.* 8 *sept.* 1820, *Sir.* 21.

Nous ne parlerons pas ici de la pêche dans la mer, il nous suffit de renvoyer au recueil de M. Mars, où l'on peut voir tout ce qui est relatif à la matière.

TITRE ONZE.

Des Juges de paix en général (*).

307. Les juges de paix sont des magistrats créés en France par la loi du 24 août 1790, pour juger certaines contestations, généralement de peu d'importance. Leurs fonctions exigent plutôt un grand fonds d'équité, un profond amour de la paix et un esprit droit qu'une vaste érudition.

Les lois les chargent de statuer sur, 1°. quelques contestations civiles ; 2°. les octrois municipaux et de bienfaisance ; 3°. les brevets d'invention ; 4°. les douanes et les prises maritimes ; 5°. certains délits. C'est à eux à présider les conseils de famille, d'apposer les scellés, etc., etc.

Enfin, ils sont investis de la plus belle et de la plus douce des attributions ; les citoyens sont obligés de soumettre la plupart de leurs procès à leur médiation avant de les porter devant les tribunaux civils. Mais que leurs efforts pour opérer des rapprochemens sont souvent infructueux ; pourtant, que de vainqueurs ont maudit jusqu'à la victoire ! . . (**).

308. Il y a dans chaque canton un juge de paix. *Loi du 24 août* 1790 (***).

(*) L'institution des juges de paix n'aurait pas convenu aux juifs, *ne sit judex unus, non est enim unicus judex nisi unus.* Voyez Système religieux et politique des Hébreux, par *Salvador.*

(**) En parlant de Racan, poète du dernier siècle, qui avait gagné trente procès, on a dit :

Trente procès gagnés t'ont réduit à l'aumône.

(***) Nous ne pouvons nous dissimuler que le plan de l'ouvrage ne nous permet pas de traiter tout ce qui regarde les juges de paix. Nous invitons

La loi du 9 ventôse an 9 a supprimé les assesseurs des juges de paix, et leur a substitué des suppléans (*). En cas de maladie, ou d'autre empêchement de la part des juges de paix, leurs fonctions sont exercées par des suppléans.

Tous les actes ou jugemens faits par les suppléans sont valables, bien qu'ils n'indiquent pas la cause légale de l'empêchement des juges remplacés. La présomption légale, est, sauf la preuve contraire, que leur empêchement est légitime. *Cas.* 6 *avril* 1819, *Sir.* 20.

310. « En cas d'empêchement légitime d'un juge de paix et de ses suppléans, le tribunal de première instance, dans l'arrondissement duquel est située la justice de paix, doit renvoyer les parties devant le juge de paix le plus voisin. Le jugement de renvoi doit être rendu à la demande de la partie la plus diligente, sur simple requête, et sur les conclusions du procureur du roi, l'autre partie présente ou dûment appelée ». *Loi du* 16 *ventôse an* 12, *art.* 1er.

311. D'après l'art. 61 de la Charte, le roi nomme les juges de paix et leurs suppléans sur la présentation de 3 candidats âgés de 25 ans, faite par les présidens et procureurs royaux de chaque tribunal. Ils sont amovibles (**).

Ils doivent, avant d'entrer en fonctions, prêter serment devant le tribunal de première instance de

---

donc MM. les juges de paix à lire avec attention MM. Henrion de Pansey, Biret et le recueil de M. de Foulan. Ils y trouveront, parfaitement traitées, leurs attributions.

(*) Les suppléans sont exempts de la garde nationale et des fonctions de jurés. *V. M. Biret.*

(**) On pense assez généralement que les candidats doivent être âgés de 30 ans. Mais, suivant la loi du 28 ventôse an 8, « il n'est rien innové aux lois concernant les juges de paix ». Or, si la loi du 24 août 1790 exigeait 30 ans, les lois des 25 août, 16 septembre et 19 octobre 1792, n'exigent plus que 25 ans. Donc on peut être reçu juge de paix à 25 ans. *V. M. Toullier, sup. n° 188.*

leur arrondissement. *Décret du 24 messidor an 12.*

Leur installation doit être ensuite faite par le sous-préfet de leur arrondissement. *Loi du 9 ventôse an 9.*

Ils portent le même costume que les juges de première instance.

312. La loi accorde au plus grand nombre des juges de paix 800 fr. d'appointemens ; elle leur alloue en outre des vacations, dont le taux est fixé par le décret du 16 février 1807.

CHAPITRE PREMIER.

De la Juridiction des juges de paix.

313. Les juges de paix sont des juges d'exception. Ils ne connaissent que des affaires qui sont *spéciale-ment* dévolues à leur juridiction. En effet, la loi du 24 août 1790, tit. 4, art. 4, porte que les tribunaux civils connaissent de *toutes* les affaires *personnelles, réelles et mixtes, en toutes* matières, *excepté* seulement de celles qui sont de la compétence des *juges de paix* et des tribunaux de commerce.

Il suit de là que les tribunaux de paix exercent une juridiction d'exception, et que s'il s'élève du doute sur leur compétence, on doit se décider en faveur des tribunaux d'arrondissement.

314. C'est par le taux des demandes portées dans les exploits ou formées devant eux, que les juges de paix doivent reconnaître, 1°. s'ils sont compétens ou non ; 2°. s'ils peuvent juger en premier ou en dernier ressort. Ce n'est point par les condamnations qu'ils prononcent que se fixe leur compétence, mais par les demandes. *Cas.* 7 *thermidor an* 11. *V. M. Henrion de Pansey, chap.* 12 ; *M. Carré, introd. C. p.*

La loi n'examine point, pour fixer la compétence, si les actions se composent d'une seule demande ou de plusieurs. Les juges de paix doivent donc prononcer sur toutes les causes *mobilières* dont le taux n'excède pas 100 fr. Si, par la réunion de plusieurs chefs, une action excédait cette somme, un juge de paix ne pourrait en connaître. *V. M. Henrion de Pansey, ch.* 13.

Cependant, si plusieurs particuliers, par économie,

au lieu de former chacun une action contre le même individu, se réunissent et ne lui font signifier qu'un seul exploit, par lequel ils réclament pour chacun ce qui lui est dû, le juge de paix connaît de ces demandes, bien que, réunies, elles excèdent sa compétence. Il y a dans l'espèce autant d'actions que de parties, et il doit intervenir, sur chaque chef, une disposition qui est susceptible d'appel ou non, selon le taux de chacun. *Cas.* 11 *pluviôse an* 11; *M. Henrion de Pansey*, *chap.* 14.

315. Dès que les juges de paix sont compétens pour prononcer sur une demande, ils le sont pour statuer sur les exceptions, les compensations ou demandes réconventionnelles opposées par les défendeurs dans le cours de la procédure. Ils peuvent prononcer encore que l'objet de la compensation ou de la réconvention, excède, par son taux, leurs attributions. C'est une suite du principe que le juge de l'action est juge de l'exception.

Mais le jugement qui intervient sur les exceptions ne produit d'effet que jusqu'à concurrence des choses opposées à l'action. Tout ce qui excède la compensation ou la réconvention reste soumis au juge naturel des parties.

Dans cette espèce, les juges ne peuvent statuer en dernier ressort, lors même que la demande principale est de 50 fr. ou inférieure à cette somme. *M. Barbedette*; *M. Henrion*, *chap.* 15.

Selon nous, jamais ils ne peuvent s'occuper des demandes incidentes, si elles ne résultent d'actes ou ne sont susceptibles de s'établir par témoins.

316. Comme ces juges n'exercent qu'une juridiction d'*exception*, ils ne peuvent en général connaître des actions mobilières ou personnelles dont la valeur n'est point déterminée. Autrement, ils seraient exposés à prononcer sur des demandes dont le taux excé-

derait leurs attributions. Les parties qui portent des affaires devant eux, doivent donc nécessairement fixer la valeur qu'ils donnent à leurs contestations, *V. Traité de M. Carré, introduction à la procédure, p.* 28.

La fixation se fait, soit en réclamant une somme précise, soit en réclamant un effet mobilier sous une contrainte déterminée.

Ainsi, un particulier en poursuit un autre, soit pour obtenir le paiement d'une somme déterminée, soit pour recouvrer une chose mobilière sous la contrainte de... ou dont il porte le prix à..., soit pour avoir livraison de tant d'hectolitres de grains, dont la valeur est connue par les mercuriales ; voilà des évaluations qui déterminent les demandes. *V. M. Henrion de Pansey, chap.* 16.

Mais il n'appartient ni au défendeur, ni même au juge, de déterminer les demandes. C'est au poursuivant d'en fixer le taux. Néanmoins le défendeur et le juge ont le droit de les déterminer, lorsque le demandeur leur en laisse la liberté par l'exploit d'action ou dans le cours de la procédure. *Arg. Cas.* 21 *pluv. an* 10, 11 *brum. an* 11, 4 *vent. an* 11, 4 *pluv. et* 21 *prairial an* 12. *V. M. Henrion de Pansey, chap.* 16; *Sir. Cas.* 12 *novembre* 1813, *vol.* 16.

317. Cependant il y a des matières dans lesquelles il n'est pas rigoureusement nécessaire de fixer le taux de la demande d'une manière précise. C'est dans les actions pour paiement de gages, réparations de dommages faits aux champs, et dans les actions possessoires. En effet, quelle que soit l'étendue des demandes de cette nature, elles sont toujours de la compétence des juges de paix.

La fixation de la somme ou de la chose réclamée dans ces divers cas, est seulement utile pour déterminer si le juge prononce en premier ou dernier ressort. Il décide en premier ressort, si la demande excède 5o fr. ou est indéterminée; et en dernier, si elle est inférieure à cette somme. *Cas.* 21 *pluv. an* 10. *V. M. Henrion de Pansey.*

318. Les juges de paix doivent se déclarer incompétens d'office, si les affaires soumises à leur juridiction sont placées, à raison de la matière, hors de leurs attributions. *Arg. art.* 424, *C. pro. V. art.* 7.

Mais, selon M. Biret, v°. dépens, « les juges de paix ne peuvent prononcer sur les dépens, en se déclarant incompétens sur le fond de la cause. Un décret, dont la date manque, l'a décidé affirmativement; c'est d'ailleurs une maxime de jurisprudence, suivie depuis des siècles ».

319. Les juges de paix et les tribunaux de commerce n'ont qu'une juridiction d'exception, comme on l'a vu n°. 313. Toutefois les justiciables ont le droit de proroger cette juridiction, suivant l'article 7 du Code de procédure.

Mais, 1.° ce n'est qu'à raison du *domicile* ou de la *situation* de l'objet litigieux, ou des matières sur lesquelles ils ont principe de juridiction, que les parties sont autorisées à proroger la juridiction. Les juges ne peuvent recevoir aucune prorogation dans les matières soit réelles, soit mixtes, car la loi ne leur donne jamais le droit d'en connaître. M. Biret prétend qu'on peut leur conférer juridiction dans les affaires même placées hors leurs attributions, quelle qu'en soit la valeur. Son opinion est condamnée par la jurisprudence.

Les justiciables ont bien le droit de les constituer arbitres, mais alors il ne peuvent plus prononcer comme juges. *Cas.* 10 *juin* 1809, *Sir.* 1810; *M. Henrion de Pansey; Traité de M. Carré.*

2°. Les parties sont, en un mot, autorisées à soumettre aux juges de paix les actions purement personnelles, excédant le taux de leur compétence, même en premier ressort. *Traité de M. Carré; analyse, quest.* 15.

3°. L'appel des jugemens rendus sur prorogation se porte devant les tribunaux desquels ressortissent les juges qui les ont rendus, quel que soit le domicile des parties. *M. Carré, quest.*

4°. Si les parties comparaissent sur citation, et que l'exception d'incompétence ne soit pas opposée, elles ne sont pas réputées avoir consenti à la prorogation. *Cas.* 27 juin 1808; *Traité de proc. M. Carré.*

5°. Les parties n'ont point le droit de s'adresser au suppléant pour la prorogation, si le juge n'est empêché de remplir ses fonctions.

6°. Des tuteurs, des administrateurs, peuvent se présenter devant le juge sans citation, mais il ne leur est pas permis de proroger sa juridiction. *Traité de M. Carré.*

7°. Les porteurs de pouvoirs ont, comme les parties, le droit de signer la prorogation dont il est question dans l'art. 7. *C. de la compétence; V. Traité de M. Carré.*

8°. Le juge de paix ne doit et ne peut jamais refuser les prorogations qui lui sont faites sur les matières où il a principe de juridiction. *M. Carré, Traité de procéd.*

9°. D'après un arrêt de la cour suprême du 3 frimaire an 9, lorsqu'il y a prorogation, le juge est autorisé à juger, quoique l'une des parties qui a donné son consentement oppose l'incompétence avant le jugement. *V. Sir.* 1, *p.* 641.

9°. Un autre arrêt de la même cour, du 3 octobre 1808, a décidé que si les parties conviennent à l'audience de dispenser le juge d'observer une formalité d'instruction, il n'est pas nécessaire que le procès-verbal, dans lequel leur consentement est donné, soit signé d'elles.

320. Il y a une autre espèce de prorogation que celle indiquée dans l'art. 7.

Cette prorogation a lieu par suite des demandes en compensation et des *demandes réconventionnelles.* Ainsi, l'individu cité devant un juge de paix, peut y former une demande incidente contre son adversaire pour repousser son action. Il n'est point alors tenu d'aller plaider devant le juge du demandeur. La juridiction du juge saisi du principal se trouve par là prorogée.

La prorogation n'aurait pas lieu, si la demande incidente opposée à l'action ne devait pas se juger avec le principal, ou si, par sa nature, elle ne l'éteignait pas entièrement ou en partie. Deux actions possessoires, par exemple, ne peuvent donner lieu à cette espèce de prorogation. Il ne peut se rencontrer là aucune compensation. *V. M. Henrion, chap.* 8.

321. Les juges de paix connaissent de toutes les affaires spécialement dévolues à leur juridiction. Mais la loi ne leur prescrit point de règles d'après lesquelles ils doivent juger. Ils sont dès-lors obligés de suivre les principes généraux du droit.

Toutes les actions naissent, ou de la loi, ou d'un contrat, ou d'un quasi-contrat, ou d'un délit, ou d'un quasi-délit. Ils sont donc tenus de recourir, pour la décision des affaires qui leur sont soumises, aux diverses règles qui gouvernent chacune des actions.

322. Ils doivent suivre, 1°. pour les actions tirées de la loi, le Code civil, titre des servitudes, art. 637 à 711 ; titre de l'usufruit et de l'habitation, 578 à 637 ; titre de la distinction des biens, art. 517 à 578 ; titre sur l'état des personnes, art. 7 à 517 ; titres des successions et des testamens, art. 718 à 1101.

2°. Pour celles tirées des obligations en général,

le titre 3, art. 1101 à 1168, *sur la formation et les effets des contrats*; art. 1168 à 1234, sur les *diverses espèces d'obligations*; art. 1234 à 1315, sur le *paiement*, la novation, la remise volontaire, la compensation, la confusion, la perte de la chose, la nullité ou rescision, les conditions résolutoires; sur la *preuve* des obligations et celle du paiement, art. 1315 à 1370; sur la *prescription*, art. 2219 et suivans.

3°. Pour celles qui sont puisées dans les conventions ordinaires et particulières, le titre du contrat de mariage, art. 1387 à 1582; les titres de la vente et de l'échange, art. 1582 à 1708; le titre du louage, art. 1708 à 1832; le titre de la société, art. 1832 à 1873; le titre du prêt, art. 1874 à 1915; le titre du dépôt et du séquestre, art. 1915 à 1964; le titre des contrats aléatoires, art. 1964 à 1984; le titre du mandat, art. 1984 à 2011; le titre du cautionnement, art. 2011 à 2044; le titre des transactions, art. 2044 à 2058; le titre de la contrainte par corps, art. 2059 à 2071; le titre du nantissement, art. 2071 à 2092; le titre des priviléges, art. 2101, 2102, 2104, 2107 et 2180.

4°. Pour celles qui sont fondées sur les quasi-contrats, le titre 4, art. 1370 à 1382.

5°. Pour celles qui résultent des délits et des quasi-délits, les art. 1383 à 1387.

323. Les juges ne doivent jamais admettre la preuve testimoniale pour établir des créances même inférieures à 150 fr., si elles sont le restant de créances supérieures à cette somme, à moins qu'il ne leur soit justifié d'un commencement de preuve par écrit. *V. art.* 1341 *et suivans du C. c.*

324. « Les tailles corrélatives à leurs échantillons font foi entre les personnes qui sont dans l'usage de constater ainsi les fournitures qu'elles en reçoivent en détail ». *Art.* 1333 *C. c.*

Elles font preuve complète. Elles tiennent lieu d'écriture et font une espèce de preuve littérale de la quantité des fournitures, même au respect des tiers. Une taille et son échantillon, reconnus pour corrélatifs, forment comme les deux doubles d'un acte sous seing. *V. Serpillon ; Boiceau.*

325. Celui qui a reçu les fournitures voudrait en vain éluder l'effet de cette preuve, ou en niant qu'il a eu l'échantillon, ou en alléguant qu'il l'a perdu. Au premier cas, on pourrait prouver par témoins l'existence de l'échantillon et l'habitude de s'en servir ; au second, celui qui prétendrait avoir perdu son échantillon est en faute. Celui qui a conservé sa taille peut, en la représentant, faire preuve du nombre des fournitures. *M. Toullier, vol.* 8, *n°.* 408 *et suivans.*

CHAPITRE II.

De la Procédure devant les juges de paix. (*)

326. La procédure est simple dans cette juridiction ; elle doit toujours se faire avec économie.

La peine de nullité n'est pas prononcée une seule fois dans le titre des justices de paix. On n'admet ici pour nullités que les vices substantiels qui font regarder les actes où ils se trouvent comme n'existant pas ; toutefois les juges ne sont pas libres de s'écarter arbitrairement des formes prescrites par la loi. *V. Traité de M. Carré.*

327. Les cas non prévus pour la justice de paix, se règlent par les principes généraux établis pour les autres tribunaux.

S'il s'agit d'instruction, d'actes conservatoires ou préparatoires non prévus pour les juges de paix, on applique les principes du droit commun.

Mais s'il est question d'une disposition pénale, par exemple de déchéance, de péremption, de nullités ou d'exceptions, etc., on ne peut, dans le silence du Code, appliquer la loi générale. *V. M. Carré.*

Lorsqu'un juge de paix est délégué, il doit suivre, dans son opération, les règles auxquelles est soumis le commissaire dont il remplit les fonctions. *M. Carré, Traité, etc.*

§. I. *Des Citations.*

328. Nous pourrions rappeler ici littéralement le

(*) Nous suivrons à peu près mot à mot ce qu'a dit notre savant maître M. Carré.

Code de procédure sur les formes à suivre devant les juges de paix. Mais comme chacun en a le texte aux mains, nous nous bornerons à indiquer chaque article par son numéro.

329. Art. 1er. . . . . On doit, pour plus grande régularité, énoncer les prénoms du défendeur. On peut énoncer que le demandeur est propriétaire, quoiqu'il ait une profession. *C. de Paris*, 17 *août* 1810.

Il faut indiquer l'heure de la comparution et la personne à laquelle la copie de l'exploit a été remise. S'il y a omission des formalités exigées, le juge peut ordonner un réassigné aux frais de l'huissier qui a commis l'irrégularité. *V. Traité de M. Carré.*

330. Art. 2. . . . . . Il y a exception à cet article pour les ouvriers et apprentifs, d'après un arrêté du 9 frimaire an 12, art. 21. « En quelques lieux que résident les ouvriers, la juridiction est déterminée par le lieu de la situation des manufactures et ateliers dans lesquels l'ouvrier a pris du travail ».

1°. Par *résidence* on entend une habitation passagère. Dès qu'il y a du doute sur le lieu de la résidence ou du domicile, il est plus prudent d'assigner devant le juge de sa résidence, en déclarant que le domicile est inconnu.

Cependant le défendeur, ayant dans ce cas un domicile fixe, serait autorisé à exiger le renvoi de la cause devant son juge naturel, en payant les frais de la citation, si, d'après les apparences, le demandeur avait dû ignorer le domicile; mais la citation ne devrait pas être annullée. *V. Traité de M. Carré.*

2°. Les actions pour salaires de gens de travail, gages de domestiques, dépenses faites par un voyageur dans une auberge, doivent être portées devant le juge du domicile ou de la résidence du défendeur. L'action en réparation d'injures est dévolue, aux termes de l'art. 139 du Code d'instruction criminelle, au juge du lieu où elles ont été proférées, lorsque le demandeur se pourvoit par action civile. *V. Traité de M. Carré.*

3°. On a le droit de citer devant le juge de paix du domicile élu, conformément à l'art. 111 du Code civil. Cette règle, reproduite dans l'article 59 du Code de procédure, est sous-entendue au titre des justices de paix comme une suite de cet art. 111 du Code civil. *V. Guichard; Quest. et Traité de M. Carré.*

331. Art. 3 et 4. . . . . . 1°. D'après un arrêt de la cour suprême rendu le 6 juillet 1814, la citation signifiée par un autre huissier que celui du juge de paix n'est pas nulle. *V. Sir.* 1815.

M. Carré soutient le contraire, en s'appuyant sur beaucoup d'autorités. Son opinion ne paraît pas bien fondée. La loi ne prononce pas en effet la nullité de l'exploit.

2°. Les cédules qui seraient données, par exemple dans le cas de l'art. 26, par un autre huissier que celui attaché à la justice de paix ne seraient pas nulles. *V. Traité de procéd. de M. Carré.*

3°. Le juge de paix n'a pas le droit, dit M. Demiau, de commettre un huissier de première instance d'un autre arrondissement que celui duquel ressortit le défendeur.

4°. Ce n'est pas le juge de paix compétent pour prononcer définitivement sur la contestation, mais celui dans le ressort duquel la citation est donnée, qui doit commettre un huissier dans le cas prévu par l'art. 4. *V. Traité de M. Carré.*

5°. La loi n'exige pas, à peine de nullité, que l'huissier prenne par écrit la permission d'exploiter près le juge de paix. Cependant il est prudent qu'il l'obtienne dans cette forme. Une permission verbale pourrait être désavouée. *V. Traité de M. Carré.*

6°. La citation peut être remise à la personne du défendeur trouvée hors de son domicile. Si l'huissier ne trouve personne au domicile, il n'est pas tenu de présenter sa copie au voisin avant de la remettre au maire; l'article 4 ne l'exige pas, comme l'art. 68. En cas d'absence du maire ou de l'adjoint, l'huissier doit remettre la copie au plus ancien membre du conseil municipal, et s'il refuse de viser l'original, au procureur du roi. *Arg. art.* 1039; *Traité et Quest. de M. Carré.*

332. Art. 5. . . . . 1°. Quoique la copie soit remise au défendeur, en parlant à sa personne, dans le lieu même où siége la justice de paix, le délai ordinaire ne raison, de l'éloignement du domicile, doit être augmenté. La distance dont il s'agit dans l'art. 5, est celle qui se trouve entre le domicile du défendeure le lieu où il doit comparaître. *V. Traité de M. Carré, art.* 1033, *C. procéd.*

2°. Lorsque la distance est de 4 à 5, ou de 10 à 11 miriamètres, on a égard à la fraction; de manière que l'on n'accorde pour 4 à 5 miriamètres deux jours, comme s'il y en avait 6; pour 10 à 11, comme s'il y en avait 12. *V. Traité de M. Carré.*

333. Art. 6. . . . . . 1°. La cédule pour abréger les délais est délivrée par le juge de paix qui connaît de la contestation, et non par celui dans le ressort duquel la citation est donnée.

2°. Le juge de paix n'est pas obligé d'écrire lui-même les cédules en abréviation de délais. *V. MM. Guichard et Carré.*

3°. La cédule délivrée, dans le cas par exemple de l'art. 6, contre un individu existant, ou dont la la survenance du décès n'est pas connue, pour l'appeler à bref délai, peut être signifiée à ses héritiers. En effet, la permission donnée contre cet individu présumé vivant, s'applique naturellement à ses héritiers. *V. M. Carré, Traité de procéd.*

Cette décision peut toutefois souffrir difficulté.

§. II. *Des Audiences.*

334. Art. 8. . . . . . 1º. Les juges de paix ne peuvent indiquer les jours de dimanche ou de fête pour leurs audiences ordinaires.

2º. De ce qu'ils peuvent juger les dimanches et fêtes, on doit conclure que les heures du service divin ne leur sont pas absolument interdites. Toutefois ils ne doivent juger ces jours-là qu'en cas d'urgence.

3º. Le Code ne fait aucune distinction entre les fêtes nationales et les fêtes religieuses ; dès-lors, ils sont autorisés à tenir leurs audiences les jours de fêtes nationales.

4º. Il n'est pas permis aux juges de paix de tenir leurs audiences ordinaires dans leur maison, si elle n'est située au chef lieu de leur canton. *Rouen* 18 *janvier* 1806, *décis. minist. du* 11 *avril* 1807.

5º. Ils peuvent procéder chez eux à des enquêtes, dans le cas même où ils tiennent leurs séances ailleurs. Ils ne sont, en aucun cas, obligés d'énoncer qu'ils ont tenu les portes ouvertes.

6º. La loi ne leur défend pas de tenir leurs audiences secrètes, dans le cas de l'art. 87 du Code de procédure et de l'art. 64 de la Charte. Ils peuvent donc, dans ce cas, faire fermer les portes de leurs audiences. Ils sont tenus de prendre cette mesure par un jugement, et d'en instruire le procureur du roi de leur arrondissement. *V. Traité de M. Carré.*

335. Art. 9 . . . . . 1º. De ce que les parties sont tenues de comparaître au jour convenu, il ne s'ensuit pas que le juge doive donner défaut sur celle qui ne comparaît pas. Il n'y est rigoureusement obligé que si les parties se sont déjà présentées pour obtenir jugement, et ont fixé, pour s'expliquer, un jour auquel l'une ferait défaut. *Traité de M. Carré.*

2°. La procuration pour comparaître doit être spéciale. On peut la donner sous seing, et même par lettres missives. *Art.* 1985. *C. c.*

Néanmoins il est prudent de la faire rédiger devant notaire, afin que la partie adverse ne puisse se prévaloir du défaut d'authenticité pour refuser la conciliation. *Traité de M. Carré.*

3°. De ce que la loi défend de signifier des écrits de défense, il ne s'ensuit pas que les parties ne puissent présenter des mémoires ou des soutiens au juge. Rien ne s'oppose non plus à ce que l'une d'elles fasse signifier des actes ou des moyens dans le cours de la procédure. *Arg. de l'art.* 65; *V. Traité de M. Carré.*

336. Art. 10. . . . . . 1°. Le juge n'est pas nécessairement tenu de condamner les parties qui manquent de respect envers lui, à un nombre d'affiches égal à celui des communes du canton. Il peut en ordonner un nombre inférieur. *Comment. du not.*

337. Art. 11. . . . . . Le juge qui ordonne l'emprisonnement sans procès-verbal, commet une irrégularité. Cependant il ne peut être pris à partie pour cette omission, à moins qu'il n'y ait dol de sa part.

338. Les jugemens dont il s'agit dans les précédens articles, sont exécutoires par provision. Conséquemment tous sont sujets à l'appel. *Art.* 12, *Anal. raison. M. Carré.*

339. Art. 13. . . . . . 1°. Les causes qui ne peuvent être discutées à la première audience, sont de plein droit renvoyées à l'audience suivante. Le juge doit prononcer le renvoi.

2°. Il peut prononcer successivement plusieurs remises de la même cause d'une audience à l'autre. La loi ne le lui défend pas.

3°. Il n'est pas absolument tenu de juger sur-le-champ la cause, lorsque les parties se présentent vo- .

lontairement, ou lorsque la citation a été donnée pour un jour qui n'est pas celui de l'audience ordinaire. Il est libre, dans tous les cas, de renvoyer le jugement à la première audience. L'art. 13 du Code lui donne la faculté d'ordonner un délibéré quand il le juge nécessaire.

4°. Lorsque le juge se fait remettre les pièces, ou lorsqu'il ordonne un délibéré, il est libre de prononcer le jugement en l'absence comme en la présence des parties. *Traité de M. Carré.*

340. Art. 14...... 1°. Le renvoi sur l'incident ne dépouille pas le juge de paix de ses attributions sur le fonds. La question incidente une fois vidée, il doit statuer au principal. *Traité de M. Carré.*

Toutefois, selon des auteurs, dès que la cause est renvoyée, c'est au tribunal civil à prononcer. Il faut avouer que tel est l'usage dans la pratique.

2°. Si la pièce arguée de faux ou méconnue, n'est pas indispensable pour la décision de la cause, le juge peut prononcer sans y avoir aucun égard ; il se décide par d'autres moyens. Les parties se pourvoient au surplus, quant à la pièce, devant le juge naturel. *Arg. art. 427 du C. procéd. ; Traité de M. Carré.*

341. Art. 15...... 1°. En matière de douanes, si le juge de paix ne rend pas son jugement dans les trois jours qui suivent celui que l'on aurait indiqué pour la comparution, la demande de l'administration serait périmée, et même l'action serait prescrite d'après l'art. 13, tit. 14 de la loi du 9 floréal an 7. *Cas. 3 prairial an 11, Sir. 3.*

2°. La péremption n'est pas acquise, à partir de la citation, lorsque le juge n'a pas prononcé d'interlocutoire. Il faut, pour faire courir le délai, que l'interlocutoire ait été rendu sur l'instruction du fonds. *Cas. 31 août 1813, Sir. 14.*

3°. La loi ne fait pas partir du jugement préparatoire le délai de la déchéance; il ne court que du jugement interlocutoire. *M. Carré*, *Traité de procéd.*

4º. Après le renvoi pour vérification d'écriture ou pour inscription de faux, l'instance ne tombe pas en péremption, s'il n'intervient pas un jugement définitif dans les quatre mois.

5º. Lorsque le juge de paix ordonne successivement plusieurs interlocutoires, les quatre mois courent du jour du premier. *Anal. M. Carré.*

6º. L'instance étant suspendue par le décès d'une partie, la péremption continue à partir de la reprise d'instance ou après le délai de six mois à dater du décès. *Anal. M. Carré.*

7º. Lorsque les quatre mois sont expirés, le juge peut encore se déclarer incompétent. *Traité de procéd. M. Carré.*

8º. Mais la péremption n'a pas lieu, si le demandeur n'a pu obtenir jugement dans les quatre mois.

9º. Le Code ne porte point, comme la loi de 1790, que la péremption entraîne la prescription de l'action; dès-lors l'action ne s'éteint point par la péremption. *V. Arg.* 401 *C. procéd.*, *Rép. vº. péremption.*

342. Art. 16..... 1º. Outre l'appel, on admet contre les jugemens l'opposition, art. 20; la tierce-opposition, art. 474; mais non la requête civile. En matière de police, la tierce-opposition n'est jamais permise. *V. Cas.* 23 *juin* 1806, 25 *août* 1808; *M. Henrion de Pansey*, *chap.* 58; *Traité de M. Carré.*

2º. Aux termes de la loi du 22 ventôse an 8, « il n'y a point d'ouverture à cassation contre les jugemens en dernier ressort des juges de paix, si ce n'est pour incompétence ou excès de pouvoir ».

Cette voie n'est point ouverte pour simples contraventions à la loi, mais bien pour incompétence ou excès de pouvoir. *Cas.* 5 *février* 1810; *Denevers.*

3º. En matière de police, on ne peut appeler de

leurs jugemens qu'autant qu'ils emportent emprisonnement, ou qu'ils prononcent une condamnation excédant 5 fr. outre les dépens. *V. art. 172 du Cod. d'inst.*

4°. La citation faite par un autre huissier que celui du juge de paix n'est pas nulle, comme nous l'avons vu ; cependant le délai d'appel ne court qu'à partir de la signification faite par le sien. *Traité de M. Carré.*

5°. On peut mettre à exécution le jugement, quoiqu'il n'ait pas été signifié par l'huissier du juge de paix qui l'a rendu. *Anal. M. Carré.*

6°. La loi paraît indiquer l'huissier du juge qui a rendu le jugement, si la partie a son domicile dans le canton. Dans le cas contraire, c'est au juge à déléguer le juge de paix du domicile pour commettre l'huissier. Néanmoins il n'y aurait pas nullité de la signification, si l'on ne suivait pas cette distinction. *Cas. 6 juillet 1814, Sir. 15; Traité de M. Carré.*

7°. Le jugement sur une demande en renvoi est toujours susceptible d'appel, lors même que le juge peut prononcer en dernier ressort sur le fonds. *Art.* 454 *C. procéd. Cas. 22 avril 1811 ; Traité de M. Carré.*

8°. Les appels doivent contenir assignation, à peine de nullité. *Cas. 6 septembre 1814.*

343. C'est ici qu'il convient d'expliquer les cas où les jugemens sont susceptibles d'appel ou non.

La juridiction des juges de paix se divise en deux parties.

Ils prononcent en dernier ressort sur les affaires mobilières ou personnelles dont l'objet n'excède pas 50 fr.

Ils statuent en premier ressort sur les causes de leur compétence excédant cette somme, ou qui sont indéterminées.

Il sera bon de rappeler ici quelques espèces.

1°. On ne peut se pourvoir qu'en cassation contre

un jugement rendu en dernier ressort dans lequel le juge a excédé ses pouvoirs. Mais si le juge avait déclaré le jugement être en dernier ressort, quoique étant réellement en premier, l'appel n'en serait pas moins recevable suivant l'art. 453. *Cas.* 5 *février* 1810.

2°. Dans une demande en complainte, le juge de paix ne peut juger en dernier ressort lorsque la valeur de la possession réclamée est indéterminée; peu importe que le demandeur ait conclu à des dommages-intérêts qui n'excèdent pas 50 fr. *Cas.* 22 *mai* 1822, *Sir.* 22.

3°. Bien que dans l'action en réintégrante, on n'élève pas précisément la question de possession comme dans la demande en complainte, et que la demande ait seulement pour objet de faire cesser la violence par laquelle la possession a été enlevée; néanmoins, la valeur de la possession réclamée, quelle qu'elle soit, ne doit-elle pas être prise en considération pour décider si le juge peut statuer en dernier ressort?

« Si le demandeur en complainte, dit M. Merlin, Rép. v°. dernier ressort, § 3, concluant à la cessation du trouble ou à la réintégrante, conclut en même temps à des dommages-intérêts qu'il n'élève pas au-dessus de 50 fr., le juge de paix pourrait-il statuer en dernier ressort? j'ai toujours pensé, et je pense encore que non ».

4°. Bien qu'une action ait été intentée par plusieurs, conjointement, demandant tous, et chacun une somme excédant 50 fr., par exemple pour des dommages causés par des lapins, l'un des demandeurs peut isoler sa demande et la réduire à 50 fr. Sa cause alors peut être jugée en dernier ressort, quand même il aurait été rendu un interlocutoire à la charge de l'appel. *Cas.* 12 *novembre* 1813, *Sir.* 16.

344. « Les jugemens des justices de paix, jusqu'à

concurrence de 5oo fr., sont exécutoires par provision, nonobstant l'appel, et sans qu'il soit besoin de fournir caution. Les juges de paix peuvent, dans les autres cas, ordonner l'exécution provisoire de leurs jugemens, mais à la charge de donner caution ». *Art.* 17 *C. procéd.*

1º. L'exécution provisoire a lieu malgré l'appel, mais l'opposition suspend toute espèce d'exécution ; en effet, la loi n'autorise l'exécution provisoire que contre l'appel. *V. Traité de M. Carré.*

2º. Un juge de paix peut ordonner l'exécution provisoire de ses jugemens, portant condamnation au-dessus de 5oo fr., dans les cas prévus par les six premiers paragraphes de la loi du 24 août 1790. *Anal. M. Carré.*

Ces cas sont lorsqu'il s'agit, 1º. d'actions pour dommages faits aux champs, etc.

2º. De déplacement de bornes, etc.

3º. De réparations locatives, etc.

4º. D'indemnités prétendues par les fermiers, etc.

5º. Du paiement des salaires de gens de travail, etc.

6º. Des réparations d'injures, etc.

345. Les jugemens portant des condamnations de 5oo fr. ou au-dessous, peuvent être exécutés par provision, quoique le juge ne l'ait pas ordonné. L'exécution provisoire est autorisée de plein droit. *Traité de M. Carré.*

Un juge de paix délégué par un tribunal de première instance a le droit d'ordonner l'exécution provisoire de ses jugemens dans les cas où un juge de première instance, commis par son tribunal, serait autorisé à l'ordonner ainsi. *Traité de M. Carré.*

346. Art. 18..... 1º. Quand le suppléant tient l'audience, c'est à lui et non pas au juge à signer la feuille. *M. Carré.*

2º. La minute peut être écrite par un commis greffier assermenté. En effet, le ministre a autorisé, par une décision du 24 pluviôse an 12, ces greffiers à prendre, comme ceux des tribunaux d'arrondissement, un commis assermenté pour les représenter. *V. Sir. 7, p. 993.*

3º. Le juge de paix qui délivrerait l'expédition d'une minute non signée par le juge, encourrait la peine de faux comme le greffier d'un tribunal civil. L'art. 139 du Code de procédure est applicable à tous les greffiers. *M. Carré.*

§. III. *Des Jugemens par défaut.*

347. Art. 19...... 1º. Comme dans les tribunaux de commerce et ceux de première instance, art. 434 et 151, « si le demandeur ne comparaît pas, le juge accorde, sans examen, défaut et congé de la demande. Si au contraire c'est le défendeur qui fait défaut, le juge ne peut prononcer qu'après vérification de la demande ». *Traité de M. Carré.*

2º. Le juge de paix ne peut, à l'exemple des tribunaux de première instance, prononcer un défaut de jonction lorsque de deux parties assignées, l'une comparaît et l'autre fait défaut, l'art. 153 du Code de procédure est spécial pour les tribunaux d'arrondissement. *Traité de procéd. M. Carré.*

3º. Si l'on appliquait cet article, ce ne serait pas du moins dans le cas où un garant assigné serait défaut. *Traité de procéd. M. Carré.*

4º. Lorsque le défendeur se présente et refuse de se défendre, ou se borne à dire qu'il n'entend ni avouer ni contester, le juge ne doit pas le condamner comme défaillant, mais constater sa présence, et le jugement qui intervient est réputé contradictoire. *Traité de M. Carré.*

348. Art. 20..... 1º. Les trois jours donnés pour

former l'opposition, ne sont pas francs ; l'exploit doit être signifié *dans* les trois jours. Mais ce délai ne s'augmente point d'un jour par trois myriamètres conformément à l'art. 1033. du Code . *Traité de M. Carré; Cod. procéd.*

2°. L'art. 156 du Code de procédure n'est point applicable aux jugemens des juges de paix. La loi ne prononce point la péremption de ces jugemens, faute d'exécution dans les six mois de leur obtention. *Cas.* 13 *septembre* 1809.

3°. La partie contre laquelle un jugement par défaut a été rendu peut le frapper d'opposition avant qu'il lui ait été signifié. *Arg. Cas.* 1er. *août* 1808, 16 *mars* 1806.

La signification du jugement est même frustratoire dès que l'opposition est formée. *Traité de M. Carré.*

4°. L'opposition au jugement par défaut *peut* être faite, sans commission spéciale, par l'huissier du domicile du défendeur comme par celui du juge qui a rendu ce jugement. *Cas.* 6 *juillet* 1814.

349. Art. 21 . . . . . 1°. Le juge qui proroge le délai n'est pas tenu d'exprimer les motifs de la prorogation. La loi ne lui en fait pas un devoir.

2°. Les représentations dont il s'agit dans cet article ne doivent pas se faire confidentiellement, mais en pleine audience. *Traité de M. Carré.*

3°. Lorsque la prorogation n'est ni prononcée d'office, ni demandée, le défaillant peut la réclamer par un exploit, en formant son opposition, sans présenter une requête au juge. *Traité de M. Carré.*

4°. L'art. 21 n'est pas limité au cas où il s'agit, soit de maladie, soit d'absence ; il peut s'appliquer à d'autres cas.

350. « La partie opposante qui se laisse juger une seconde fois par défaut, n'est plus recevable à former une nouvelle opposition ». *Art.* 22.

Les jugemens par défaut contre lesquels il n'y a pas d'opposition, et ceux rendus sur l'opposition sont susceptibles d'appel dans les cas prévus par la loi. *Cas. 8 août* 1815, *Sir.* 15.

§. IV. *Des Actions possessoires.*

351. Ce serait ici que nous devrions traiter la procédure sur les actions possessoires, mais nous renvoyons au chapitre 4 où nous l'expliquerons.

§. V. *Des Jugemens non définitifs.*

352. Comme les tribunaux de commerce, art. 442, 553, les juges de paix ne peuvent connaître de l'exécution de leurs jugemens définitifs; par exemple, des saisies, des poursuites faites pour obtenir le paiement des dépens ou des autres condamnations y portées. C'est un principe général puisé dans l'esprit du Code de procédure. *V. Traité de M. Carré*, *p.* 4 *et* 57 *; Turin* 6 *mai* 1813, *Sir.* 14.

353. Art. 28..... 1°. Le juge doit constater dans ses jugemens, s'ils sont prononcés en présence ou en l'absence des parties. Autrement on ne verrait pas s'il y aurait nécessité d'intimer pour leur exécution. *Traité de M. Carré.*

2°. « Quand la partie doit-elle, dit M. Carré, lever expédition d'un jugement interlocutoire, et que doit-elle faire pour l'obtenir ? »

Il répond : « Puisque l'art. 28 défend de délivrer l'expédition d'un pareil jugement, la partie qui veut en appeler doit former son pourvoi avant que l'opération ordonnée soit commencée, et justifier de cet appel au greffier, pour pouvoir obtenir une expédition conformément à l'art. 31. *V. Ann. du not.*

354. Art. 29..... V. le tarif, art. 7, 24, 25.

355. Art. 3o....... C'est mal à propos que le Code se sert de l'expression *préparatoire* dans cet article. En effet, le jugement qui ordonne une enquête ou une visite de lieux est interlocutoire. *V. Ann. du not.*

356. Art. 31..... 1º. L'appel du jugement interlocutoire ne suspend pas l'instruction. En effet, les jugemens définitifs sont exécutoires par provision, même sans caution, jusqu'à concurrence de 3oo fr. Or, à plus forte raison, les jugemens interlocutoires doivent être exécutés par provision. *Arg. de l'art.* 457 ; *Traité de M. Carré.*

2º. Au surplus, voyez les art. 443, 451, 452, 454, 456 du Code sur la nature des jugemens d'instruction.

§. VI. *De la Mise en cause.*

357. Art 32..... 1º. On ne peut interjeter appel du jugement qui accorde un délai pour approcher un garant. *Anal. M. Carré.*

2º. Le défendeur peut approcher son garant avant de comparaître.

3º. Cet art. 32 s'applique au garant qui voudrait en appeler un autre en sous-garantie. *Arg. art.* 176 ; *Traité de M. Carré.*

358. Art. 33..... Lorsque l'approchement n'a pas été sollicité, ou qu'il n'a pas été formé en temps utile, l'action ne peut pas être portée devant le juge qui serait encore saisi de la demande originaire, ou qui l'aurait jugée. *Ann. du not.*

§. VII. *Des Enquêtes.*

359. Art. 34..... 1º. Pour que la preuve soit admise, il faut que les faits soient décisifs, et que l'art.

1341 du Code n'en prohibe pas l'usage. *V. Traité de M. Carré.*

2°. Généralement la preuve est admissible en justice de paix. En effet, il ne peut connaître que des demandes dont le taux ne peut excéder 100 fr.; d'un autre côté, en matière d'action possessoire, elle est toujours admissible. *Traité de M. Carré.*

3°. Les juges de paix ne peuvent ordonner la preuve vocale dans les affaires dont l'objet excède 150 fr., quand même les parties leur auraient conféré juridiction, aux termes de l'art. 7 du Code de procédure.

4°. Le juge peut ordonner des enquêtes pour éclairer sa religion, quand bien même les parties ne seraient pas contraires en faits. *Traité de M. Carré; V. Locré, t. 1, p. 81; C. procéd.*

5°. La preuve contraire est de droit en justice de paix, comme devant les tribunaux d'arrondissement. *Traité de M. Carré.*

360. Art. 35..... 1°. Le juge n'a pas le droit d'accorder un sauf conduit au témoin qui est sous le poids d'une contrainte par corps. *Circulaire du ministre du 8 septembre; avis du conseil d'état du 30 avril même année.*

2°. Les parens, alliés, serviteurs ou domestiques des parties peuvent être entendus *s'ils* ne sont pas reprochés. *Arg. art. 283; Traité de M. Carré.*

3°. Il pourrait y avoir lieu à la réformation d'un jugement sujet à l'appel, si le juge omettait de faire déclarer, par les témoins, s'ils sont parens ou alliés, et à quel degré, ou serviteurs ou domestiques. La négligence du juge à faire l'interpellation empêcherait souvent les parties de faire les reproches. *V. Demiau, p.* 40.

4°. Quoiqu'il ne se présente aucune des parties au jour indiqué pour l'enquête, le juge peut procéder à l'audition des témoins. *Traité de M. Carré., n°.* 175.

5°. Lorsque les témoins, au lieu de prêter serment, font la simple promesse de dire la vérité, ce n'est pas un motif pour annuler l'enquête ; le Code de procédure n'attache pas peine de nullité à l'inobservation de l'art. 36. *Cas.* 19 *avril* 1810, *Sir.* 10.

361. Art. 35 . . . . . 1°. Une enquête n'est pas nulle lorsque le juge entend les témoins les uns en présence des autres. *Traité de M. Carré, n°.* 177.

2°. Les reproches proposés contre les témoins dans une affaire susceptible d'être jugée en dernier ressort, n'ont pas besoin d'être signés par les parties. *Anal.* 90.

3°. On ne doit pas appliquer en justice de paix l'art. 284, qui veut que les témoins reprochés soient entendus. *Locré, t.* 1, *p.* 8 ; *Traité de M. Carré.*

4°. Les causes pour lesquelles un témoin peut être reproché en justice de paix, sont les mêmes que celles mentionnées dans l'art. 283 du Code de procédure. *Locré, t.* 1 ; *Traité de procéd. M. Carré.*

5°. Les causes de reproches mentionnées dans l'art. 283 sont les seules que les juges puissent admettre, mais ils sont libres d'avoir tel égard que de raison aux autres moyens qui tendraient à faire considérer la déposition d'un témoin comme n'étant pas digne de foi. *Traité de M. Carré.*

6°. Le juge a la liberté de rejeter les reproches, même quand il est prouvé qu'ils sont fondés sur des causes signalées dans l'art. 283.

7°. Les parens en ligne directe de l'une des parties n'ont pas besoin d'être reprochés, puisqu'il ne peuvent être entendus. Le juge doit les écarter.

8°. Un individu ne peut reprocher celui qui a épousé la sœur de la femme de sa partie adverse. *Cas.* 5 *prairial an* 13.

9°. La parenté ou alliance naturelle n'est point

une cause de reproches. Si cependant, dit M. Carré, plusieurs enfans ont été reconnus par les mêmes père et mère, l'un d'eux pourrait être reproché dans l'affaire de l'autre. *Anal.* 980.

10°. La parenté des témoins entre eux n'est point un sujet de reproches.

11°. Un témoin n'est point reprochable pour être héritier ou donataire de l'une des parties ; mais le juge peut n'avoir que tel égard que de raison à sa déposition.

12°. La simple déclaration d'un témoin d'être cousin issu de germain d'une partie, et d'avoir bu ou mangé avec elle après le jugement portant appointement de preuve, est suffisante pour autoriser un reproche. *Rennes* 21 *janvier* 1813.

13°. La mendicité n'est point une cause de reproches, sauf au juge à peser la déposition des mendians. *Rennes* 12 *janvier* 1810.

14°. On ne peut reprocher le témoin chez lequel une partie a bu ou a mangé en qualité de pensionnaire.

15°. On peut interroger un témoin reproché pour avoir bu ou mangé avec une partie, sans pour cela être réputé abandonner son reproche. *Rennes* 22 *novembre* 1813.

16°. L'accusation n'est point admise contre un témoin qui a fait une déclaration extra-judiciaire sur des faits du procès, lorsque cette déclaration a été donnée à la suite d'une sommation de la part d'une des partie. *Anal. M. Carré, Quest.* 984.

17°. Il en serait autrement de la déclaration donnée devant notaire par le témoin, sur les faits appointés.

18°. Un certificat donné sur des faits relatifs au procès, mais étrangers à ceux dont la preuve est or-

donnée, est une cause de reproches contre son auteur.

19°. On ne peut reprocher comme ayant donné
un certificat sur des faits relatifs au procès, l'individu qui, comme membre d'un conseil de famille, a
concouru à une autorisation, à l'effet d'intenter le
procès. *Traité de M. Carré.*

20°. Les déclarations passées par des témoins dans
un procès-verbal d'experts autorisés à les recevoir,
ne sont point une cause de reproches, lorsque l'enquête se fait par suite du procès-verbal.

21°. Par le mot *domestique*, on entend non-
seulement les serviteurs à gages, mais encore ceux
qui habitent la même maison et vivent gratuitement
à la même table que le maître, ou à raison des services qu'ils lui rendent, comme un clerc, un commis.
Anal. M. Carré.

22°. Le reproche fondé sur l'état de domesticité ne
paraît proposable qu'autant que le témoin est en
service lors de l'enquête. *V. trib. de Rennes,* 2e.
chambre, 1er. *août* 1817.

23°. Le témoin mis en accusation ne reste pas reprochable s'il vient à être acquitté avant la décision
du procès dans lequel il a déposé.

24°. Il n'est pas nécessaire de reprocher un individu condamné à une peine emportant mort civile.
Son témoignage est illégal. *C. c.* 25; *C. pén.* 28.

25°. Les condamnés à des peines afflictives ou infamantes, ou à une peine correctionnelle pour vol,
peuvent être reprochés. *Anal. M. Carré.*

26°. L'individu condamné à une peine afflictive ou
infamante ou correctionnelle pour vol, peut être reproché, bien que la condamnation soit ancienne et
qu'elle ait été prononcée en pays étranger. *Colmar*
6 *août* 1814.

27°. En justice de paix, comme devant les autres tribunaux, « peuvent les individus âgés de moins de 15 ans révolus, être entendus, sauf à avoir à leurs dépositions tel égard que de raison ». *Art.* 285 *C. pén.*

28°. Ces individus ne sont point dispensés de prêter le serment prescrit par l'art. 262.

29°. La loi ne détermine pas à quel âge au-dessous de 15 ans on peut entendre les enfans. Elle s'en rapporte à la prudence du juge sur ce point.

30°. Si le témoin âgé de moins de 15 ans ne comparaît pas, il est passible des peines prononcées par les art. 263, 264, il ne l'est pas de l'amende de 10 fr.

31°. La partie qui ne s'est pas présentée à l'enquête, ne peut proposer des moyens de reproches dans l'interval de l'enquête au jugement, à moins qu'ils ne soient justifiés par écrit. *Traité de M. Carré.*

32°. On doit comprendre dans les dépens l'indemnité réclamée par un témoin entendu en justice de paix. *Anal.*, *Quest.* 94.

362. Art. 37..... V. art 273, 276.

363. Art. 38 et 39...... 1°. Quand l'appel est interjeté, l'appelant peut faire délivrer l'enquête, car il est possible qu'il en ait besoin devant le juge supérieur. *Ann. du not.*

2°. La mention qu'un témoin ne sait pas écrire, équivaut à la mention qu'il ne sait pas signer. *Anal. M. Carré.*

3°. La disposition de l'art. 39, qui ordonne aux juges de paix de prononcer immédiatement après l'enquête, ou au plus tard dans la huitaine, s'applique même aux causes non susceptibles d'appel. *Anal.*, *Quest.* 97.

364. Art. 40..... Dans l'espèce prévue par cet article, le jugement ne doit contenir que le résultat des dépositions prises en masse. *Ann. du not.*; *Levavasseur*; *Traité de M. Carré.*

§. VIII. *Des Visites de lieux et des Appréciations.*

365. Art. 41..... Cet article suppose que les parties doivent se présenter en personne, néanmoins elles peuvent se faire représenter par des mandataires. *Anal.*, *Quest.* 98.

566. Art. 42...... 1°. Les juges de paix sont autorisés, comme les tribunaux de première instance, à ordonner de nouveaux procès-verbaux, si les premiers leur paraissent insuffisans. *Art.* 322, *Traité de M. Carré.*

2°. Ils ne sont pas obligés de nommer d'office des gens de l'art; ils peuvent choisir ceux que les parties leur désignent. *Anal.*

3°. Ils doivent nommer un ou trois experts, afin d'éviter un partage d'avis qui pourrait les embarrasser dans leurs décisions. Tel est l'esprit général du Code. *Art.* 303 *C. procéd.*

4°. Les parties n'ont pas le droit de récuser les experts qu'elles ont nommés elles-mêmes. Elles ne peuvent récuser que les experts nommés d'office. Les causes de récusation sont laissées à l'arbitrage du juge. *Anal.* 101.

5°. L'opération des experts n'est qu'un simple avis que le juge peut suivre, ou dont il est libre de s'écarter. *Traité de M. Carré; arg. de l'art.* 323 *C. procéd.*

6°. Le juge de paix n'a pas le droit de refuser l'insertion au procès-verbal de toutes les déclarations ou des observations que les parties ou leurs fondés de pouvoir feraient sur l'opération des experts. Cette insertion peut être très-utile; dans tous les cas où le juge les reçoit, il doit les faire signer par les parties ou attester que les parties n'ont pu ou voulu les signer. *Traité de M. Carré.*

367. Art. 43..... 1°. Par *résultat* d'avis, on en-

tend l'apurement que les experts donnent de leur opération, sans en énoncer les motifs.

2°. Les juges d'appel ne peuvent ordonner de nouvelles expertises, lorsque le juge de paix ne leur a pas donné les éclaircissemens convenables. *Ann. du not.; Traité de M. Carré.*

3°. Lorsque le juge d'appel ordonne une nouvelle expertise, il doit y être procédé suivant le titre 14 du livre II du Code de procédure. *Traité de M. Carré.*

§. IX. *De la Récusation des juges de paix.*

368. Art. 44..... 1°. Ils sont récusables dans tous les cas où ils doivent, soit prononcer comme juges, soit délibérer en assemblée de famille. Ils ne le sont pas dans les opérations où il ne s'agit que de constater quelques faits, comme dans les appositions de scellés. *V. Traité de M. Carré.*

2°. On ne peut récuser un juge de paix comme étant *personnellement* intéressé à une affaire, lorsqu'il est président du bureau de bienfaisance qui l'apporte devant lui. *Cas. 22 avril 1812, Sir. 1812.*

3°. L'expression *criminel* est employée par opposition au mot civil. Ainsi, un juge de paix est récusable, lorsqu'il a eu procès, soit criminel, soit correctionnel, soit même de simple police, avec une des parties ; une plainte non suivie de poursuites, ne suffirait pas pour fonder une récusation. *Traité de M. Carré.; Com. Annal. du not.*

4°. Le juge de paix n'est pas récusable pour avoir donné un simple avis verbal. Il le serait, s'il avait donné son avis écrit, soit par lettres missives, soit autrement, encore qu'il n'eût pas écrit en forme de consultation. *Anal. raisonnée. de M. Carré.*

5°. Pour établir la récusation, on peut prouver par témoins que l'avis écrit a été donné, encore que cet avis ne soit pas représenté , le tribunal est libre de rejeter la récusation sur la déclaration du juge ou d'ordonner la preuve testimoniale. *Traité de procéd.* *M. Carré.*

6°. Le juge n'est pas récusable pour être le maître de l'une des parties. En effet , cette qualité, proposée pour récusation par le tribunal , a été rejetée au conseil d'état. *V. M. Locré, t.* 1er., *p.* 96.

369. Art. 45..... 1°. Puisque l'exploit doit toujours être signé par la partie, ou un fondé de pouvoir, celui qui ne sait pas signer est obligé de faire former la récusation par un mandataire sachant signer.

2°. Le juge qui sait être dans le cas d'une récusation , n'est point tenu de se récuser d'office. La récusation est une exception à laquelle les parties peuvent renoncer. *V. M. Guichard ; Traité de M. Carré.*

3°. Si le greffier refusait de donner son *visa* , l'huissier devrait faire mention de son refus, et prendre celui du procureur du roi. *V. Delaporte, t.* 1, *p.* 40.

4°. Aucune récusation ne peut être faite dans une autre forme que celle prescrite par le Code , à peine de nullité. *V. M. Guichard ; Traité de M. Carré.*

5°. Selon M. Guichard , en 1791 , lorsqu'une partie s'était défendue au fond, sans proposer sa récusation, elle était non recevable à la proposer. Il en est de même aujourd'hui; ce principe est incontestable. *Arg.* *C. procéd. art.* 173, 582; *Traité de M. Carré.*

370. Art. 46..... 1°. « Une fois l'acquiescement donné , dit M. Carré, il n'est pas permis au juge de le rétracter, et il ne serait pas besoin de le constater une seconde fois, quelque temps qui se fût écoulé depuis, à moins que le laps de temps ou les événemens n'eussent réellement fait cesser le motif».

2°. Lorsque le juge acquiesce à la récusation , c'est au tribunal de son arrondissement à renvoyer les parties devant un autre juge de paix pour prononcer sur leur contestation. *Anal. M. Carré.*

371. Art. 47..... 1°. L'envoi de la récusation et de la réponse du juge ne doit pas être fait d'office. Les parties doivent l'inviter à le faire. *Anal. M. Carré.*

2°. La partie adverse de celui qui récuse ne peut s'opposer à l'acquiescement du juge, et demander l'envoi de la récusation et un jugement définitif à cet égard. *Traité de M. Carré.*

3°. Les tribunaux peuvent permettre aux parties de plaider sur la récusation. On suit, par analogie, les art. 394, 395 du Code de procédure pour le jugement de récusation et le renvoi des pièces. *V. Anal. M. Carré*, 111, 112.

4°. Les juges doivent s'abstenir de juger jusqu'à ce que les tribunaux de première instance aient statué sur la récusation. Il en serait de même quand les procureurs du roi leur diraient de n'y avoir aucun égard. Si la récusation était admise, la procédure antérieure serait valable, et celle postérieure devrait être annulée aux frais du juge de paix. Si elle était rejetée, la procédure postérieure serait également nulle. *Cas.* 15 *février* 1811, *Sir.* 1811.

5° La loi n'a fixé aucun délai dans lequel la récusation doit être faite. Elle peut donc l'être le jour où la partie qui veut la faire comparaît. Cependant elle ne serait pas recevable à la former après avoir comparu une première fois, à moins que la cause n'en fût survenue depuis. *Anal. M. Carré.*

6°. Le Code ne dit point à la charge de qui doivent être les frais de la récusation. Si l'accusation est rejetée, les frais sont supportés par la partie récusante; si au contraire elle est admise, ils tombent à la charge du justiciable qui succombe en définitif. *Com. ann. du not. art.* 47.

§. X. *De l'Essai de conciliation.*

372. Ce n'est aux juges de paix à examiner, ni quand les parties sont obligées de tenter une conciliation, ni quand elles en sont dispensées. Ils sont toujours obligés d'essayer un rapprochement entre elles, dès qu'elles comparaissent devant eux. Nous nous bornerons donc à expliquer ce qu'ils doivent faire lorsqu'elles se présentent en *conciliation*.

Il ne leur appartient pas d'apprécier le mérite des citations faites pour comparaître devant eux, ni de décider s'ils sont les *conciliateurs* compétens des parties. Ils ne sont point juges ; la loi ne leur permet de prononcer aucune condamnation, pas même celle des dépens, si la citation est mal donnée.

373. Art. 52..... 1°. La citation qui ne renferme pas les moyens de la demande n'est pas nulle. *Anal. M. Carré.*

2°. Il en est de même de celle qui n'est pas donné par l'huissier du juge de paix. *V. Cas. 6 juillet* 1814.

3°. « Les parties comparaissent en personne ; en cas d'empêchement, par un fondé de pouvoir ». *Art. 53.*

4°. Rien n'oblige les parties à justifier qu'elles sont empêchées de se présenter en personne devant le juge de paix. *Anal. M. Carré.*

5°. Simple conciliateur, il ne peut ordonner la comparution personnelle d'une partie. Il s'érigerait par là en juge, tandis qu'il n'est qu'un médiateur. *V. Traité de procéd. M. Carré.*

6°. Toutes les personnes attachées à l'ordre judiciaire peuvent représenter les parties en bureau de paix. *Locré, t.* 1er., *p.* 128.

Aussi la cour de Rennes a-t-elle jugé, par arrêt du 16 août 1817, qu'un greffier de juge de paix avait pu représenter une partie en conciliation, et que d'ailleurs on ne peut contester la qualité du mandataire, après avoir procédé volontairement avec lui.

7°. La procuration peut être donnée sous seing privé ; elle doit être annexée au procès-verbal de comparution. Il est en général prudent de la donner par acte authentique, parce que la partie adverse du porteur de pouvoir pourrait méconnaître la véracité du mandat sous seing, et refuser l'essai de conciliation. *Traité de M. Carré.*

8°. Il n'est point indispensable que la comparution en bureau de paix soit publique. *Anal. Quest.* 148.

374. Art. 54. . . . . . 1°. Lorsque, sur une action possessoire portée en bureau de paix, le juge renvoie les parties se pourvoir au pétitoire, l'action pétitoire n'est point dispensée de conciliation, par cela seul que les parties ont déjà paru en justice de paix. *Bruxelles* 29 *floréal an* 9, *Sir.* 4.

2°. Le juge de paix n'a le droit, ni d'interroger, ni d'interpeller les parties pour en obtenir des explications ; il doit se borner à tenter un arrangement.

3°. Il ne doit, selon M. Carré et plusieurs auteurs, insérer au procès-verbal, ni les dires respectifs des parties, ni les interpellations qu'elles se font, ni leurs réponses. Il doit se borner à faire *sommairement* mention que les parties *n'ont pu s'accorder.*

La loi n'a pas voulu que des demandes ou des réponses vagues ou mal présentées pussent être un piége pour les parties.

4°. Il y a plus, ajoute le même auteur, si le juge était requis, par l'une des parties, de consigner ses dires et interpellations, les dires de sa partie adverse, ses aveux ou dénégations, il ne devrait déférer à la réquisition qu'autant que cette dernière y consentirait. *Anal., Quest.* 131.

5°. Les aveux peuvent être opposés à la partie qui les a faits lorsqu'elle les a signés, soit par elle, soit par un procurateur, ou lorsque le juge atteste qu'elle ne peut signer ni son mandataire. Du reste, ces aveux ne sont pas réputés judiciaires. *V. art.* 1356, *M. Carré, Pigeau et Berriat.*

6°. Lorsque les conditions de l'arrangement arrêté entre les parties en bureau de paix, sont telles qu'elles constituent des baux, des ventes, des partages et autres actes qui peuvent être rédigés sous seing, elles sont valablement constatées par le juge de paix; elles produisent tous les effets d'un acte sous seing. Celles qui ne peuvent se rédiger que par acte notarié, comme les constitutions d'hypothèques, ne sont point susceptibles d'être arrêtées devant ce juge. *Traité de M. Carré.*

7°. Les conventions insérées au procès-verbal n'ayant que force d'*obligations privées*, ne confèrent point hypothèque. Elles ne comportent point non plus l'exécution parée. Du reste, elles ont tous les avantages d'un acte authentique; on ne peut en détruire la foi que par l'inscription de faux. *Traité de M. Carré.*

8°. La partie au profit de laquelle les conventions ont été consenties, n'a pas le droit d'exiger qu'elles soient dressées devant notaire avec une affectation hypothécaire. Elle ne peut forcer à les exécuter ou à obtenir une hypothèque pour en assurer l'effet, qu'en vertu d'un jugement. *Anal. Quest.* 134; *Locré, t.* 1er.

9°. Il n'est pas nécessaire de citer de nouveau en conciliation la partie que l'on veut forcer à exécuter les conventions arrêtées en bureau de paix. *Traité de M. Carré.*

10°. La partie qui a volontairement comparu en conciliation devant un juge de paix, qui n'est pas celui de son domicile, ne peut demander, devant le tribunal où la cause est portée, l'annulation du procès-verbal du juge de paix. *Rennes* 9 *février* 1813.

375. Art. 55..... 1º. Le juge de paix ne peut déférer le serment d'office. *Anal.*, *Quest.* 136.

2º. La partie à qui le serment est déféré peut le référer à l'autre. Si le serment est déféré ou référé à une partie qui comparaît par un procurateur, le juge ne peut ordonner sa comparution en personne pour prêter le serment ou le refuser. *Traité de M. Carré.*

3º. Celui qui a déféré le serment en bureau de paix, peut s'en rétracter devant le tribunal civil où la cause est portée. Aussi, il ne peut non plus se prévaloir du refus de sa partie adverse à le prêter, pour obtenir contre elle les condamnations auxquelles son refus a donné lieu, etc. *Traité de M. Carré.*

376. Art. 56..... 1º. Tout défaillant en bureau de paix doit payer l'amende, soit qu'il ait agit comme demandeur, soit qu'il ne soit que défendeur. *V. Traité de M. Carré.*

2º. Il paraît, d'après la discussion au conseil d'état, que l'on ne peut se soustraire à l'amende, en représentant un certificat d'indigence.

3º. L'amende n'est point encourue de plein droit. Elle n'est due que si la cause est portée au tribunal civil, qui la prononce sur les conclusions du procureur du roi. *Anal. Quest.* 141.

4º. Le demandeur qui, sur sa propre citation, ne comparaît pas en bureau de paix, peut, en acquittant l'amende, assigner le défendeur au tribunal de première instance.

5º. Le tribunal ne peut renvoyer d'office en bureau de paix les parties qui n'ont point tenté la conciliation. *Cas.* 11 *fructidor an* 11.

6º. L'amende doit être prononcée contre le défaillant, bien qu'il n'ait pas été régulièrement cité ; cependant il devrait être excusé, si le vice de forme était tel qu'il n'eût pu se croire appelé en conciliation.

7°. La partie qui prouve au tribunal qu'elle n'a pu comparaître en bureau de paix, doit être dispensée de l'amende. *Traité de M. Carré.*

8°. Les amendes de cette espèce ne se prescrivent que par trente ans. *Cas. 11 novembre 1806.*

377. Art. 57..... On peut voir sur les difficultés auxquelles donne lieu cet article, M. Carré, Traité de procédure.

378. Art. 58..... 1°. La mention de non comparution est dispensée de tout droit d'enregistrement. C'est ce qu'a décidé le ministre des finances le 7 juin 1808.

2°. Le juge de paix n'a nullement le droit de prononcer aucune condamnation contre la partie défaillante, et même de lui appliquer l'amende. *Rennes 2 septembre 1808.*

CHAPITRE III.

Des Demandes personnelles et mobilières.

379. Les juges de paix « connaissent (*) de toutes les causes *purement* personnelles et mobilières sans appel, jusqu'à concurrence de 5o fr.; et à la charge de l'appel, jusqu'à la valeur de 100 fr. ». *Loi du 24 août* 1790, *art.* 2.

Nous disons *francs* au lieu de livres, parce qu'en 1790 les deux expressions présentaient la même valeur.

38o. La compétence des tribunaux de paix se règle par la valeur et la nature des affaires. On doit donc s'attacher à faire connaître les diverses espèces de demandes.

Le Code civil a clairement défini ce que l'on entend par *meubles* et *mobilier* dans ses art. 527, 528, 529, 53o, 531, 532, 520, 521 et 522; mais ni lui, ni le Code de procédure, ne s'expliquent sur les actions. Il est donc nécessaire de rappeler ce qu'enseignent les auteurs à cet egard.

« L'action personnelle, dit le Nouveau Denisart, a lieu contre celui qui est obligé envers nous absolument et indépendamment des biens qu'il possède. Elle peut toujours se diriger contre la personne qui a contracté l'obligation ». *Leg.* 25 *ff. de obl. et act.*

« L'action réelle a lieu contre celui qui n'est obligé

(*) Voyez le journal de M. de Foulan, sur la jurisprudence des juges de paix. Il est indispensable à ceux qui veulent vérifier l'espèce des arrêts que nous citons, et à ceux qui désirent connaître à fond la jurisprudence sur la matière.

Voyez aussi le *Répertoire de la Nouvelle Législation*, par M. le baron Favard. Cet ouvrage est un précieux monument de jurisprudence.

envers nous que comme détenteur de la chose qui nous appartient ; elle a pour objet de se faire déclarer propriétaire d'une chose mobilière ou immobilière ».

« L'action mixte est celle qui participe de la nature des actions personnelles et des actions réelles. Par exemple, l'action en bornage ou en partage est mixte ».

L'action mobilière et l'action foncière sont toutes deux réelles. On appelle la première *revendication*, et la seconde *immobilière*.

On peut voir sur la matière le Répertoire de la nouvelle législation, par M. le baron Favard de Langlade.

381. Puisque la loi n'attribue aux juges de paix la connaissance que des actions *purement* personnelles et mobilières, ils ne sont pas compétens pour prononcer sur, 1°. les actions mixtes-immobilières.

2°. Les actions en rescision ou en annulation de la vente d'un immeuble. *V. Rép. de M. Favard.*

3°. Les actions hypothécaires. *Art.* 2114 *C. c.*

4°. Les actions immobilières qui ont pour but la délivrance d'un immeuble.

On trouve dans le Code civil la définition de ce que l'on entend par biens immeubles, depuis l'art. 515 jusqu'à l'art. 527. *V. vol.* 1er., *n°. 1 et suiv.*

Ces juges ne connaissent donc que des actions tendant à obtenir soit une chose *mobilière*, soit une *somme d'argent*.

Les autres actions sont naturellement hors de leurs attributions. *M. Henrion de Pansey, chap.* 11.

Cependant la loi a placé dans leur juridiction les actions possessoires essentiellement immobilières ; mais c'est une exception qui confirme la règle générale. *V. Introd. à la procéd., par M. Carré, vol.* 1, *p.* 28.

382. Les demandes en expulsion de fermiers ou

locataires, par suite d'un congé, sont de leur compé‑
tence, lorsqu'elles n'excèdent pas 100 fr., car elles sont
purement mobilières.

En effet, le bailleur, en poursuivant le preneur pour
le forcer à vider les lieux sous une contrainte, ne peut
obtenir qu'une somme, en cas de résistance. Le juge
ne doit l'autoriser qu'à employer cette contrainte aux
frais d'exécution ou à la garder. *M. Guichard*,
justice de paix.

Mais si le preneur méconnaissait l'expiration du
bail, et soutenait devoir continuer ses jouissances,
le juge cesserait d'être compétent. Le tribunal d'ar‑
rondissement devrait seul prononcer sur une pa‑
reille prétention, qui aurait pour objet la jouissance
ou la délivrance d'un immeuble.

383. Toutes les actions personnelles n'excédant
pas 100 fr., qui ont pour objet la réparation d'une
contravention ou d'un délit, par exemple, le paie‑
ment de la valeur d'un animal tué méchamment ou
blessé par maladresse, entrent dans les attributions
des juges de paix. La partie lésée a le droit d'agir
soit par action civile, soit par action correctionnelle
ou de police. *Cas.* 12 *décembre* 1809, *Sir.* 10.

384. Les juges de paix connaissent de toutes les
actions mobilières dont le taux n'excède pas 100 fr.,
quand bien même elles auraient pour *accessoire* un
droit foncier, par exemple une hypothèque; toute‑
fois il faut que l'on ne réclame rien sous ce dernier
rapport; autrement l'affaire serait réelle et sortirait
de leur compétence. Il ne leur est nullement permis
de prononcer sur des actions en déguerpissement.
Cas. 17 *mai* 1818, *Sir.* 20.

Mais la demande en paiement d'arrérages d'une
rente foncière, dont le titre n'est point contesté, est
dans leurs attributions, si elle n'excède pas 100 fr.
V. Sir. 1820, *Cas.* 13 *octobre* 1813.

385. La loi leur permet encore de juger toutes les demandes personnelles et mobilières, à la suite desquelles on peut réclamer une chose immobilière ; ainsi, ils sont compétens pour statuer sur le paiement du prix de la vente d'un héritage montant à 100 fr., bien que le vendeur ait le droit de se pourvoir devant un tribunal d'arrondissement pour obtenir la remise du fonds aliéné à défaut de paiement. En effet, il y a là deux actions, l'une en paiement, et l'autre en résolution ; le vendeur peut choisir l'action personnelle. *V. Nouv. Denisard, v°. action, n°. 7.*

Il est dans leurs attributions de prononcer sur tous les procès intentés pour recouvrer des sommes ou choses mobilières en vertu d'actes, soit de vente, soit d'échange, soit de bail, etc.

Dans ces divers cas, les actions, quoiqu'ayant eu pour principe des droits immobiliers, n'en sont pas moins personnelles, puisqu'elles ont pour objet une somme d'argent.

386. Mais on sent qu'ils cessent d'être compétens quand il s'agit de décider si un contrat de droits mixtes-immobiliers, comme un bail, est valable ; il faut alors apprécier le mérite d'un contrat foncier, et leurs attributions ne vont pas jusque-là. Ainsi, bien qu'un juge de paix soit compétent pour condamner un locataire à payer un loyer de 100 fr., il cesse de l'être dès que le locataire méconnaît le bail ou le reconnaît sous certaines conditions. Il ne lui est permis de statuer sur les loyers qu'autant que les parties sont d'accord sur les conditions du louage.

387. Cependant il est des actions personnelles ou mobilières sur lesquelles ils ne peuvent prononcer. Par exemple, il leur est interdit d'autoriser, même pour les causes de leur compétence, des compulsoires chez les notaires ; la loi du 25 ventôse an 11, art. 23, réserve cette attribution aux présidens des tribunaux de

première instance. Cette décision est une suite du principe que les juges de paix n'ont qu'une juridiction d'exception.

388. Suivant un jurisconsulte, dont l'autorité est du plus grand poids (*), les juges de paix ne sont pas compétens non plus des actions dont le titre est contesté. Il suivrait de là qu'une demande fondée sur un billet de 5o ou de 100 fr., attaqué comme nul, faute d'un *bon pour*, ou faute de *cause*, ne pourrait être jugée que par un tribunal d'arrondissement.

Cette opinion paraît devoir être restreinte au cas où il s'agirait de la validité d'un acte dont les effets excédraient 100 fr. Par exemple, si le juge avait à prononcer sur le sort d'un acte portant constitution d'une rente de 3o ou 100 fr. En effet, le juge de paix, en cassant ou en validant l'acte, statuerait sur les arrérages à courir ou sur le capital de la rente, et alors il commettrait un excès de pouvoir; mais on doit tenir au contraire pour principe que les juges de paix sont compétens de toutes les demandes personnelles et mobilières dont le taux n'excède pas leurs attributions. Peu importe qu'il y ait titre reconnu ou contesté; la loi ne fait aucune exception. Ils peuvent donc annuler ou valider des billets ou des actes de vente. Le seul cas où ils doivent s'abstenir de juger, c'est lorsqu'il y a méconnaissance de signature. *V. M. Biret;* *loi du* 27 *mars* 1791, *art.* 15; *C. procéd.*, *art.* 14.

389. D'après M. Carré, dans les lieux où il n'y a point de tribunal de commerce, on peut porter en justice de paix les affaires de commerce dont l'intérêt n'excède pas 100 fr. Il n'y a point de loi contraire à ce principe. Tel était le sentiment de M. Guichard en 1791. *V. Traité de la compét. par M. Jourdain.*

39o. M. Biret pense que les juges de paix sont

_____

(*) Notre savant maître M. Carré.

compétens pour prononcer sur les saisies-arrêts dont l'objet n'excède pas 100 fr. Il serait à désirer que cette opinion fût suivie en jurisprudence, mais on tient au barreau que cette matière est dévolue aux tribunaux d'arrondissement. *V. l'auteur, v°. saisies-arréts, où les autorités pour et contre sont rapportees.*

391. Selon le même auteur, la loi ne leur confère pas le pouvoir de prononcer la contrainte par corps. Au contraire, d'après M. Carré, quest. 81, et les plus recommandables jurisconsultes, elle peut être autorisée par les juges de paix sur les actions possessoires, dans le cas prévu par l'art. 2060 du Code civil.

392. Nous avons vu des règles n°. 322 et suiv., auxquelles il convient de renvoyer. On y trouve exposés les principes d'après lesquels les juges de paix doivent prononcer.

CHAPITRE IV.

Des Actions pour dommages aux champs, fruits et récoltes.

393. La loi confère aux juges de paix, « sans appel, jusqu'à la valeur de 50 fr. ; et à la charge d'appel, à quelque valeur que la demande puisse monter, » la connaissance.

« Des actions pour dommages faits *soit* par les hommes, *soit* par les animaux, aux champs, fruits et récoltes ». *Art.* 2, *loi du* 24 *août* 1790.

394. Les parties lésées par des dommages faits aux propriétés rurales sont libres de porter leurs actions devant eux, soit comme juges civils, soit comme juges de police, si les dommages constituent des délits.

Ces juges sont toujours compétens lorsque les plaignans agissent au civil, même pour des faits donnant lieu à des peines criminelles ou correctionnelles ou de police. Par exemple, s'il est question de déplacement de bornes, de destruction de greffes, de dévastations de récoltes. *Cas.* 12 *décembre* 1809, *Sir.* 10; 18 *novembre* 1817, *Sir.* 18; *Cas.* 6 *mai* 1822, *Sir.* 22.

Mais ils cessent d'être compétens lorsque les affaires portées à la police excèdent leurs attributions, d'après le Code d'instruction criminelle. *Art.* 139 *et* 148; *M. Henrion de Pansey*, *chap.* 18.

395. On place au nombre des dommages dont les juges de paix sont compétens :

1°. Les reprises de terre que se permettent les laboureurs pour rétablir l'alignement de leurs pièces à labour. *Circ. du min.* 1er. *frimaire an* 5.

2°. La destruction de quelques parties de grains,

causée par le pied des chevaux ou avec des instrumens aratoires.

3°. Les plaies faites aux arbres ou arbustes par imprudence ou autrement.

4°. Les brèches faites à des clôtures, les comble-
mens de fossés, etc.

5°. Les renversemens de clôtures, les dégâts causés
par exemple à des coudriers, en cueillant des noisettes.

6°. Les dommages causés aux guérets par le passage des voitures pour exploiter d'autres héritages ou
autrement.

7°. La dégradation des digues d'une rivière causée
par des bois ou autres objets déposés dans son lit, de
manière à en faire déverser les eaux sur les voisins.

8°. Les dommages occasionnés, soit par l'égout ou
l'ombrage de branches s'avançant sur le voisin, sans
titre ni destination du père de famille. *Cas.* 9 *décembre* 1817, *Sir.* 18, *p.* 193.

Soit par l'ombrage d'une haie dont la taille n'a point
eu lieu à l'époque ou à la hauteur prescrite, par exemple par le règlement de 1751 sur les plantations.

9°. Les inondations causées à des héritages par l'é-
lévation de déversoirs ou d'écluses tenus trop hauts
pendant des orages. *Cas.* 18 *novembre* 1817, *Sir.* 18.

10°. Les dommages causés à des fonds par les
hommes ou les animaux, en y frayant des sentiers ou
passages, etc., etc.

11°. Les dégâts commis dans les parties de chasse
ou de pêche par les propriétaires.

12°. Les dégradations causées à des héritages par
des troupeaux. *M. de Foulan, J. des juges de paix,
an* 1823.

396. Les juges de paix sont encore appelés à prononcer sur le pacage exercé au mépris des lois ou
règlemens sur le parcours et la vaine pâture.

397. Ils connaissent des *contraventions* aux lois sur le pâturage.

Mais il faut remarquer, 1°. qu'ils doivent appliquer les règlemens sur le parcours sans pouvoir les réformer ou les modifier. *Cas. 5 juillet 1821, M. de Foulan, vol. 1.*

2°. Que le seul fait d'exercer le parcours sur une commune voisine, sans justifier d'un titre ou d'une possession appuyée sur la loi ou sur une coutume, ne suffit pas pour autoriser l'application d'une peine. Ni l'art. 471, §. 13 du Code pénal, ni l'art. 24, titre 2 du Code rural de 1791, ne sont applicables à la matière. Il faut qu'il existe un règlement municipal et local sur le parcours dont l'infraction présente les caractères d'une contravention. *Cas. 9 mars et 8 juin 1821; M. de Foulan, journ. des juges de paix.*

398. C'est devant les justices de paix que l'on doit porter les actions tendantes à obtenir la répression du chaumage ou râtelage et du grapillage. Il s'agit en effet ici de dommages à réparer.

Les juges doivent surseoir à faire droit, s'il s'élève des questions de propriété; par exemple, si le droit de chaumer, de grapiller est mis en question entre les parties.

399. Toutes les contestations relatives aux mines, demandes en règlement d'indemnité et autres sur l'exécution du décret du 12 juillet 1791, devaient être autrefois portées devant les juges de paix, lorsqu'il s'agissait de dommages-intérêts inférieurs à 100 fr., aujourd'hui c'est aux conseils de préfecture à statuer sur la matière. *Loi du 21 avril 1810, **art.** 46.*

CHAPITRE V.

Des Actions possessoires. — Des Usurpations de terre et des Entreprises sur les cours d'eau (*).

400. Les juges de paix « connaissent 1°. . . . .

2°. Des déplacemens de bornes, des usurpations de terre, arbres, haies, fossés et autres clôtures, *commises dans l'année.*

« Des entreprises sur les cours d'eau servant à l'arrosement des prés, commises pareillement *dans l'année, et de toutes autres actions* possessoires ». *Loi du 24 août 1790 ; art. 3 C. de procéd.*

401. Toutes les actions signalées sous le nom de déplacemens de bornes, d'usurpations de terre, etc., paraissent avoir un caractère particulier; mais, en se pénétrant de l'esprit de la loi, on aperçoit que ce sont de véritables actions possessoires ; aussi le législateur dit-il : et de toutes *autres actions possessoires.*

402. Selon M. Hautefeuille, les actions possessoires peuvent être portées devant les tribunaux d'arrondissement, lorsque le trouble remonte au-delà d'une année.

C'est là une erreur évidente : dès que le possesseur a joui plus d'un an, il n'y a plus lieu qu'à l'action *pétitoire* devant les tribunaux d'arrondissement. *V. M. Carré, Quest. et Traité.*

403. Avant de parler de chacune des actions possessoires, nous devons rappeler les principes généraux sur la possession et la prescription.

(*) Voyez, sur la matière, le Répertoire de la Nouvelle Législation, par M. le baron Favard, où la matière est traitée en main de maître, *v°. complainte, etc., cours d'eau.*

404. On ne, peut posséder légalement, et consé-quemment prescrire, les choses qui ne sont point dans le commerce. Par exemple, les chemins, les places publiques, les églises, etc. *V. n°. 526, 1er. vol.; Arg. art.* 2226.

L'état, les établissemens publics et les communes sont soumis aux mêmes règles à cet égard que les particuliers, et peuvent également les opposer. *Art.* 2227 *C. c.*

Mais les communes peuvent prescrire dans certains cas, sans que les particuliers puissent jouir de la réci-procité. Ainsi, comme nous l'avons vu n°. 565, 1er. volume, et d'après un avis du conseil d'état du 24 vendémiaire an 11, « en cas de contestation entre une commune et un particulier sur la propriété d'un chemin, le droit en appartient à la commune, par le seul fait de la possession d'une année, à moins que le particulier, en se pourvoyant au pétitoire, ne justifie par titre en avoir la possession ». *V. M. Ruelle, pag.* 424.

405. La possession est la détention ou la jouis-sance d'une chose ou d'un droit que nous tenons ou que nous exerçons par nous-mêmes, ou par un autre qui la tient ou qui l'exerce en notre nom. *Art.* 2228 *C. c.*

Elle s'acquiert par une jouissance non interrom-pue pendant une année, à titre non précaire. *Art.* 23 *C. procéd.; art.* 2243 *C. c.*

Néanmoins il n'est pas toujours nécessaire d'avoir joui chaque jour de l'année. Par exemple, s'il s'agit des eaux dont on n'use qu'un certain temps. Ainsi, dit la loi., *ff.* §. 14 *et* 22 *de aquâ quot. et œstivâ*, il suffit d'en avoir joui un jour ou une nuit sans avoir été atta-qué dans le courant de l'année. D'après cette loi, il suffit aussi d'avoir joui pendant un été des eaux dont on ne peut se servir que dans cette saison. *V. M. Garnier, rég. des eaux*, n°. 129.

406. Pour pouvoir prescrire, il faut une possession *continue* et non *interrompue, paisible, publique, non équivoque*, et à titre de *propriétaire. Art.* 2229 *C. c.*

Ceux qui possèdent pour autrui, ne prescrivent et ne possèdent jamais légalement, par quelque laps de temps que ce soit. Ainsi, le fermier, le dépositaire, l'usufruitier, et tous autres qui détiennent précairement la chose du propriétaire, ne peuvent la prescrire. *Art.* 2236 *C. c.*

407. Les héritiers de ceux qui tiennent la chose à quelqu'un des titres désignés par l'article précédent, ne peuvent non plus prescrire. *Art.* 2237.

Néanmoins les personnes énoncées dans les art. 2236 et 2237 peuvent prescrire, si le titre de leur possession se trouve interverti, soit par une cause venant d'un tiers, soit par la contradiction qu'elles ont opposée au droit du propriétaire. *Art.* 2238 *C. c.*

Par exemple, si le fermier se refuse à payer ses fermages, en se prétendant propriétaire des fonds dont il jouit. *V. Poulain-Duparc, vol.* 6.

408. Ceux à qui les fermiers, dépositaires et autres détenteurs précaires ont transmis la chose par un titre translatif de propriété, peuvent la prescrire. *Art.* 2239 *C. c.*

On ne peut pas prescrire contre son titre, en ce sens que l'on ne peut se changer à soi-même la cause et le principe de sa possession.

Mais on peut prescrire contre son titre, en ce sens que l'on prescrit la libération de l'obligation que l'on a contractée. *Art.* 2240 *C. c.*

409. On est toujours présumé posséder pour soi, et à titre de propriétaire, s'il n'est prouvé qu'on a commencé à posséder pour un autre. *Art.* 2230 *C. c.*

Quand on a commencé à posséder pour autrui, on est toujours présumé posséder au même titre, s'il n'y a preuve du contraire. *Art.* 2231 *C. c.*

410. Les actes de violence ne peuvent fonder une possession capable d'opérer une prescription. La possession utile ne commence que lorsque la violence a cessé. *Art.* 2233.

1°. La possession acquise paisiblement dans le principe, et conservée par violence, est censée être le résultat de la violence, si elle est retenue contre le propriétaire. Il en est autrement si elle est conservée vis-à-vis d'un tiers. *V. M. Delvincourt.*

2°. « Il faut entendre la cessation de la violence du cas où celui qui a acquis par violence a obtenu un nouveau titre. » *V. M. Delvincourt.*

411. Les actes de pure faculté, et ceux de simple tolérance, ne peuvent fonder ni possession, ni prescription. La possession utile ne commence que lorsque la violence a cessé. *Art.* 2233 *C. c.*

Ainsi, par exemple, si j'ai été cent ans sans bâtir sur mon héritage, si, pendant le même temps mon fonds, soumis à la vaine pâture, a été déclos, il ne m'en sera pas moins libre d'y bâtir ou de l'enclore pour m'affranchir du pacage. *V. M. Maleville; Delvincourt; Nouv. Dunod.*

En général, le pâturage des bestiaux sur un terrain vain et vague, sur des héritages sujets au parcours ou à la vaine pâture, n'attribue aucune possession à ceux qui le font exercer. *V. M. Henrion de Pansey, chap.* 43; *Cas.* 1er. *brumaire an 6; Duparc-Poulain, vol.* 6.

412. Le possesseur actuel qui prouve avoir possédé anciennement, est présumé avoir possédé pendant le temps intermédiaire, sauf la preuve contraire. *Art.* 2234 *C. c.*

Pour compléter la prescription, on peut joindre

à sa possession celle de son auteur, de quelque manière qu'on lui ait succédé, soit à titre universel ou particulier, soit à titre lucratif ou onéreux. *Art.* 2235 *C. c.*

413. La prescription peut toujours être interrompue ou naturellement ou civilement. *Arg. de l'art.* 2242 *C. c.*

Il y a interruption naturelle, lorsque le possesseur est privé, pendant plus d'un an, de la jouissance de la chose, soit par l'ancien propriétaire, soit par un tiers. *Art.* 2243.

1°. « Pour que l'interruption naturelle ait son effet, il faut, dit Poulain-Duparc, que la possession ait été absolument perdue, et que cela dure plus d'un an ; car la possession est regardée comme continue et non interrompue, lorsque le possesseur y rentre dans l'an ; celui qui peut intenter l'action au possessoire étant réputé possesseur. Ainsi, plusieurs différentes interruptions momentanées n'empêcheraient pas la continuité de la possession ».

2°. Selon de Dargentré, l'interruption par cas fortuit, causée, par exemple, par une inondation, opère le même effet que si elle venait du fait de l'homme. Deperchambault décide au contraire que la possession n'est que suspendue, et que la nouvelle possession se réunit à la précédente. Cette dernière opinion me paraît, comme à Duparc-Poulain, préférable à celle de Dargentré.

414. Une citation en justice, un commandement ou une saisie, signifiés à celui qu'on veut empêcher de prescrire, forment l'interruption civile. *Art.* 2244.

La citation en conciliation devant le bureau de paix interrompt a prescription, du jour de sa date, lorsqu'elle est suivie d'une assignation en justice, donnée dans les délais de droit. *Art.* 2245.

La citation en justice, donnée même devant un juge

incompétent, interrompt la prescription. *Art.* 2246.

Si l'assignation est nulle par défaut de forme, si le demandeur se désiste de sa demande, s'il laisse périmer l'instance, ou si la demande est rejetée, l'interruption est regardée comme non avenue. *Art.* 2247.

La prescription est interrompue par la reconnaissance que le débiteur ou le possesseur fait du droit de celui contre lequel il prescrivait. *Art.* 2248.

415. Suivant l'art. 23 du Code de procédure civile, « les actions possessoires ne sont recevables qu'autant qu'elles ont été formées dans *l'année du trouble* par ceux qui, depuis *une année* au moins, étaient en possession *paisible* par *eux* ou les *leurs*, à titre non *précaire*.

Sous l'ordonnance de 1667, et la loi du 3 brumaire an 4, art. 605, n°. 8, on autorisait celui qui était dépossédé par voies de fait à se pourvoir soit par l'action possessoire, soit par l'action correctionnelle ou criminelle, quand même elles n'auraient pas été accompagnées de violences. *V. M. Merlin, quest. de droit, v°. voie de fait.*

Il en est autrement aujourd'hui ; les simples voies de fait qui ne sont point qualifiées délits, par exemple suivant les art. 308 et 311 du Code pénal, ne donnent lieu qu'à des actions civiles. *V. le Répertoire de M. le baron Favard, v°. complainte.*

On ne pourrait même pas poursuivre, par la voie criminelle, celui qui, après avoir été condamné au possessoire à délaisser un fonds, et après avoir exécuté le jugement, y exercerait des actes de propriété. *Avis du conseil d'état du 8 février* 1812.

416. Le Code de procédure civile a réduit la théorie à des règles fort simples : « l'action possessoire est une action compétant à celui qui possède, à titre non précaire, depuis un an, un héritage ou un droit réel

susceptible de s'acquérir par prescription , à l'effet d'être maintenu ou réintégré dans sa possession. Dans le premier cas , l'action prend le nom de *complainte ;* dans le second , on l'appelle *réintégrande »*. *V. M. Carré , Quest. et Traité.*

417. Les voies de fait sont souvent occasionnées par les contestations élevées sur des héritages dont la possession est litigieuse. Elles donnent lieu à la réintégrande ; mais cette action n'a aucune influence sur le possessoire. En effet, nous verrons, chap. 7 du présent titre, que le trouble causé par voies de fait, doit être réparé préalablement à l'examen du droit respectif des parties. Nous ne devons donc pas nous occuper ici de cette espèce d'action.

418. Le Code de procédure n'indique pas quelles personnes ont qualité pour intenter les actions possessoires ; mais, en réfléchissant sur la nature de ces actions, on sent qu'elles appartiennent à ceux qui ont la jouissance réelle des choses qui en sont l'objet, ou qui en sont les administrateurs légaux.

1º. Le mari ayant, pendant le mariage, la possession des héritages dotaux ou non de sa femme, peut intenter les actions possessoires auxquelles ces biens peuvent donner lieu.

Cependant si les époux étaient séparés de biens judiciairement ou contractuellement, si la femme avait l'administration de ses biens, aux termes de l'art. 1576 du Code civil, ce serait à elle à les intenter ou a y répondre avec l'autorisation de son mari, et à défaut, avec celle de la justice. *Arg. des art.* 1428, 1449, 1549 *C. c. V. Pothier, possession, nº.* 97 ; *Serpillon sur l'ordonnanée de* 1667 ; *Houard, vº. mari ; Barbedette ; Henrion de Pansey.*

2º. Le tuteur peut aussi intenter les actions possessoires de son mineur ou de son interdit ; le mineur émancipé a le même droit avec l'assistance de son curateur. Mais, dans aucun cas, le tuteur ne peut former ces actions qu'avec l'autorisation du conseil de famille, car elles ont le caractère de droits immobiliers, pour lesquels les tuteurs ne peuvent plaider seuls. *Art.* 464 et 482 *C. c. V. M. Delvincourt.*

3°. C'est aux préfets à intenter et à soutenir les actions possessoires, avec l'autorisation des conseils de préfecture, auxquels peuvent donner lieu les biens de l'état. *Loi du 5 novembre* 1790, *art.* 14, *titre* 3.

On ne peut intenter ces actions contre eux, qu'après en avoir obtenu l'autorisation du conseil de préfecture. Si la demande en autorisation reste sans réponse plus d'un mois, le poursuivant a le droit de passer outre sans autorisation. *Art.* 15 *de ladite loi.*

4°. Les procureurs royaux sont chargés d'agir ou de défendre sur ces actions portées devant les juges de paix de leur arrondissement pour les domaines privés du roi. *C. procéd., art.* 49.

5°. S'il s'agit de biens appartenant à des établissemens publics ou à des communes, ces actions doivent être intentées pour ou contre leurs administrateurs et leurs maires. *C. de procéd., art.* 69,

Avec l'autorisation du conseil de préfecture de leur département.

D'après un avis du conseil d'état du 2 juillet 1806, il n'est pas besoin d'être autorisé pour *intenter* ces actions contre les communes ou les établissemens publics, soumis au même régime par les lois des 16 vendémiaire an 5 et 16 messidor an 7.

Mais les administrateurs ou les maires ont toujours besoin d'une autorisation pour agir en demandant. *V. Rép. M. Favard.*

6°. Le *nu-propriétaire* a le droit, comme le propriétaire absolu, d'intenter ces actions, car il possède réellement. L'acquéreur, l'héritier, le légataire ont qualité pour les intenter ou s'en défendre.

7°. L'emphytéote et l'usufruitier ont un droit réel dans la chose dont ils jouissent, et par conséquent ils ont, comme le propriétaire absolu, le droit de figurer dans ces sortes d'actions, c'est-à-dire, d'agir seuls pour leurs droits de jouissance, ou de concert avec les propriétaires pour l'intégralité du fonds. *Cas.* 16 *mai* 1820, *Sir* 20; *Rép. de M. Favard; Pothier, Poss.*, n°. 100; *M. Carré*, *Quest.* 69.

Mais les propriétaires ne peuvent pas, après l'extinction de l'usufruit, joindre la possession de l'usufruitier à la leur, pour former la complainte. *Cas.* 6 *mars* 1822.

8°. Encore qu'un débiteur saisi ne puisse plus vendre ou disposer de ses héritages après la saisie, il a néanmoins qualité pour intenter ces actions ou pour s'en défendre; ses créanciers ont le même droit. *Arg. art.* 2225 *C. c.; art.* 692 *C. de procéd.*

9°. Le propriétaire troublé dans la jouissance d'un héritage par un acquéreur de domaines nationaux, peut intenter l'action possessoire contre lui devant son juge de paix. *Décret du* 24 *mars* 1806; *M. Henrion de Pansey, chap.* 40.

419. On ne peut intenter les actions possessoires, comme nous l'avons vu, si l'on ne possède pour soi-même; les fermiers, les séquestres, qui ne jouissent qu'à titre précaire, ne peuvent les intenter ou s'en défendre. Tous les actes, tous les faits qui leur causent des dommages, ne donnent lieu en leur faveur qu'à une simple action en réparation, ou à une garantie sur leurs bailleurs. *Art.* 1727 *C. c. V. M. Carré; Pothier, Poss.*, n°. 100; *Cas.* 23 *novembre* 1808; *Denevers*, 6 *septembre* 1808, *Sir.* 8.

Néanmoins, une action intentée soit par un fermier, soit par un emphytéote, deviendrait valable, si le propriétaire y intervenait et approuvait la procédure. *Cas.* 8 *juillet* 1819, *Sir.* 20.

420. On ne doit pas conclure, de ce que les possesseurs précaires n'ont aucune qualité pour agir au possessoire, qu'ils ne puissent se plaindre des torts qu'on leur cause, en les troublant dans leur jouissance; la loi leur ouvre une action en dommage, civile ou criminelle, selon les cas. *V. M. Carré, Quest.*

421. La loi n'exige que la *possession* de la part de celui qui veut intenter une action possessoire; il n'est pas nécessaire qu'il possède par lui-même; la jouissance de ses fermiers ou de ses préposés est réputée la sienne.

Aucun texte n'exige non plus que le demandeur possède *justement*. Pour former son action, il n'importe qu'il soit possesseur de *mauvaise foi* ou de *bonne foi*; il n'est question dans cette action que du seul fait de la possession. *Pothier, cout. d'Orléans, introd., tit. 22, n°. 50; Nouv. Denisart, v°. complainte; Rép. de M. Favard, v°. complainte.*

La bonne ou la mauvaise foi est pour la possession annale, ce qu'elle est pour la prescription. En effet, ni le Code judiciaire, art. 23, ni le Code civil, art. 2228, 2262 et *seq.*, n'exigent la *bonne foi*.

422. La possession doit être publique pour servir de base à la complainte; mais est-il nécessaire qu'elle l'ait été pendant toute l'année, ou suffit-il qu'elle l'ait été au commencement?

Suivant Dunod et Pothier, quand on a d'abord possédé publiquement et de bonne foi, quoique l'on cache sa possession dans la suite, on peut prescrire. Si au contraire on a possédé au commencement en cachette ce que l'on savait n'avoir pas justement acquis, on ne le prescrira pas, quand même on aurait dénoncé sa possession au propriétaire. *V. Rép. de M. Favard.*

423. Le Code de procédure n'accorde l'action possessoire qu'à celui qui possède depuis plus d'un an. Tel est le principe général, fondé sur ce que le plus

ordinairement les fonds ont eté possédés pendant plus d'un an avant l'action.

Néanmoins, selon Duparc-Poulain, cité par M. Merlin en son Répertoire, v°. Question préjudicielle, on doit accorder l'action possessoire à celui qui n'a la possession *même que d'un moment*, contre celui qui *n'en avait* aucune avant le trouble. M. Pigeau, vol. 2, p. 476, partage cette opinion.

Enfin, M. Carré dit dans son Traité : « Entre deux possesseurs, dont aucun n'a la possession annale, n'est-il pas naturel de prononcer en faveur de celui qui a possédé le premier, et par conséquent depuis un plus long espace de temps. »

Il nous semble, malgré le respect dû à l'opinion de ces jurisconsultes, qu'il n'y a lieu qu'à l'action pétitoire entre les parties, lorsqu'aucune d'elles ne peut établir en sa faveur la possession annale. *V. M. Henrion de Pansey; Rép. de M. Favard, v°. complainte.*

424. « Le demandeur doit avoir attention de bien caractériser sa demande sur le possessoire seulement. Mais, quoique dans l'exploit on ait parlé d'une longue possession, et même de la possession immémoriale, l'action n'en sera pas moins au possessoire seulement; pourvu que les conclusions tendent à la maintenue ou à la réintégrande; car, quoique la possession annale soit suffisante, on ne peut pas dire que la partie ait abandonné son action au possessoire, en alléguant une possession plus longue ». *Arrêt du 30 janvier 1742 ; Denisart ; Duparc-Poulain.*

On devrait évidemment décider de même, si le demandeur avait allégué un titre.

425. Nous avons vu, n°. 421, que l'on peut intenter la complainte pour trouble à une possession juste ou injuste ; mais la possession usurpée par violence ou clandestinement, ou tenue précairement au préjudice d'un tiers, ne peut autoriser l'usurpateur à former

complainte. *Arg. art.* 2235, 2236 *C. c. V. Pothier, proced. c.*, *p.* 244.

426. Les vices de violence et de clandestinité empêchent bien la complainte contre celui sur lequel on usurpe. Mais si c'est un tiers qui trouble dans la possession, il n'est pas recevable à opposer ces vices ; ainsi, cette possession peut autoriser contre lui une action possessoire.

On suit la même règle, s'il s'agit d'une possession *précaire* dans laquelle quelqu'un a été mis ; par exemple, un séquestre. Cette jouissance ne peut pas autoriser une complainte contre celui de qui il la tient. *Pothier, introd. cout. d'Orl., tit.* 22, *n°.* 5o, *et procéd. civ.*

Mais il y a une différence remarquable entre le possesseur précaire et un fermier. Celui-ci n'est aucunement possesseur, il est seulement *in possessione* au nom du bailleur. Il ne peut intenter de complainte contre personne. Le séquestre, au contraire, peut former sa complainte, non contre celui à qui appartient l'héritage séquestré. Il est seulement autorisé à l'intenter contre les tiers. *Pothier, procéd. civ.*

Pourquoi ne l'assimilerait-on pas à un tuteur ?

427. Ni le Code de procédure, ni le Code civil, ni les lois anciennes, ne suspendent le cours de la possession annale en faveur des mineurs, des interdits et des femmes, enfin des *incapables.* On doit conclure de là, 1°. qu'elle court encore contre eux aujourd'hui, sauf leur recours contre leurs tuteurs ou maris ; 2°. que l'on peut former la complainte contre eux. *V. Denisart, v°. complainte ; n°.* 10 ; *Ferrière v°. complainte ; Bourjon, t.* 2 ; *Duparc-Poulain.*

Cette doctrine n'a rien de contraire à l'art. 2252 du Code. Jamais le possesseur annal ne peut en effet se prévaloir de la possession acquise pendant la minorité, pour prescrire. *V. Rép. de la Nouv. Législation*, par M. le baron *Favard.*

428. Le possesseur peut intenter son action contre tous ceux qui le troublent, même contre le vrai propriétaire; car, sur le possessoire, on ne doit point apprécier *la propriété*, il suffit d'être troublé pour être autorisé à agir. *V. Pothier, int. cout. d'Orléans, tit.* 22, n°. 54.

On est troublé de fait, lorsqu'un tiers entreprend quelque chose sur un héritage, soit en le labourant, soit en en coupant les fruits, en en abattant les arbres ou les haies, en en comblant les fossés. On est troublé de droit, par exemple, quand on est assigné pour abandonner la chose ou partie de la chose dont on a la possession. *V. Pothier, de la possession, n°.* 103.

429. On ne doit admettre les actions possessoires entre voisins, pour les usurpations de terre, et en général dans les questions de confins, qu'avec beaucoup de circonspection.

«1°. On peut mettre au nombre des possessions clandestines, l'anticipation faite par celui qui laboure sa portion d'une pièce de terre, lorsqu'il n'y a ni séparations ni bornes placées entre sa portion et celle de son voisin. De pareilles anticipations sont très-difficiles à apercevoir, à moins qu'elles ne soient considérables. Ainsi, dans tous les temps, et nonobstant une longue possession, le retour aux titres doit avoir lieu, lorsqu'ils fixent bien l'étendue des terres des deux voisins. S'il y a quelque différence entre les titres des deux parties, la règle *melior est causa possidentis*, doit donner l'avantage à ceux du possesseur; et s'il n'y a point de titres, il est évident que sa possession doit faire la règle; mais pour peu que l'anticipation fût assez considérable, la possession ne pourrait pas être réputée clandestine, et la prescription de 40 ans aurait lieu. S'il y a des bornes placées entre deux portions, l'anticipation ne peut plus être réputée clandestine, et la prescription de 40 (30) ans aurait lieu». *Duparc-Poulain, vol.* 6. *V. n°.* 105, *vol.* 1.

« 2°. Toutes les fois qu'il ne s'agit que d'une borne enlevée ou d'une anticipation de quelques sillons, ce n'est pas une complainte; mais une simple demande en réintégrande qui est portée devant le juge de paix. Si, en effet, l'enlèvement ou l'anticipation sont prouvés, il doit même, sans examiner si le demandeur a une possession d'an et jour, ordonner que les choses seront rétablies dans leur ancien état ».

« Le seul, l'unique effet de la réintégrande est de replacer les choses dans leur ancien état. Elle n'influe ni sur la propriété, ni sur le simple possessoire». *V. M. Henrion de Pansey, chap.* 50 ; *Traité du vois.*, *v°. comp.*, *Hénrys et Bretonnier*.

5°. De son côté, M. Pardessus développe ainsi les principes sur la matière : « En ce qui concerne le bornage, si l'objet de l'action est le rétablissement des bornes déplacées dans l'année, le juge de paix, sans autres vérification que celle de ce fait, ordonne le rétablissement.

« Si les parties n'étaient pas séparées par des bornes, ou si la nature ou la place de ces signes ne sont pas bien précises, c'est une usurpation de terre; et lorsqu'elle a été commise dans l'année, le juge de paix maintient celui qui a été troublé, sans entrer dans l'examen des droits, des titres ou de la *possession* antérieure, quelle qu'en ait été la durée. Il peut même ordonner un bornage provisoire ». *V. Traité des Servit.*, *n°.* 326.

430. La possession ne doit avoir aucun caractère de clandestinité, ni de familiarité, ni de tolérance ; ainsi, 1°. celui qui ferait des fouilles souterraines dans le fonds d'autrui, de manière à ne pas être

aperçu par le propriétaire, ne pourrait y acquérir aucune possession. *V. Nouv. Dunod*, *p.* 443.

2°. Le voisin qui, passagèrement, déposerait des bois, des matériaux, etc. , sur la cour ou le champ de son voisin, en attendant le moment où il les placerait ailleurs, ne pourrait se prévaloir de ces faits comme attributifs de possession.

Mais lorsque celui qui se permet des actes de cette espèce, agit en maître et use d'un fonds comme tel, le possessoire lui appartient. Par exemple, s'il dépose chaque année des fumiers dans une cour et les y prépare ; s'il y forme une mare à engrais ou dispose sur les lieux de manière à les faire servir à cet usage, il fait là des actes de possession.

3°. Celui qui coupe des herbes sur les terrains découverts d'un étang par la baisse des eaux, ne peut intenter une action possessoire comme ayant la jouissance de ces terrains, ni soutenir sur une action en restitution des herbes, avoir une possession légale. Le fait est purement précaire. *Arg. de l'art.* 558 *C. c. V. Cas.* 23 *avril* 1811; *M. Carré, Traité de procéd.*

4°. La possession de passer et de faire pâturer sur un terrain déclos, est regardée comme étant de simple tolérance. *V. Duparc-Poulain, des fiefs.*

5°. La jouissance que prend un voisin du terrain laissé par son voisin, suivant les lois ou réglemens, au-delà de son mur, de sa haie ou de son fossé, est précaire ; mais elle est attributive de possession, si elle ne consiste dans des constructions ou plantations qui repoussent l'idée du *précaire*.

431. Le juge du possessoire doit s'attacher à bien saisir les vrais caractères de la possession légitime. C'est par la nature des faits qu'il doit les apprécier. On peut ici donner quelques exemples.

1°. « Ce n'est pas seulement en cultivant l'héritage qu'on en acquiert la possession, c'est par la perception des fruits. Ainsi, la possession sera en faveur de celui qui aura fait la récolte contre celui qui se sera borné à labourer et à ensemencer les terres, à moins que celui qui a labouré n'ait formé et fait juger la réintégrande ». *V. Duparc-Poulain, vol.* 6.

2°. Ceux qui puisent de l'eau à un puits ou à une fontaine, ceux qui pressurent à des pressoirs, ceux qui cuisent à des fours établis sur le terrain d'autrui, sont réputés jouir à titre précaire et non pas de co-propriétaires. On devrait donc rejeter l'action possessoire qui aurait pour objet d'obtenir la copossession d'un puits, d'un pressoir ou d'un four, en s'appuyant uniquement sur de simples actes de jouissance. *V. M. Pardessus, n°.* 8.

Mais si ceux qui ont joui établissaient avoir contribué aux réparations dont ces choses ont besoin, ils seraient réputés avoir joui à titre de copropriétaires. *V. M. Toullier, vol.* 3, *n°.* 469 *bis.*

3°. « Le bien indivis peut être possédé par un seul des consorts, à titre de pure propriété et sans aucune convention avec ses consorts. En ce cas, il n'est pas douteux qu'il peut prescrire contre eux ». *V. M. Poulain-Duparc, vol.* 6, *p.* 241.

4°. « C'est la faucille et non la charrue qui fait le trouble, dit Serpillon. Mon voisin ne me porte aucun préjudice en labourant mon champ en tout ou en partie. Mais s'il coupe les fruits et les enlève, il me trouble dans la possession où j'étais de les recueillir. L'usurpateur met la charrue dans mon héritage en 1700, il le sème en septembre ou octobre 1701, je le fais assigner le 17 juillet 1702, je suis dans l'année du trouble. En Bourgogne, c'est la faucille par la récolte ».

« Suivant cette décision, il pourrait y avoir deux ans pour exercer l'action du trouble, ce qui serait contraire aux autorités... Quoique mon voisin ne me fasse pas de tort en labourant, et même en semant mon héritage, il est certain que son entremise m'a fait un trouble. Elle ne peut avoir pour objet, de la part de mon voisin, que de se mettre en possession de mon héritage; ce qui est si vrai, que si je le laisse tranquille pendant an et jour, il peut lui-même me prendre en trouble, si je prétends enlever la moisson ou si je m'y entremets de quelque autre façon, parce qu'il soutiendrait avoir la dernière possession ». *V. C. c. de Serpillon sur l'art.* 1 *du tit.* 18 *de l'ord. de* 1667.

5°. Entre deux individus qui ont profité du produit d'un fossé, celui qui a fait le curage paraît devoir obtenir la préférence sur celui qui en a simplement coupé les herbes. C'est un principe fréquemment suivi par les juges de paix. Celui qui cure un chemin privé sans l'enclore et y exercer d'autres actes, ne peut se prévaloir de ce curage pour s'en emparer, si ceux auxquels il appartient en ont toujours usé.

432. La possession des servitudes continues et apparentes, comme celles de servitudes discontinues, fondées sur des titres, s'acquiert ou se conserve par les différens actes que comporte l'exercice de ces servitudes.

Mais les intersignes des servitudes continues en conservent seuls la possession; par exemple, un égout, une fenêtre, un aquéduc, un fossé, une rigole, conservent toujours la possession des servitudes pour lesquelles ils existent, jusqu'à ce qu'il soit fait un acte contraire. *V. MM. Pardessus, n°.* 308, *et Toullier.*

433. Le particulier qui arrache ou déplace des bornes, peut être poursuivi par deux actions. La partie lésée a le choix de le traduire en police correctionnelle, aux termes de l'art. 456 du Code pénal,

ou devant le juge de paix au civil, en vertu de la loi du 24 août 1790.

Néanmoins, si la suppression ou le déplacement ne s'était effectué que par négligence ou par imprudence, il n'y aurait lieu qu'à l'action civile.

Les juges de paix ne sont nullement compétens pour prononcer sur un placement définitif de bornes, qui décide toujours des questions de propriété ; la loi ne leur attribue que la connaissance de leur *déplacement*.

434. Il ne leur est permis, en général, d'ordonner le *rétablissement* des bornes, qu'autant qu'elles ont été déplacées depuis moins d'un an. Cependant, 1°. si l'auteur du déplacement obéit les faire rétablir où elles étaient, et déclare ne vouloir se prévaloir d'aucune possession, ils ne cessent pas d'être compétens, quoique la voie de fait remonte à plus d'une année.

Il s'agit là de la réparation d'un simple dommage et d'une possession désavouée, dont les juges de paix sont naturellement compétens.

2°. D'après le même principe, un juge de paix a le droit, sans rien préjuger sur la propriété, d'ordonner la plantation de bornes, par suite d'une action possessoire, pour déterminer la possession. Le bornage est dans ce cas employé comme un moyen pour assurer la possession dont il est le juge naturel. *V. Cas.* 27 *avril* 1814, *Sir.* 14 ; *M. Pardessus*, *n°.* 119.

435. Nous pourrions nous borner à poser ici quelques principes généraux. Mais comme, dans la pratique, l'application en est toujours difficile sans le secours des espèces, nous allons rapporter plusieurs décisions sur des cas particuliers,

1°. Le juge de paix doit accueillir l'action possessoire formée par un propriétaire contre un prétendu acquéreur, qui se met en possession en vertu d'un acte de vente infecté d'une nullité visible. Mais il ne peut prononcer la nullité de l'acte; il doit se borner à l'écarter, sauf à l'acquéreur à se vertir au pétitoire. *V. M. Toullier; et M. Carré, Traité de procéd.*

Il en serait autrement, si le titre n'était susceptible que d'une simple rescision; le possessoire serait dû à l'acquéreur.

2°. Mais si le prétendu acquéreur était entré en possession, et avait continué de posséder pendant plus d'un an, il devrait alors obtenir le possessoire. Sa possession lui tiendrait lieu d'un titre. *V. M. Carré, Traité de procéd.*

Selon M. Toullier, si le titre nul était invoqué par l'une ou l'autre des parties, et était représenté, le juge devrait écarter la possession même annale de l'acquéreur. Il nous semble, en effet, que la possession ne peut couvrir au possessoire le vice du titre. C'est une suite de la règle : *meliùs est non habere titulum, quam habere vitiosum.*

3°. D'après MM. Carré, Toullier et Pardessus, celui qui a la possession d'un passage nécessaire, c'est-à-dire d'un passage d'*enclave*, peut intenter l'action possessoire pour la conserver. Un arrêt de la cour suprême, du 8 juillet 1812, condamne cette opinion. *V. Sir.* 1812, *p.* 298.

Cependant la même cour a décidé, le 16 juillet 1821, que cette espèce de passage peut s'acquérir par la possession sans payer d'indemnité. *V. Sir., vol.* 22, *p.* 154.

4°. L'acquéreur troublé depuis sa mise en possession, par des fermiers qui réclament l'exécution de leur bail, peut se pourvoir par l'action possessoire. Un juge de paix ne peut les maintenir dans leur possession, en donnant la préférence à leur bail sur l'acte de vente. *Cas. 6 frim. an 14, Rép., v°. complainte ;*

décret du 9 *septembre* 1806; *M. Carré, Traité de procéd.*

5°. Une haie séparant deux héritages étant susceptible d'une possession exclusive, peut donner lieu à une action possessoire, et les juges de paix doivent admettre la complainte à ce sujet. *Cas.* 8 *vendém. an* 14; *Rép., v°. haie, n°.* 3; *M. Toullier.*

6°. Celui qui est en possession d'un terrain communal, peut intenter l'action possessoire contre ceux qui lui apportent des troubles dans la jouissance qu'il en a prise exclusivement à une communauté d'habitans. *Cas.* 1er. *avril* 1806, 10 *novembre* 1812, *Sir.* 6 *et* 1813; *art.* 2227 *C. c.*

7°. La loi autorise l'action possessoire pour faire maintenir ouverts des chemins publics et même des chemins privés. *V. n°.* 569 *et* 621, *vol.* 1.

8°. Lorsque la concession sur laquelle un particulier fonde son droit à l'exploitation d'une mine n'est pas prouvée, un juge de paix ne peut maintenir ce particulier en possession de la mine sans excéder ses pouvoirs. En effet, il créerait alors une concession qui ne peut être accordée que par l'autorité administrative. *V. M. Macarel, et l'autorité par lui citée.*

436. On admet encore l'action possessoire dans une foule d'autres cas.

1°. « En ce qui concerne les mitoyennetés, quelques distinctions sont nécessaires. Celle des murs ne cède qu'à des signes déterminés, à des titres ou à une possession trentennaire. Le juge de paix doit donc vérifier l'existence des signes et maintenir celui qui les a en sa faveur, ou supprimer ceux qui auraient été indûment ajoutés dans l'année. Mais si, à défaut de signes, un des voisins prétend avoir la propriété exclusive, par titres ou possession trentennaire, le juge ne peut pas en connaître, parce que la possession annale n'est pas mise au nombre des présomptions exclu-sives de la mitoyenneté ; il doit s'en tenir à la pré-somption légale de mitoyenneté, et maintenir ce droit, sauf à celui qui le conteste à se pourvoir au tribunal civil ». *M. Pardessus*, n°. 327.

2°. Au contraire, si l'un des voisins prétend avoir été troublé dans la possession exclusive d'un fossé ou d'une haie, le juge de paix peut maintenir celui qui a la possession annale, ainsi que le décident les articles 10 du titre 3 de la loi du 24 août 1790 et 3 du Code de procédure civile. *V. M. Pardessus*, n°. 327.

3°. Quant aux distances légales à observer entre voisins pour la plantation des arbres ou pour certaines constructions, le juge de paix peut en connaître s'il n'y a pas plus d'un an que les choses sont faites, vé-rifier si les distances ont été ou non observées, et maintenir l'état des choses tel qu'il était avant le trou-ble. *M. Pardessus*, n°. 327.

Cette règle s'applique à la plantation de toute es-pèce de bois, à la construction de latrines, de fosses à fumier, à l'ouverture de portes ou de fenêtres, à l'établissement de larmiers, à la confection de fossés près d'autrui, et enfin à toutes les servitudes ou droits qui peuvent s'acquérir par la possession. *V. M. Hen-rion de Pansey*, chap. 25; *Bouteiller*, chap. 31.

437. Par *usurpation* de terre, la loi du 24 août 1790, n'entend pas *l'occupation* d'un héritage en en-tier, mais seulement l'empiétement qu'un proprié-taire peut faire sur son voisin pour accroître son hé-ritage.

On usurpe un arbre en s'emparant du terrain où il est planté, en le prognant, en en cueillant les fruits, en l'environnant d'une clôture pour en acquérir la possession. Celui sur lequel on veut ainsi usurper les jouissances, peut se plaindre, devant le juge de paix, des actes qui le troublent.

438. Selon M. Barbedette, on ne peut intenter une action possessoire contre celui qui abat l'arbre d'autrui. C'est là une erreur. En effet, cette action a pour but de faire juger quel était le possesseur, soit de l'arbre, soit du terrain où il était planté, et conséquemment d'assurer à celui qui se plaint de la voie de fait, les avantages attachés à la possession.

439. On usurpe les haies en en coupant les branches, en les taillant, en bêchant au pied. On usurpe les fossés en les comblant, en les réparant, en en curant les boues; on usurpe les autres clôtures, telles que haies sèches, barrières, murs, palissades, treilles ou herses, en les réparant, en les entretenant, et enfin en manifestant par des actes l'intention de s'en emparer. Ceux au préjudice desquels s'effectuent ces actes de possession, peuvent s'en plaindre au possessoire devant le juge de paix des lieux. *C. procéd.*, *art.* 3.

440. On admet l'action possessoire contre ceux qui, depuis moins d'un an, se sont permis, soit de creuser trop près des terres incultes ou franches-raies établies comme limites entre les héritages, en vertu des règlemens, des coutumes ou des usages maintenus par l'article 652 du Code civil, soit d'en empiéter une partie. *V. n°.* 90, 1er. *vol.*

Mais il n'y aurait pas lieu à complainte, dans le cas où un particulier prendrait sa part dans une francheraie, une lisière, enfin dans les terrains mitoyens entre lui et son voisin, désignés n°. 96, vol. 1; s'il avait pris au-delà de sa part, il faudrait procéder contre lui par la voie de bornage.

En effet, les propriétaires d'héritages limitrophes ont respectivement le droit de faire partager et de rendre à l'agriculture les lisières mitoyennes qui les séparent, sauf à établir des bornes entre eux.

441. L'action possessoire est encore autorisée con-

tre ceux qui ont empiété quelques portions de terrain
sur la réparation des haies, des fossés, lorsque leurs
maîtres n'en ont pas perdu la possession par la plantation de bornes, par des titres ou par une cessation
de jouissance.

442. Le prolongement des branches ou des racines,
soit des haies, soit des joncs marins ou de toute autre
espèce de bois, sur les voisins, ne sont que des faits
précaires. Celui dont elles troublent la jouissance,
ou qu'elles incommodent, peut donc traduire le propriétaire, auquel les bois appartiennent, devant le
juge de paix des lieux, pour l'y faire condamner à réduire ces branches suivant la loi, quand même elles
existeraient sur lui depuis plus d'un an. Un fermier
aurait le même droit vis-à-vis d'un voisin. *V. MM.*
Henrion de Pansey, chap. 25; *et Barbedette; Cas.* 9
décembre 1817, *Sir.* 18, *p.* 195.

443. Mais les juges de paix cessent d'être compétens pour prononcer sur les questions qui précèdent,
lorsque les défendeurs soutiennent, par exemple, que
s'ils ont planté, construit, creusé, etc., de telle
manière, ou laissé des branches en tel état, c'est en
vertu de la destination du père de famille. En effet,
ce sont-là autant de questions de propriété.

En général, les tribunaux doivent faire respecter,
comme de véritables titres, la destination du père de
famille, soit pour les haies, les fossés, les murs, les
palissades, les barrières, les passages, les chemins,
soit pour les clôtures, des arbres et leurs branches
donnant sur les fonds de l'un des cohéritiers ou ados-
sés sur ses bâtimens.

444. Les tribunaux de paix connaissent des entreprises sur les cours d'eau en général, tels que rivières, ruisseaux, etc.; mais il ne doivent nullement
s'occuper de celles qui se font sur les fleuves et ri-

vières navigables ou flottables. L'autorité administrative peut seule en connaître. *V. n°. 456, vol. 1.*

445. Nous avons expliqué, n°s. 346 et 440, les droits et les obligations respectifs des propriétaires, relativement aux divers cours d'eau. Nous nous bornerons à poser ici des règles sur la compétence des juges de paix. Qu'il nous soit toutefois permis de présenter auparavant quelques réflexions.

1°. Les propriétaires de sources et les propriétaires qui réunissent sur eux des eaux pluviales, ont le droit de les retenir et d'en disposer à l'exclusion des fonds inférieurs qui les reçoivent, même par des dalles ou égouts. *Cas. 14 janvier 1822, Sir. 1823.*

2°. Mais ils ne le peuvent plus, si les propriétaires inférieurs ont *fait des travaux* pour les recevoir, comme on l'a vu n°. 362 et suiv., vol. 1. *Cas. 15 avril 1822, J. des juges de paix.*

446. Les juges de paix sont spécialement chargés, par la loi de leur institution, de maintenir entre les divers propriétaires l'usage des eaux suivant leurs droits. Ils connaissent des *entreprises sur les cours d'eau* servant à l'arrosement des prés *commises dans l'année. Décret 24 août 1790.*

Les eaux se divisent, 1°. en eaux de sources; 2°. en eaux pluviales; 3°. en ruisseaux formés par la réunion d'eaux pluviales, ou de sources intermittentes qui coulent ou se dessèchent alternativement; 4°. en rivières privées formées d'eaux de toute espèce, et dont le cours est continuel; 5°. en rivières navigables formées des mêmes eaux, mais dont la disposition appartient à l'état.

447. La loi attribue aux juges de paix la connaissance des *entreprises* et des *actes possessoires.* De là des conséquences déduites par les auteurs.

Ainsi, 1°. le particulier qui se permet de supprimer ou de combler des saignées ou canaux d'irrigation pratiqués pour arroser des prairies, d'empêcher l'arrosement par des moyens quelconques, commet une *entreprise.* La partie privée de l'irrigation a le droit de le traduire en réparation de la voie de fait devant le juge de paix du lieu, sauf à l'auteur de l'entreprise à la justifier au pétitoire. *V. M. Henrion de Pansey, chap.* 26; *M. Barbedette.*

En un mot, « toute la théorie de la matière se réduit à une règle infiniment simple. Celui dont les canaux d'irrigation ont été comblés ou dégradés, se plaint dans l'année du trouble ou après la révolution de l'année; dans le premier cas, l'action doit être portée devant le juge de paix ; dans le second, c'est au tribunal d'arrondissement qu'il appartient de statuer ». *V. M. Henrion de Pansey, chap.* 26.

2°. Si un aquéduc a une année d'existence, et que celui qui l'a établi soit troublé dans la jouissance qu'il en a, soit par le propriétaire de l'héritage où il est, soit par le propriétaire de la rive opposée, ou par les propriétaires inférieurs, il a le droit d'exercer contre eux une action possessoire. Si l'aquéduc n'existe pas depuis plus d'une année, les propriétaires auxquels ils portent préjudice pourraient intenter cette action contre celui qui l'aurait établi. *M. Garnier, Rég. des eaux,* n°. 191.

3°. L'individu auquel un voisin transmet des eaux d'une manière nuisible, peut s'en plaindre devant le juge de paix par action civile, ou devant le tribunal correctionnel, aux termes de l'art. 15 du tit. 2 du Code rural de 1791. *V. M. Henrion de Pansey, chap.* 26.

4°. « Le propriétaire d'un fonds dans lequel naît une source, en détourne-t-il le cours? celui qui la reçoit peut s'adresser, dans l'année, au juge de paix, et demander que l'écoulement sur sa propriété soit rétabli; s'il prouve qu'avant le changement des lieux, il la recevait ou pouvait la recevoir, non par un lit ou canal naturellement formé, mais par des *travaux extérieurs et apparens*». *Cas.* 19 juin 1810, *Sir.* 1811; *M. Pardessus*, *n°*. 326; *M. Garnier*, *Rég. des eaux*, *n°*. 156.

5°. Le maître du fonds supérieur détourne-t-il un cours d'eau, ou le fait-il disparaître au mépris de titres en vertu desquels le fonds inférieur peut exiger les eaux? le propriétaire inférieur peut intenter l'action possessoire s'il a joui du cours d'eau pendant un an. *V. M. Garnier*, *Rég. des eaux*, *n°*. 150.

6°. «Le propriétaire d'une source aggrave-t-il la condition de l'héritage inférieur, soit en lui donnant, sur le terrain du propriétaire qui la reçoit, un nouveau cours, soit de toute autre manière, ou le propriétaire inférieur apporte-t-il des obstacles à l'usage de la servitude? le juge de paix auquel la partie lésée s'adresse dans l'année, et qui reconnaît que l'état des lieux était autre, il y a moins d'un an, doit le faire rétablir». *M. Pardessus*, *n°*. 326.

7°. Le maître d'un fonds inférieur à celui où la source prend naissance, abuse-t-il du droit qu'il a acquis contre celui-ci dans les cas prévus par l'art. 641, ou de l'usage que lui permet l'art. 644, pour en priver les héritages inférieurs? le juge de paix doit réprimer cette entreprise, si elle lui est dénoncée dans l'année, *V. divers arr. de Cas.*, un du 1er. mars 1815, *Sir.* 1815.

«Mais si la plainte n'est fondée que sur ce que, sans détourner l'eau, il l'absorbe par un usage immodéré, le juge de paix, à qui il n'appartient pas d'appliquer l'art. 645 du Code civil, doit renvoyer devant les juges ordinaires, en maintenant l'état des choses tel qu'il était l'année précédente». *V. M. Pardessus*, *n°*. 326.

8°. «Nul doute que le propriétaire d'un moulin,

dit M. Garnier, *Régime des eaux,* n°. 208, ne pût, si le canal de son usine existait depuis une année , se pourvoir par voie de complainte pour faire réprimer l'entreprise que les riverains se seraient permis d'y faire. Cette décision doit même recevoir son application , soit que le canal soit naturel ou artificiel. Supposons, par exemple, que le maître d'un moulin, auquel les eaux parviennent dans un canal naturel , soit en possession annale du cours d'eau , que cependant un des riverains fasse plusieurs saignées qui absorbent une partie de l'eau nécessaire au moulin , le juge de paix doit ordonner la fermeture des rigoles..... et puisque le propriétaire a abandonné pendant un an au moulin la jouissance totale du cours d'eau , il en résulte , en faveur de l'usine , une présomption de propriété exclusive, suffisante pour autoriser la complainte ».

« Par la même raison , si le riverain du canal avait ouvert des rigoles dont l'existence datât d'une année, et que le propriétaire du moulin les fermât , le riverain pourrait se pourvoir au possessoire pour faire remettre les choses dans leur état précédent ».

448. Les juges de paix ne cessent pas d'être compétens , parce que l'une ou l'autre des parties fait usage de titres. Ils n'ont que des faits à examiner ; ce sont les innovations à l'état de choses existant depuis plus d'une année. La possession annale prévaut sur les titres devant eux , comme la possession de 30 ans l'emporte devant les tribunaux civils. Mais ces juges ont le droit de vérifier si la jouissance est à titre précaire ou de pure familiarité.

449. Les tribunaux de paix connaissent encore , sous le titre d'actions possessoires , des autres demandes formées au sujet des eaux qui ne servent point à l'arrosement des prairies.

En général, celui à qui on a transmis des eaux

depuis moins d'un an par des ouvrages nouveaux, peut s'en plaindre par la voie possessoire, comme d'un trouble à sa jouissance.

Celui qui, depuis plus d'un an, a établi un cours d'eau sur son voisin, ou qui en a formé un pendant le même temps sur son propre héritage, peut se plaindre des troubles apportés au cours d'eau. Vainement le propriétaire du fonds servant prétendrait-il qu'antérieurement les eaux avaient un autre lit où elles coulaient plus naturellement et par une conséquence de la situation des lieux. *V. M. Garnier, Rég. des eaux,* n°. 135.

Mais si l'écoulement n'avait pas duré une année, et que le propriétaire de l'héritage, sur lequel il est établi, en détourne le cours ou construise une digue qui le fasse refluer, il ne pourrait y avoir lieu à la complainte. Le demandeur n'aurait pas la saisine des eaux.

Si, toujours dans la même espèce, il méconnaissait que son fonds dût recevoir les eaux, et soutenait que l'écoulement n'avait lieu sur lui que par suite de travaux, la complainte devrait être accueillie.

Si le propriétaire inférieur ne contestait pas que l'écoulement est naturel, et qu'aucun autre fonds que le sien n'y est assujéti, la complainte ne serait pas admissible.

Mais on devrait l'admettre dans le cas où, reconnaissant son fonds assujéti à l'écoulement, il se plaindrait d'une nouvelle direction donnée aux cours des eaux sur ce fonds. *V. M. Garnier, Rég. des eaux,* n°*. 136, 137 et 138.

450. Pour fixer les principes, nous rapporterons les arrêts de la cour de cassation, rendus sur la matière.

1°. Un cours d'eau est de sa nature susceptible d'une possession comme un héritage, et par conséquent peut donner lieu à l'action possessoire. Il est indifférent qu'il soit formé d'eaux vives ou mortes. *Cas.* 13 *juin* 1815, *Sir.* 15; 19 *juin* 1810, *Sir.* 11.

2°. La possession d'un cours d'eau pendant un an, autorise la complainte, en cas de trouble, lorsqu'elle est fondée sur la loi ou le droit commun. Elle est alors légitime, comme si elle était fondée sur un titre d'acquêt ou d'échange. *Cas.* 1ᵉʳ. *mars* 1815, *Sir.* 15.

3°. Le trouble apporté à la possession annale d'un cours d'eau, dirigé au moyen d'ouvrages apparens destinés à faciliter l'écoulement de l'eau, notamment au moyen d'une rigole, autorise l'action possessoire; peu importe que les eaux soient vives ou mortes. *Cas.* 4 *mai* 1813, *Sir.* 13; 13 *juin* 1814, *Sir.* 14.

4°. Le trouble dans la possession anuale de faire écouler des eaux même pluviales, sur un fonds inférieur, pour en débarrasser l'héritage supérieur, autorise la complainte. *V. Cas.* 13 *juin* 1814, *Sir.* 15.

5°. Le voisin d'une rivière non navigable, ni flottable, peut assigner au possessoire le propriétaire de la rive opposée à la sienne, pour le faire condamner à arracher les arbres plantés depuis moins d'un an de son côté, et qui peuvent faire refouler les eaux sur lui.

L'action est indépendante de la surveillance de la police sur les rivières. *V. Cas.* 23 *août* 1819, *Sir.* 20.

6°. Lorsqu'un particulier est gêné par les eaux, par suite de travaux faits sur leur cours, il peut s'adresser, soit au possesseur du fonds où ces travaux sont faits, soit à tout autre voisin qui a participé à lui nuire. *Leg.* 6, §. 1, *lib.* 39, *tit.* 2.

7°. Celui au préjudice duquel un cours d'eau a été détourné de son lit, depuis moins d'un an, peut intenter complainte à l'auteur de l'innovation. Peu importe que la dérivation ait eu lieu en vertu d'une autorisation administrative. En cette matière, le pouvoir administratif ne confère aucuns droits ; il n'agit que par voie de police, pour prévenir les inondations et maintenir la salubrité. Ses décisions, ou plutôt ses ordonnances sur ce point, sont toujours rendues, sauf le droit des tiers. *V. Cas.* 6 *décembre* 1820, *Sir.* 21.

Mais nous devons faire observer qu'il ne s'agit pas ici d'une innovation de la part du propriétaire d'une source. Il peut en effet toujours détourner ses eaux si les fonds inférieurs n'ont prescrit par des travaux le droit de les exiger.

451. Les propriétaires ne sont pas tenus, à peine de perdre leurs droits, d'intenter l'action possessoire avant l'action pétitoire. Ils sont libres d'abandonner le possessoire et de se pourvoir directement au pétitoire. *V. M. Garnier, Rég. des eaux, n°.* 134.

452. La dénonciation de nouvel œuvre est essentiellement placée dans les attributions des juges de paix ; elle n'y figure pas moins nominativement ; mais elle y est comprise sous le nom d'action possessoire. On l'a toujours regardée en effet comme POSSESSOIRE. *V. vinnius in lib.* 4, *Inst.* §. 1, *pr. de interd.*

Elle était autrefois soumise à des règles particulières, puisées dans le droit romain et dans la jurisprudence française. Aujourd'hui on l'assimile aux autres actions possessoires. *V. M. Carré, Quest.*

C'est une complainte autorisée contre celui qui a fait ou commencé *sur son fonds un nouvel ouvrage* contre l'ancienne disposition des lieux, et qui peut porter préjudice au plaignant, en le troublant dans sa propriété ou dans un droit réel qu'il prétend avoir le droit d'exercer sur l'héritage voisin.

L'action en dénonciation de nouvel œuvre, a lieu, en général, contre les plantations et les constructions faites depuis moins d'un an, au mépris des règles tracées vol. 1er., pour la plantation des haies, pag. 55, pour la construction des fossés, pag. 68, pour la plantation des arbres et arbustes, pag. 85, pour l'établissement de certaines constructions près des voisins, page 102, pour l'écoulement des eaux, pag. 153, pour l'établissement d'étangs, etc., pag. 204.

Enfin, d'après un arrêt de la cour de cassation du 13 avril 1819, l'action intentée pour faire cesser le trouble apporté à la jouissance des eaux d'un étang, au moyen d'une tranchée pratiquée sur le fonds d'un tiers, est admissible comme dénonciation, si elle est formée dans l'année du trouble. *Rép. de M. Favard.*

453. Mais la dénonciation de nouvel œuvre n'a plus ses anciennes prérogatives.

1°. Opposition à nouvel œuvre n'emporte plus prohibition de continuer. Le voisin opposant n'a qu'une action ordinaire pour obtenir justice.

2°. Tout propriétaire peut faire provisoirement, à sa propriété, tels changemens que bon lui semble, sauf les prohibitions légales. Si le voisin a le droit d'empêcher le nouvel œuvre, il a la faculté d'y faire opposition, mais l'innovateur n'en est pas moins autorisé à passer outre jusqu'à la défense du juge.

3°. La partie lésée par le nouvel œuvre n'a plus aujourd'hui à exercer que l'action possessoire ou pétitoire, suivant le droit commun. *Cas.* 11 *juillet* 1820, *Sir.* 20.

454. Dans tous les cas dont nous avons parlé, on a toujours supposé que les questions n'intéressent en rien l'autorité administrative; autrement il n'y aurait pas lieu à l'action en dénonciation de nouvel œuvre.

Ainsi, par exemple, celui à qui l'exhaussement d'un chemin vicinal, ordonné par l'autorité administrative, transmet les eaux d'une manière dommageable, ne peut s'en plaindre que par voie administrative. *Quest. et Traité de M. Carré.*

455. Quand le propriétaire assigné dénie l'existence de nouvel œuvre, le juge ordonne une en-

quête et une vérification des lieux. Il ordonne la suspension ou la continuation des travaux, selon les circonstances, avec caution.

Lorsque l'existence du nouvel œuvre est reconnue, le juge peut rejeter l'action si elle lui paraît mal fondée. *V. le Rép. de M. Favard, v°. complainte.*

456. Sous l'empire de l'ordonnance de 1667, on avait le droit d'intenter l'action en complainte, 1°. pour les héritages; 2°. pour des droits réels; 3°. pour une universalité de meubles.

Quant aux héritages, on formait son action pour être maintenu dans la possession dans laquelle on avait été troublé.

Les droits réels donnaient lieu à la complainte, lorsqu'ils étaient susceptibles de s'acquérir par la possession.

Ces droits étaient des droits de *cens, rentes foncières, champart, terrage* et autres de cette nature.

L'ordonnance accordait les actions en complainte pour universalité de meubles; par exemple, pour le mobilier d'une succession. Selon M. Henrion de Pansey, on suit encore cette règle. *V. Nouv. Denisart.*

Mais le Code de procédure accorde l'action possessoire pour les biens fonds, pour les déplacemens de bornes, pour les usurpations de terre, d'arbres, de haies, de fossés ou autres clôtures, et pour les entreprises sur les cours d'eau; et nulle disposition n'autorise l'action possessoire pour les universalités de meubles (*).

D'un autre côté, d'après l'art. 2279 du Code civil, la possession de meubles vaut titre. Or, on ne peut recouvrer ceux que l'on a perdus que par la revendication. *V. M. Carré, Quest. et Traité, n°. 98.*

457. Il y a des droits réels pour lesquels on est

____

(*) Rép. de M. Favard, v°. complainte.

autorisé à intenter l'action possessoire; ce sont, 1°. les champarts fonciers, conservés d'après l'avis du conseil d'état du 4 thermidor an 8; 2°. les usages dans les forêts; 3°. les droits de pâturage et de pacage; 4°. les droits de péage; 5°. les servitudes; 6°. les services éventuels, comme l'obligation d'entretenir des digues, etc., lorsqu'ils sont fondés sur des titres, ou qu'ils peuvent s'acquérir par la possession. *V. M. Henrion de Pansey, comp. des juges de paix.*

458. On pourrait développer une longue théorie sur les cas où les actions possessoires sont admissibles en matière de droits réels incorporels. Mais il est plus simple et plus utile de rapporter les arrêts qui fixent les principes.

1°. L'action par laquelle un propriétaire demande à être maintenu dans l'exercice d'un droit de pâturage exclusif, non sur le terrain d'autrui, mais sur son propre héritage, est dévolue au juge de paix comme action possessoire. *Cas.* 19 *vendémiaire an* 11, *Denevers, vol.* 1.

2°. Celui qui est troublé par une commune dans la perception de la taxe établie pour l'apport des denrées ou marchandises sur un marché, peut intenter l'action possessoire. *V. Cas.* 1er. *août* 1809; *Denevers* 7.

3°. L'action possessoire n'est point admissible à l'égard des servitudes continues ou discontinues non apparentes, par exemple, pour le droit de puisage, d'exposition de peaux sur un cours d'eau ou de pressurage.

Cependant si le demandeur se prévalait d'un titre, l'action serait recevable; on ne devrait plus supposer que la possession fût précaire. Fournel prétend, dans ses Lois rurales, que le trouble éprouvé dans la jouissance d'un abreuvoir, donne ouverture à l'action en complainte; mais cette opinion doit être limitée au cas où le droit d'abreuver est fondé sur un titre. Autrement, l'action possessoire serait non recevable. *Cas.* 2*1 octobre* 1807, 23 *novembre* 1808, *Sir.* 8; *Denevers* 6 *et* 8, *Sir.* 13; 28 *février* 1814, *Sir.* 14.

4°. Le possesseur d'une servitude discontinue, fondée sur un titre, par exemple, d'un droit de puisage, est autorisé à intenter l'action possessoire, pourvu qu'il la forme dans l'année du trouble, et qu'il prouve une possession à titre non précaire; le juge de paix n'est pas incompétent pour connaître de l'action et apprécier le titre, bien qu'il soit contesté. S'il peut, en ce cas, renvoyer au pétitoire, il n'y est pas obligé. *Cas.* 17 *mai* 1820, *Sir.* 20.

5°. Le possesseur troublé dans la jouissance d'une servitude discontinue, par exemple, d'un droit de pacage, est recevable à intenter l'action possessoire, pourvu qu'il la forme dans l'année du trouble, et qu'il étaie sa possession d'un titre non précaire.

Le juge de paix, en ce cas, est tenu d'examiner le titre et d'accueillir ou de rejeter l'action possessoire, selon que ce titre fait ou ne fait pas cesser la présomption de *précarité*. *Cas.* 17 *mai* 1820, *Sir.* 20.

6°. Le trouble dans l'exercice d'un droit de passage, autorise l'action en complainte, si le demandeur se prévaut à la fois de la possession annale, et d'un titre qui en soit le fondement; d'un titre surtout qui établit la destination du père de famille. *Sir.* 20, *Cas.* 2 *mars* 1820.

7°. Le propriétaire sur lequel on veut exercer, sans titre, et hors le cas d'enclave, un passage, ne peut intenter une action au possessoire pour faire condamner celui qui l'exerce à cesser de passer. Le fait du passage ne doit donner lieu qu'à une action pétitoire; en effet, n'attribuant aucune possession en faveur de ceux qui passent, il serait inutile de faire juger que le fonds sur lequel s'exerce le passage est libre. *Cas.* 2 *février* 1820, *Sir.* 20.

8°. En matière de servitudes prescriptibles avant le Code, et imprescriptibles depuis, celui qui en réclame une au possessoire, n'est pas recevable à la former, si sa possession est postérieure au Code. *Cas.* 3 *octobre* 1814, *Sir.* 15.

9°. Si un propriétaire abat la clôture que son voisin a établie sur son propre héritage, sous le prétexte qu'elle met obstacle à une servitude discontinue et non apparente, prétendue sur ce fonds, le juge de paix est obligé de la faire rétablir, sans attendre le jugement sur le fait de savoir si la servitude existe ou non. La destruction de la clôture est une voie de fait condamnable. *V. M. Carré, Traité de procéd.*

459. Complainte sur complainte, ou action possessoire sur action possessoire, ne vaut ; telle est la maxime suivie depuis long-temps au barreau. *Imbert, dans sa pratique, chap.* 6.

Ainsi, celui qui, voyant deux particuliers se disputer la possession d'un héritage, dont il est en possession lui-même, ne peut, dit-on, former une seconde action de son chef ; il doit intervenir sur l'instance et y procéder si il le juge convenable. *V. M. Barbedette.*

Nous admettons la règle, mais comme un conseil ; pour éviter de nouvelles procédures. Toutefois, comme le Code de procédure ne l'a point consacrée en principe, il semble que le possesseur est autorisé à intenter une action directe contre l'une ou l'autre des parties litigantes, sans être obligé d'intervenir, à peine de déchéance.

460. Suivant l'art. 24 du Code de procédure civile, « si la possession ou le trouble sont *déniés, l'enquête* qui sera ordonnée ne pourra porter sur le fonds du droit ».

1°. La loi n'oblige pas toujours le juge à ordonner des enquêtes pour vérifier les faits. S'ils sont reconnus, ou si le défendeur fait défaut, ou doit les regarder comme constans. Il ne doit être ordonné d'enquête que si la possession ou le trouble sont *déniés.* *V. Jousse*, *tit.* 18 *de l'ord. de* 1667; *et M. Carré*, *Quest.* 72.

Mais le juge ne peut pas admettre, comme preuve de possession, l'existence d'un titre. *Cas.* 12 *avril* 1813, *Rép. de M. Favard.*

2°. Le fait de la possession pendant l'année qui a précédé immédiatement le trouble, est ce qu'il faut prouver. De là dépend la décision de la contestation: inutilement l'une des parties aurait-elle possédé pendant beaucoup d'années auparavant; si l'autre partie a possédé pendant l'année qui a précédé le trouble, elle doit obtenir le possessoire, car la possession s'acquiert par la jouissance d'une année. *V. Pothier*, *procéd. civ.*, *pag.* 248; *M. Biret.*

461. Le possesseur *actuel* qui prouve avoir possédé anciennement, est présumé avoir possédé dans le temps intermédiaire, sauf la preuve contraire. *Art.* 2234 *C. c.*

Celui qui a possédé est donc réputé avoir conservé sa possession, si un tiers ne l'a acquise par la jouissance d'une année.

3°. Les enquêtes qui sont ordonnées *au possessoire* ne doivent porter que sur des faits de possession ou de trouble. Le juge ne peut ordonner qu'avant faire droit, il sera prouvé, par le défendeur, que le demandeur n'est pas propriétaire, et qu'il n'exerce qu'un droit d'usage. En jugeant le contraire, on cumulerait le possessoire et le pétitoire. *Cas.* 18 *juin* 1816, *Sir.* 17.

4°. La loi ne dit pas quel genre de preuve doit se faire sur le possessoire. La preuve testimoniale, comme la preuve par titre, sont également admissibles, quel que soit l'objet de la demande. *V. Bourjon, t. 2 ; Flaust.*

462. Si la preuve du demandeur et celle du défendeur paraissent égales au juge, il *peut,* aux termes de l'art. 1961 du Code civil, ordonner le séquestre de l'objet litigieux ; il y a lieu à l'ordonner, selon Duparc-Poulain, quand les parties réclament toutes deux le possessoire réconventionnellement, mais le Code ne le prescrit pas dans tous les cas où la possession n'est pas adjugée à l'une des parties. La loi, en se servant de l'expression *peut,* laisse la plus grande latitude aux juges. *M. Carré, Traité de procéd. ; Rép. de M. Favard.*

Il n'y aurait pas lieu à ordonner le séquestre, si le défendeur, déniant la possession, l'enquête faite par le demandeur, ne prouvait pas sa jouissance.

« En effet, dit M. Carré, le demandeur doit prouver, et le défendeur n'est assujéti à aucune preuve, d'après la maxime : *actore non prabante reus absolvitur ».*

Faute de prouver la possession méconnue, le demandeur doit être débouté, et le jugement ne produit aucun effet sur la possession.

Si au contraire la possession est reconnue, et si le trouble, étant seulement contesté, n'est pas prouvé, il n'y a lieu qu'au rejet des dommages-intérêts.

463. Les juges de paix ne peuvent accorder la récréance, c'est-à-dire, une possession provisionnelle à l'une des parties. Ces magistrats iraient contre le but de la loi, s'ils accordaient, par un premier jugement, une jouissance provisoire, pour statuer ensuite, par un second, sur la possession annuale. *V. Rép. de M. Favard.*

464. Les juges sont maîtres, en prononçant sur le possessoire, d'avoir quelquefois égard aux titres

invoqués par les parties. Cependant ils ne doivent les consulter que pour expliquer la possession ou en déterminer la nature. *Cas.* 12 *fructidor an* 10 *et* 24 *juillet* 1810 ; *V. M. Carré, Quest.* 74 ; *Rép. de M. Favard.*

Suivant M. Demiau-Crouzilhac, le juge peut encore consulter les titres, lorsque les preuves respectives paraissent égales. L'art. 2234 du Code, quoique relatif à la prescription, lui semble applicable à l'espèce.

465. Il arrive quelquefois qu'un juge de paix, saisi d'une action possessoire entre deux acquéreurs d'un même fonds, ne trouve ni l'un ni l'autre en possession *annale* de son chef. Il est alors dans la nécessité de remonter à la possession de leur auteur commun ; il n'a nullement le droit d'examiner leurs titres, et d'accorder la préférence à l'un, en jugeant l'autre nul. *Cas.* 11 *août* 1810, *Sir.* 20.

Pourtant, s'il s'agissait d'aquéducs et de réservoirs paraissant devoir être maintenus par la destination du père de famille entre les divers acquéreurs partiels du même domaine, il n'excéderait pas les bornes de sa compétence, en déclarant que l'état primitif des lieux, joint à la jouissance, même moins qu'annale, forme une possession en faveur de l'un des acquéreurs. La destination du père de famille constitue une possession qu'il doit faire respecter. *Cas.* 15 *décembre* 1812, *Sir.* 20, *p.* 456.

Entre deux acquéreurs d'un même fonds, par deux actes passés depuis moins d'un an, à des dates différentes, le juge ne doit point se décider par la priorité de la mise en possession. La loi lui fait un devoir d'examiner quel est celui des deux possesseurs qui, représentant le vendeur, est réputé avoir possédé par lui ou avec lui. *Cas.* 16 *janvier* 1821, *Sir.* 21.

466. L'art. 25 du Code de procédure dit expres-

sément, le possessoire et le pétitoire ne seront *jamais* cumulés

1°. Le possessoire et le pétitoire sont cumulés, lorsque, sur une action de complainte, le défendeur est admis à prouver que le complaignant n'est pas propriétaire de l'objet litigieux. *Cas.* 18 *juin* 1816.

2°. Les jugemens possessoires ne font point autorité sur le pétitoire; ainsi, des faits peuvent être déclarés faux par le juge du pétitoire, quoiqu'ils aient été déclarés vrais par le juge du possessoire. *Cas.* 17 *février* 1809; *M. Carré*, *Traité de procéd.*

3°. Le juge qui déclare une action possessoire non recevable, ne cumule pas le possessoire et le pétitoire. *Cas.* 23 *avril* 1811; *M. Carré*, *Traité de procéd.*

4°. L'art. 25 n'interdit pas seulement au juge de joindre le possessoire et le pétitoire, il défend d'intenter en même temps l'une ou l'autre des actions devant chacun des juges auxquels la connaissance en appartient. *V. M. Carré.*

5°. Ce serait, de la part du juge, cumuler le pétitoire et le possessoire, de déclarer que l'une des parties à une possession immémoriale des fonds en litige, et de sanctionner cette possession. *V. arrêt de Cas.* 12 *février* 1812.

6°. Mais il ne porterait aucune atteinte au pétitoire, en faisant, à l'auteur du trouble, défense de troubler le possesseur à l'avenir. *M. Carré.*

467. Lorsque le juge est dans l'impossibilité de reconnaître laquelle des deux parties est en possession, il peut les renvoyer devant le tribunal civil.

Le juge du pétitoire peut alors statuer sur la question de propriété; et, en cela, il ne cumule pas le *pétitoire* et le *possessoire*, puisque le *possessoire* n'a pas été décidé. *Cas.* 17 *mars* 1819, *Sir.* 19.

468. Un juge de paix est compétent pour ordon-

ner à l'occasion, et par suite d'une action possessoire, la plantation de bornes pour déterminer la ligne séparative de deux héritages. Il ne cumule point en cela *le pétitoire et le possessoire.*

Lorsque, sur une action possessoire, il s'élève un *litige* sur la propriété, cela ne l'empêche pas de connaître de l'action, pourvu qu'en s'abstenant de prononcer sur le pétitoire, il se borne à statuer sur le possessoire. *Cas. 23 février* 1814, *27 avril* 1814, *Sir.* 14, 10 *juin* 1816, *Sir.* 17.

469. Les juges du pétitoire, quoique devant décider du sort de la propriété toute entière, ne peuvent rien décider sur le possessoire; ce serait cumuler le pétitoire et le possessoire. La partie qui a traduit son adversaire au pétitoire, ne peut donc, par forme de provision, se faire adjuger la possession de l'objet litigieux par le tribunal saisi de la question de propriété. *Cas.* 4 *août* 1819. *V. Sir. pag.* 112, *vol.* 20; *V. aussi Cas.* 7 *août* 1817, *Sir.* 18.

470. « Le demandeur au pétitoire n'est plus recevable à agir au possessoire ». *Art.* 26 *C. de procéd.*

Il ne résulte pas de là que le demandeur ne puisse jamais se pourvoir au possessoire. L'article suppose le cas où le demandeur, en reconnaissant n'avoir plus de possession, s'adresse au juge du pétitoire; il décide alors qu'il est censé avoir abandonné sa possession.

Mais l'individu qui intente une action au pétitoire, sans avouer directement ou indirectement avoir perdu la jouissance, peut encore se pourvoir devant le juge de paix pour l'y obtenir, s'il est troublé *depuis* l'action pétitoire. *Cas.* 7 *août* 1817, *Sir.* 18.

La complainte ne serait nullement recevable, si le trouble était *antérieur* à toute action, car le demandeur aurait tacitement renoncé au possessoire, en agissant par voie pétitoire.

471. L'art. 26 n'interdit qu'au demandeur, sur le

pétitoire, le droit d'en venir au possessoire ; de là il suit que le défendeur, prévenu par une action pétitoire, peut former sa complainte devant le juge de paix, pour obtenir la possession et ses dommages-intérêts. Il ne peut dépendre de l'une des parties de priver l'autre du possessoire. *MM. Carré, Quest. 8 ; Lepage ; Duparc-Poullain, vol. 16 ; M. Hention de Pansey, chap. 53.*

4-2. Le demandeur au pétitoire, dit M. Carré, Quest. et Traité, ne peut, en se désistant de son action, poursuivre au possessoire, lors même que le défendeur n'a pas acquiescé à la demande, ou qu'il n'est pas intervenu de condamnation.

M. Favard de Langlade prétend au contraire, en son Répertoire, v°. complainte, que le réclamant peut en revenir au possessoire après s'être désisté du pétitoire. *Arg. art.* 405 *C. procéd.*

473. « Le *défendeur* au possessoire ne peut se pourvoir au pétitoire qu'après que l'instance sur le possessoire aura été terminée. Il ne peut, s'il a succombé, se pourvoir qu'après avoir pleinement satisfait aux condamnations prononcées contre lui ».

« Si néanmoins la partie qui les a obtenues était en retard de les faire liquider, le juge du pétitoire peut fixer pour cette liquidation un délai, après lequel l'action au pétitoire sera reçue ». *Art.* 27 *C. procéd.*

Mais le demandeur au possessoire est libre d'agir au pétitoire avant que le possessoire soit terminé. En effet, l'art. 2 du Code de procédure, à la différence des art. 4 et 5 du tit. 18 de l'ordonnance de 1667, qui ne faisait aucune distinction entre les deux parties, n'est prohibitif que pour le défendeur. *V. M. Carré, Quest.* 79.

474. « Le défendeur au possessoire, dit M. Carré, Quest. 80, n'est autorisé à poursuivre le pétitoire que sous la condition de faire fixer un délai pour la li-

quidation. La loi a voulu éviter les formalités et la discussion d'une réception de caution. Si la demande du délai est facultative, c'est en ce sens seulement que la loi donne l'option de former cette demande ou d'attendre la liquidation ; mais il résulte au contraire de ce qu'elle accorde cette faculté, dont l'ordonnance ne fait pas mention, qu'elle n'a pas entendu autoriser la poursuite au pétitoire, même en fournissant caution ». *V. Rép. de M. Favard.*

L'auteur adopte cette opinion, en combattant avec raison M. Dufour.

475. Celui qui a défendu sur un possessoire jugé pendant qu'un ancien procès au pétitoire était resté indécis, peut reprendre le procès au pétitoire sans satisfaire auparavant sur le possessoire. *C. Riom* 29 *juin* 1809 ; *Carré, Traité de procéd.*

Si le demandeur qui a réussi au possessoire négligeait de faire liquider les condamnations, le défendeur ne pourrait pas, en fournissant caution de les acquitter, poursuivre son action au pétitoire sans faire fixer un délai par le juge pour faire la liquidation. *V. M. Carré.*

476. Les juges de paix peuvent prononcer la contrainte par corps pour assurer l'exécution de leurs jugemens possessoires. C'est ce qui résulte de l'art. 2060 du Code civil. *V. Pigeau* ; *M. Carré, Quest.* 81.

477. L'effet des jugemens sur les actions possessoires, est d'une grande importance.

1.° La partie maintenue en possession d'une chose en est présumée propriétaire jusqu'à ce que son adversaire ait justifié du contraire par un acte. *Nouv. Denisart* ; *Pothier de la Posses.*, *chap.* 6 ; *Rép. de M. Favard.*

Ou d'une possession opérant la prescription qui tient lieu de titre. *V. M. Merlin, Rep.*, *v.° Loi apparaissante.*

2°. Le possesseur gagne les fruits par lui perçus, tant qu'il n'est pas attaqué. *Art.* 549 *C. c.; V. M. Carré.*

3°. La possession que reprend la partie condamnée au possessoire est réputée précaire. Celui qui a été condamné sur le pétitoire ou le possessoire par jugement passé en force chose jugée, ne peut donc se prévaloir de la possession annale qu'il a reprise depuis la condamnation. *Cas.* 12 *juin* 1809, *Sir.* 15; 17 *mars* 1819, *Sir.* 20.

477. M. Barbedette prétend que les juges de paix ne doivent jamais admettre aucune action en garantie dans les affaires possessoires.

Mais sa règle est trop générale. En effet, suivant M. Henrion de Pansey, deux exceptions modifient le principe qui défend le recours en garantie. L'une en faveur du fermier qui appelle son propriétaire en cause, l'autre en faveur de l'acquéreur. Duparc-Poulain admet aussi deux exceptions; la première, lorsque l'acquéreur intentant l'action possessoire, le défendeur oppose le vice ou le peu de durée de la possession du vendeur, car l'acquéreur est présumé avoir compté sur cette possession; la seconde, lorsque l'action possessoire est formée contre l'acquéreur pour le trouble ou la voie de fait dont son vendeur est l'auteur. *V. M. Carré, Quest. et Traité;* art. 23 *C. procéd.*

CHAPITRE VI.

§ I. *Des Réparations locatives des Maisons, des Presbytères et des Fermes.*

478. Les juges de paix connaissent « sans appel jusqu'à la valeur de 50 fr., et à la charge d'appel à quelque valeur que la demande puisse monter, 1°... 2°... 3°... des réparations *locatives* des *maisons* et des *fermes* ». *Art.* 10, *loi du* 24 *août* 1790 ; *art.* 3 *C. proced.*

479. On doit entendre ici par *réparations locatives,* celles qui, sans aucune stipulation, sont à la charge des locataires ou fermiers, suivant l'usage et les dispositions des art. 1754 et 1731 du Code civil. Quant aux réparations ou réfections dont les propriétaires sont tenus, soit en vertu de la loi, soit en vertu d'un bail, on ne les appelle pas locatives, ou les nomme grosses réparations. Ce n'est point aux juges de paix à en connaître ; les tribunaux d'arrondissement en sont seuls compétens, comme juges de l'exécution des baux. Aussi la loi a-t-elle eu soin de se servir de l'expression *locatives* pour fixer la nature des réparations. *M. Biret.*

480. Règle générale : — Le conducteur est présumé avoir reçu les lieux en bon état. Jamais il ne répond ni des pertes, ni des détériorations causées par force majeure, ni de celles qui sont le résultat de la vétusté. Il est même dispensé des réparations locatives tombant à sa charge, si elles sont occasionnées par vétusté ou force majeure. *Art.* 1730, 1731 *et* 1735 *C. c.*

Mais il est toujours chargé de prouver, soit par écrit,

soit même par témoins, les causes qui l'excusent aux yeux de la loi. *Arg. art.* 1752 *Pand. franç.*

C'est aux juges et aux experts à décider à quels signes l'usure et la force majeure se reconnaissent. Ils doivent examiner, par exemple : 1°. si les pavés sont cassés ou simplement usés par le frottement, si les diverses parties des bâtimens se sont détériorées sans le fait de l'homme, soit parce qu'elles étaient composées de mauvaises matières (*), soit par toute autre cause du même genre ; 2°. si les arbres, les haies et les bois ont péri naturellement, ou par une cause visiblement imputable au conducteur. *V. M. Ruelle*, *n°.* 389 *et suiv.*

481. Le Code civil indique, dans son art. 1754, cinq sortes de réparations locatives ; elles sont toutes à la charge des preneurs, même dans les lieux où il existait autrefois des usages contraires. *V. Pand. franç.*

Nous en donnerons l'explication d'après les usages suivis sous la coutume de Paris.

Nous retracerons en outre les réparations tombant à la charge des conducteurs d'après les usances de la coutume de Paris, également adoptées dans les contrées où, comme en Normandie, il n'y a pas de règles contraires. Les explications que nous allons donner sont des analectes tirés des *lois des bâtimens*, de M. *Ruelle*, du *Nouveau Desgodets* (**) de M. *Léopold*, du *Répertoire de jurisprudence, de Bourjon*, *Droit commun de la France.*

Mais on doit voir auparavant ce que nous avons dit vol. 1er., n°. 51, et au présent volume, n°. 86

(*) Voyez sur les signes auxquels on reconnaît les bons matériaux, la *Nouvelle architecture* pratique par M. Miohé, ou Nouveau Bullet.

(**) Nous suivrons mot à mot cet auteur, et nous joindrons à son avis celui des autres écrivains.

et suivans, où nous avons donné des développe-
mens sur les réparations des fermes.

482. On met à la charge des conducteurs les réparations à faire aux âtres, contre-cœurs, chambranles et tablettes de cheminées en bois, en marbre
ou en pierre. On a pensé que le dépérissement de
ces objets venait le plus souvent du fait des locataires. *V. M. Ruelle et le Nouv. Desgodets.*

Quand les contre-cœurs sont en plaque de fonte,
et qu'elles viennent à casser, les locataires en sont
responsables, ainsi que des scellemens qui retiennent
ces mêmes plaques.

Pareillement, les croissans servant à retenir les
pelles et les pincettes, sont à la charge de ceux qui
occupent les maisons; ils doivent faire replacer et
même fournir les croissans qui se trouvent descellés,
ou perdus, ou cassés. *Nouv. Desgodets.*

483. Il n'est pas aisé de juger si un chambranle,
une tablette, le revêtissement et l'attique d'une cheminée en marbre ou en pierre sont détériorés par la
faute du locataire, ou par l'effort des plâtres, ou par
un tassement, ou autre cause dont il n'est pas responsable. Fort souvent les marbriers vendent de pareilles
pierres comme saines et entières, tandis qu'elles
sont tranchées par des fils qu'ils ont soin de boucher
avec du mastic mêlé de poudre de marbre. Ces
réparations, qui sont d'une grande dépense, ont besoin d'être examinées soigneusement avant de décider par qui elles seront supportées. *M. Ruelle,*
n°. 421; Nouv. Desgodets.

484. Les tables et les buffets couverts en marbres,
les coquilles et les cuvettes de même matière, sont
aussi à la charge du locataire, si ces objets ont été
écornés ou cassés par sa faute. *V. M. Ruelle, n°. 409;*
Nouv. Desgodets.

485. Le Code veut que le crépi du bas des murailles

des appartemens et autres lieux d'habitation, soit re-
fait par les locataires ou sous-locataires, jusqu'à la
la hauteur d'un mètre. En posant des meubles ou autres objets près des murailles, on peut détruire l'en-
duit dont elles sont recouvertes. Pourtant, il serait
juste de les dispenser du récrépiment, s'il avait été
endommagé par l'humidité naturelle des lieux sans
leur faute. *Art.* 1755 *C. c. V. M. Ruelle, n°.* 385.

Le récrépiment à faire à des parties de murs, au-
dessus d'un mètre, est aussi à la charge des locataires, à moins que les dégradations ne soient le
résultat de la vétusté ou d'une force majeure. *V.
M. Ruelle, n°.* 386, *art.* 1755. *C. c.*

486. Sont encore à la charge des locataires ou sous-
locataires, les pavés et les carreaux des chambres,
lorsqu'il y en a seulement quelques-uns de cassés. On
met aussi à leur charge, en Normandie, et dans plusieurs autres provinces, l'entretien de l'aire en terre,
des rez-de-chaussée et des planchers des chambres
et greniers.

En général, il leur est défendu de surcharger les
planchers. *V. Pothier, et Ruelle., n°.* 228.

Les locataires ne sont pas présumés être les auteurs
des détériorations, lorsque, par exemple, une grande
partie des carreaux se trouve feuilletée ou cassée, dit
M. Lepage. Il est vraisemblable que c'est leur mauvaise qualité, ou la vétusté, ou l'humidité qui les a
détruits, quand une grande partie des pavés ou des
carreaux a besoin de réparation.

Au contraire, d'après M. Ruelle, les locataires sont
tenus, dans tous les cas, de prouver que ces dégradations ne proviennent point de leur fait. *V. C. c., art.*
1732.

487. Dans les pièces carrelées en carreaux blancs
et noirs, il y a des plates-bandes de pierre au pour-
tour des murs; elles font partie du carreau et sont à

la charge des locataires, lorsqu'elles sont cassées seulement en quelques endroits. Néanmoins il faut examiner si les cassures n'ont point été faites par la charge des plâtres qu'on a mis dessus, en enduisant les murs, ou par quelque lambri posé à force ou par tout autre effort. Dans tous ces cas, les locataires ne sont pas responsables. *V. M. Ruelle, n°. 421.*

Mais si les pièces des appartemens ne sont pas carrelées, on ne met point à la charge des preneurs les trous pratiqués dans les aires de plâtre. *V. Rép. M. Merlin.*

488. Quant aux parquets, la réparation, dit l'auteur des Pandectes, n'en est point à la charge des preneurs, s'ils ne sont dégradés par leur faute.

Selon MM. Lepage et Ruelle, lorsque quelques panneaux ou battans sont cassés ou enfoncés par violence, les locataires en sont tenus, mais ils ne répondent pas des parquets détériorés dans de grandes parties, à moins qu'il n'aient causé eux-mêmes le dommage. *Art.* 1732; *V. M. Ruelle, n°. 404.*

489. Les trous des marches des escaliers dont le dessus est en aire de plâtre restent au compte des bailleurs. Si les escaliers sont carrelés entre les bois, l'entretien des carreaux est à la charge des locataires. Les dépendances des escaliers, telles que croisées, rampes, écuyers, vases de cuivre, lanternes, doivent être entretenus de réparations locatives par les preneurs. *V. Rép., v°. bail, Bourjon, vol.* 2.

490. Les pavés des grandes cours et des remises ne sont réparés par les locataires que quand il s'y trouve quelques pavés hors de place : mais ceux qui sont écrasés, cassés ou ébranlés, doivent être à la charge du propriétaire. Il en est de même du pavé des écuries, car les chevaux les cassent en les battant continuellement avec les pieds. *V. M. Ruelle, n°.* 406; *Nouv. Desgodets; Pothier, n°.* 220.

491. A l'égard des petites cours, où il n'entre pas de voitures, et des cuisines, buanderies ou autres lieux, dans lesquels il n'est pas reçu de grosses charges, le locataire est tenu de réparer les pavés qui sont cassés, et de remplacer ceux qui manquent, à moins que ces défauts ne viennent évidemment de vétusté; ce qui se présume, quand une grande partie des pavés se trouve en mauvais état. L'entretien des pavés qui ne sont qu'ébranlés n'est pas à la charge du locataire, dans les cours. *Nouv. Desgodets.*

492. Il en est de même dans les cuisines, les offices et les laboratoires destinés à recevoir des eaux qui détériorent le ciment des pavés : les locataires, par de continuels lavages, ne font qu'un usage ordinaire de ces mêmes lieux; il n'y a rien de forcé dans leur jouissance; ils ne sont donc pas tenus de rétablir les pavés qui se trouvent ébranlés. *V. M. Ruelle*, n°. 405; *Nouv. Desgodets.*

493. Le lavage des vitres, suivant le Code, est une réparation locative, parce qu'il est toujours présumé que le propriétaire les a livrées nettes. Le conducteur doit les lui rendre dans le même état, à moins qu'il ne soit prouvé que les vitres n'étaient pas nettoyées quand il a pris possession.

On présume que les vitres sont livrées sans cassure ni fêlure, et tenant bien dans leur châssis; le preneur doit donc les rendre de même.

S'il était prouvé qu'en entrant en jouissance, le locataire a trouvé une certaine quantité de vitres cassées ou fêlées, il ne serait pas tenu de les rendre dans un meilleur état; il ne doit pas répondre des fêlures et dérangemens des vitres occasionnés par l'effet du tassement ou gonflement des bois. *V. M. Ruelle*, n°ˢ. 509 *et* 421.

494. Quand les vitres tiennent à des panneaux de plomb, la réparation des plombs est à la charge du

propriétaire, parce qu'elles sont présumées avoir été détériorées par vétusté.

S'il était évident que les plombs n'ont pu être ruinés que par le fait du preneur, celui-ci en serait responsable.

Le locataire est tenu de remplacer les verges de fer qui soutiennent les panneaux de plomb dans lesquels sont enchâssées les vitres, si elles manquent ou si elles sont cassées ; à moins qu'il ne soit prouvé qu'elles ont été détruites par le vice de la matière, comme une paille, ou tout autre défaut provenant du fer. *V. Nouv. Desgodets*.

495. Les glaces placées soit sur les cheminées, soit partout ailleurs, sont sous la garde du locataire ; il doit les rendre nettoyées et entières. S'il les casse, il doit en rendre de neuves de mêmes qualités et dimensions ; mais les morceaux de celles qu'il remplace lui appartiennent. Il arrive que des glaces se trouvent cassées, soit par l'effort des parquets qui les supportent, soit par le tassement ou gonflement des plâtres ; la perte en est supportée par le propriétaire. *V. M. Ruelle*, *n°*. 410 ; *Nouv. Desgodets*.

496. Sont à la charge du conducteur, les réparations à faire aux portes, aux croisées, aux planches de cloison ou de fermeture de boutiques, aux gonds, pentures, targettes et serrures, aux persiennes, contrevens et à leurs volets, ainsi qu'à toute autre sorte de fermeture. Les chambranles des portes, les embrasures des croisées et des portes, les lambris d'appui, ceux à hauteur de plancher, toute espèce de cloisons, et généralement toutes les menuiseries d'une maison, doivent être réparées par lui, s'il n'est dans le cas prévu par l'art. 1732 du Code civil. *V. M. Ruelle*, *n°*. 407 ; *Nouv. Desgodets* ; *Pothier*, *n°*. 220.

Selon Bourjon, le locataire doit rendre les serrures

bien fermantes, et des verrous partout où il y a vestiges qu'il y en ait eu ; il charge aussi le preneur de laisser des fermetures aux lieux où il paraît en avoir existé, s'il n'y a preuve contraire. *V. art.* 1730 à 1732. *C. c.*

497. Si un locataire fait percer dans une porte, ou une cloison, un trou de chatière, il est tenu de faire remettre la planche entière où le trou a été pratiqué : il ne suffirait pas de faire remettre un morceau pour boucher l'entaille. Il en est de même si l'on fait poser une serrure à une porte, dans une autre place que celle où elle était ; le locataire n'eût-il fait que le trou nécessaire pour le passage d'une clef, le propriétaire peut exiger qu'on remplace par une planche neuve celle où s'est opéré ce changement, et qu'elle soit peinte de la même couleur que le reste de la porte. *V. Nouv. Desgodets.*

498. Les dessus de portes ou autres tableaux et leurs bordures, sont à la charge du locataire, lorsqu'ils ont été gâtés pendant sa jouissance : on peut dire la même chose des objets de sculpture et des autres ornemens, s'ils ont été cassés ou détériorés autrement que par vétusté ou force majeure. *V. M. Ruelle, n°.* 408 ; *Nouv. Desgodets.*

499. Le preneur doit remplacer les tringles de fer destinées à soutenir les rideaux, avec leurs poulies et doubles poulies pour le jeu des cordons, les croissans ou autres objets en fer servant à tenir les rideaux ouverts, lorsqu'ils manquent ou sont cassés. Il en est dispensé lorsqu'il prouve que leur détérioration ne vient pas de sa faute. *Nouv. Desgodets ; M. Ruelle, n°.* 411.

Il en est de même des balcons, des grilles de fer ; s'il y manque quelques pièces, ou s'il y en a de cassées, la présomption est que le locataire en est cause : il en est responsable ainsi que des treillis de fil de fer ou de laiton, quand ils ont été brisés autrement que par vétusté ou par cas fortuit. *Nouv. Desgodets.*

500. Toute la serrurerie des portes, des fenêtres, des armoires, est mise par le Code au nombre des objets dont les réparations sont locatives; ainsi elle est présumée avoir été livrée en bon état. Si donc quelques fers sont descellés ou cassés, si les serrures sont forcées, si les clefs s'en trouvent brisées, le locataire en est responsable. *Nouv. Desgodets.*

501. On doit mettre au nombre des réparations locatives, selon M. Biret, celles « des couvertures des bâtimens pour ce qui concerne la main d'œuvre seulement. Le bailleur fournit toujours les matériaux ».

Mais sur cela on doit suivre les usages locaux, *V. n°. 90 ci-devant, tit. du bail.*

En Normandie, les preneurs ne sont tenus, ni en ville, ni à la campagne, à aucune de ces réparations. *Arg. art.* 1765 *C. c.*

502. Dans les écuries, les trous faits à la maçonnerie des mangeoires doivent être rebouchés aux dépens du locataire. Lorsque le devant des mangeoires se trouve rongé, c'est encore le locataire qui est tenu d'en faire la réparation. Goupy observe que l'on évite cet inconvénient, en recouvrant de tôle le devant de ces mangeoires; mais c'est au locataire à exiger, avant d'entrer en jouissance, que cette précaution soit prise par le propriétaire, ou à la prendre lui-même.

Les râteliers, leurs roulons, les piliers, les barres et stalles servant à la séparation des chevaux, sont entretenus par le locataire, à moins qu'ils ne soient détruits par vétusté ou par force majeure. *V. M. Ruelle, n°.* 413; *Nouv. Desgodets; Pothier, n°.* 220.

503. Le ramonage des cheminées est une réparation locative, parce qu'il doit être plus ou moins fré-

quent, selon qu'il est fait plus ou moins de feu. Par exemple, les cheminées où se trouve un grand feu continuel, doivent être nettoyées une fois par mois, ou au plus tard, une fois toutes les six semaines. Au reste, il faut dans chaque pays se conformer aux règlemens de police sur ce point.

Si donc le feu qui a pris dans une cheminée en avait fait crever le tuyau, le locataire serait tenu de le rétablir, pourvu qu'il ne se trouvât dans ce tuyau aucune pièce de bois qui eût pu être la cause de l'accident. *V. Nouv. Desgodets.*

504. A l'égard des fourneaux de cuisine, soit ceux qu'on appelle potagers, soit tous autres, tels que ceux qui servent aux lavoirs, leurs voûtes, murs et planchers, sont à la charge du propriétaire. Le preneur est tenu d'entretenir le carreau, tant celui qui est placé sur le plancher où tombent les cendres des réchauds, que celui du dessus des fourneaux. Le locataire fait refaire le scellement des réchauds ; il doit remplacer les réchauds potagers qui sont cassés, et leurs grilles si elles sont brûlées.

Quant aux paillasses de cuisine, le locataire n'est tenu d'entretenir que le carreau de dessus. Ces paillasses sont de petits massifs de maçonnerie, carrelés par dessus, élevés de terre de 12 ou 15 pouces, ou, suivant les nouvelles mesures, d'environ 36 centimètres. *V. Nouv. Desgodets.*

505. Relativement aux fours, l'usage est que le propriétaire en entretienne les murs, la voûte du dessous, s'il y en a, le tuyau ou la cheminée. Il y a donc à la charge du locataire l'aire du four, qui est ou en terre, ou carrelée, et la chapelle, c'est-à-dire, la voûte supérieure. *V. M. Ruelle ; Nouv. Desgodets.*

506. Le conducteur répond des pierres à laver lorsqu'elles sont écornées ou cassées par son fait ;

mais si dans la pierre il se trouvait quelque défaut qui eût causé la détérioration, la réparation serait à la charge du propriétaire.

Quand il y a une grille sur l'orifice d'un tuyau propre à recevoir les eaux du lavoir, elle sert à prévenir les engorgemens; le locataire ne doit donc pas entretenir le tuyau, mais réparer la grille si elle est enfoncée ou rompue. Il y a des experts qui veulent que la jonction du tuyau à la pierre soit rétablie par le locataire quand elle est détruite, mais Goupy n'est pas de cet avis. *V. M. Ruelle, n°. 414.*

507. Il est d'usage que les barrières et les bornes placées ou dans les cours, ou sous les remises, soient à la charge du locataire. Goupy ne trouve pas que cet usage soit juste.

Quand ces bornes et ces barrières ne sont point en état de vétusté, et qu'elles sont brisées par la maladresse des cochers ou des voituriers, le locataire en est responsable; ces objets sont toujours assez forts pour supporter le frottement ordinaire des voitures. S'ils se trouvent cassés, ce ne peut être que par un fait étranger au propriétaire. *V. M. Ruelle, n°. 415; Nouv. Desgodets.*

508. Lorsqu'il y a des auges de pierre dans une cour, le locataire doit veiller à ce qu'elles ne soient point endommagées. Goupy prétend qu'on peut les garnir de fer, et par-là les préserver de tout accident; d'où il conclut que les locataires n'en sont pas tenus.

Mais, la pierre est une matière assez solide pour qu'une auge puisse servir à sa destination sans crainte d'être détruite. Si donc elle est écornée ou cassée pendant le cours du bail, on présume que l'accident est arrivé par la faute du locataire ou de ses gens; c'est à lui à prouver que la pierre était viciée, ou que la rupture a été causée par cas fortuit. *Nouv. Desgodets.*

509. Le curage des puits était regardé autrefois comme une réparation locative dans certains pays, tandis que dans d'autres le propriétaire en était seul chargé. Le Code, art. 1756, assimile le curage des puits à celui des fosses d'aisances, et décide que ces deux sortes de réparations sont à la charge du propriétaire. Le locataire doit s'abstenir de jeter des eaux de vaisselle ou de savon dans les latrines. *V. M. Ruelle*, n°. 235.

Les poulies des puits et les mains de fer, les poulies des greniers, les chapes des poulies sont des meubles dont le locataire répond ; il est obligé de pourvoir à leur entretien.

L'auteur des Pandectes française met l'entretien des cordes et des seaux des puits au compte des conducteurs. On met aussi à leur charge celui du piston, de la tringle et du balancier des pompes. *V. Nouv. Desgodets.*

510. Il n'est pas d'usage de mettre à la charge du locataire les tuyaux de descente établis pour conduire les eaux des toits et des appartemens. Les engorgemens de ces tuyaux sont également des accidens auxquels doit seul remédier le propriétaire. En effet, ou il y a grille à l'orifice des tuyaux, ou bien il n'y en a pas ; dans ce dernier cas, c'est la faute du propriétaire, qui aurait évité l'engorgement en garnissant d'une grille l'entrée des tuyaux ; s'il y a grille, l'engorgement ne vient alors que des sels qui se forment sur les parois intérieurs des tuyaux ; ce dont le locataire n'est pas responsable, quand il use convenablement des tuyaux. Si pourtant les grilles sont rompues ou enfoncées, leur rétablissement se fait aux dépens du locataire, comme il répondrait des cassures faites aux tuyaux par violence, et autrement que par vétusté ou cas fortuit. *Nouv. Desgodets.*

511. L'usage nous a transmis des règles pour les réparations locatives des jardins.

Les conducteurs sont obligés d'entretenir en bon état les allées sablées, les parterres, les plates-bandes, les bordures et les gazons. Les arbres et arbrisseaux doivent être rendus de même espèce et en même nombre qu'ils étaient lorsque le bail a commencé; s'il en meurt quelques-uns, les locataires doivent les remplacer. *V. M. Ruelle*, n°. 375.

Selon cet auteur, si rien ne constate l'état des jardins, leurs compartimens, la quantité d'arbres et d'arbustes qu'ils contiennent, les parties en friche ou en rapport, l'usage ne peut y suppléer. Cependant s'il existait encore des traces de quelques compartimens, tels que parterre, carrés, plates-bandes avec bordures en buis ou en gazon et allées sablées, il devrait rendre ces compartimens en bon état. *V. M. Ruelle*, n°. 416; *Pothier*, n°. 220.

L'usage oblige les conducteurs à tailler soigneusement les quenouilles, les nains, les espaliers. Il ne leur est pas permis de les laisser croître à volonté. Ils doivent en couper chaque année les pousses entre le sixième et le huitième œil.

On ne regarde point comme réparations locatives, l'entretien des treillages placés le long des murs ou dans les autres parties des jardins, comme palissades, berceaux, portiques; le locataire n'en est tenu que quand il est prouvé que ces objets ont été détériorés par son fait. *M. Ruelle*, n°. 417.

512. L'entretien des bassins, des jets d'eau et de leurs conduits n'est point à la charge du locataire, à moins qu'il n'y ait faute de sa part; par exemple, lorsqu'il a négligé de vider les bassins et conduits pendant l'hiver, et que la gelée les a fait crever, il est responsable de cet accident.

Toutefois si les eaux arrivent par des canaux publics, il ne lui est pas possible de vider les bassins et les conduits quand il lui convient, et alors les événemens de la gelée ne lui sont pas imputables. *V. M. Ruelle*, n°. 418; *Nouv. Desgodets.*

513. A l'égard des figures, des vases, des pots à fleurs et des bancs servant à l'ornement des jardins, Goupy fait une distinction, il dit que les vases de faïence, de fonte ou de fer, les caisses et les bancs de bois, s'ils se trouvent cassés ou dégradés autrement que par vétusté, sont réparés par le locataire. Mais la dégradation des vases et des bancs de marbre, de pierre, de terre cuite, pouvant venir de l'intempérie de l'air, le locataire n'en est pas tenu, à moins qu'ils n'aient été détériorés par sa faute. *V. M. Ruelle*, n°. 419; *Rép. de M. Merlin; Pothier*, n°. 220.

514. Toute dégradation qui arrive par vol, comme lorsqu'il se trouve des plombs, des fers, des pierres emportés, doit être réparée par le locataire. Sa négligence peut avoir occasionné le vol. Cependant, si on prouve que les soins qu'il est raisonnable de prendre pour la sûreté des objets compris au bail étaient insuffisans pour l'empêcher, par exemple, quand il est fait à main armée par une bande de brigands, la présomption ne pèse plus sur le locataire, et la perte doit être supportée par le propriétaire; il en serait de même, si les objets volés étaient placés en dehors d'un bâtiment sur la rue. *V. M. Ruelle*, n°. 420.

515. Un bail à loyer ayant été signé, le preneur s'aperçoit que différens objets dont il n'a pas besoin se trouvent dans la maison; on demande s'il peut refuser de s'en charger.

Selon Goupy, l'on ne peut forcer un locataire à se charger d'aucune des choses qui ne font pas essentiellement partie de la maison; c'est-à-dire, des objets qui sont meubles, et qui peuvent facilement s'emporter.

Il cite pour exemple, dans les jardins, les bancs de bois qui ne tiennent pas au sol, les vases de toute espèce, les caisses de bois propres aux arbrisseaux; dans les appartemens, les tringles des rideaux, les croissans pour tenir les rideaux ouverts, les tables, les glaces qui ne sont point attachées à perpétuelle demeure, les armoires non scellées, les doubles portes d'étoffe, les stors de croisées, les tables, les tableaux, les dessus de portes non arrêtés par la menuiserie de la maison; dans les escaliers, les lanternes; dans les cuisines, les tablettes, les râteliers servant à tenir la vaisselle. *V. M. Ruelle, n°. 241.*

Si le locataire est entré en jouissance, il n'est plus recevable à refuser d'entretenir ces objets mobiliers. Il est donc bon, pour mettre sa responsabilité à l'abri, qu'il fasse sa protestation avant d'accepter les clefs, ou au moins lors de sa prise de possession. *Nouv. Desgodets.*

516. Les bâtimens des moulins sont sujets aux mêmes réparations locatives que les autres. *V. M. Ruelle ; Nouv. Desgodets.*

Mais ces espèces d'usines, outre les édifices, ont des touruans et des travaillans, des machines, des ustensiles et des meubles consacrés spécialement à leur exploitation : comment le locataire doit-il les entretenir?

Il n'est point parlé dans le Code civil des réparations locatives, dont ces objets ont besoin ; il faut suivre sur ce point les usances locales.

Nous indiquerons l'usage suivi dans la coutume de Paris, comme faisant droit commun, à défaut d'usages contraires (*).

517. La présomption de droit est que les répara-

(+) On suit en Normandie les usages de Paris pour les réparations locatives des moulins.

tions nécessaires aux moulins ont été occasionnées par la faute des meuniers. Ainsi, ils sont tenus de faire ces réparations, à moins que la vétusté ou une force majeure n'ait causé les dégradations locatives.

L'usage est, dans quelques pays, de faire estimer ce que valent tous ces effets particuliers aux moulins, lorsqu'on les livre au meunier, et lorsque son bail est fini. Si la dernière prisée est plus forte que la première, c'est lui qui paye au propriétaire ce que celle-ci vaut de moins.

Tous les objets particuliers aux moulins, et qu'on n'énonce pas comme sujets à réparations locatives, sont à la charge du propriétaire ; la présomption est qu'ils sont usés par vétusté. Le meunier n'en serait tenu que dans le cas où on prouverait que la dégradation est arrivée par violence, et n'est pas l'effet d'un cas fortuit. *Nouv. Desgodets.*

518. L'entretien des palées des moulins à eau, dans les endroits où il y en a, est à la charge du meunier. On nomme palées une rangée de pieux enfoncés les uns près des autres, et derrière lesquels sont attachées des planches. Un espace entouré de palées, et les palées elles-mêmes, est ce que l'on appelle palis. Ils forment des espèces de coffres que l'on remplit de pierres pour serrer le canal de l'eau et lui donner un cours plus rapide. *V. Nouv. Desgodets ; M. Ruelle, n°. 431.*

519. On met aussi à la charge du meunier les réparations à faire aux vannes. Ce sont des espèces de portes de bois qui se lèvent et se baissent pour donner à l'eau qui pousse la roue du moulin un volume plus ou moins considérable, selon le besoin, et même pour empêcher totalement l'eau de se porter sur la roue, quand on veut arrêter le moulin.

520. Les tournans et travaillans d'un moulin à eau doivent être entretenus par le meunier, à moins qu'il

ne prouve que les dégradations viennent, ou de vétusté, ou de force majeure. *V. Goupy; Nouv. Desgodets.*

On entend par *tournans* et *travaillans*,

1°. L'arbre gisant, c'est-à-dire, celui qui est placé horizontalement. Le meunier est responsable de cet arbre, ainsi que de ses frettes de fer, de ses deux tourillons, de son gros et menu bout qui portent sur les deux chevreciers, garnis de plumars de cuivre; du rouet avec ses embrasures, bosses, parémens, chaussures des chevilles, ses embraiemens, coins et fermetures; de la volée, garnie de ses petits bras, coins, fermetures, entretoises, coilleaux, liens et aubes. *M. Ruelle*, n°. 431.

2°. L'arbre qui est debout avec sa potence et ses frettes, et par conséquent sa souche garnie de sa palette, de ses pars, contre fiches, embraiemens, coins et fermetures. Ce même arbre a pour accessoires un boutteau avec crêtes de fer, une chaussure de fuseaux, des moires, un noyau et sa frette, un hérisson de bois d'orme et ses courbes, embrasure et chaussure de cheville, une chaise, et un palier avec son pars, sa palette, son noyau, ses coins et fermetures.

3°. La lanterne avec ses frettes, sa queue d'aronde, sa chaussure de fuseaux, son fer garni de la fusée et de la nille, et ses quatre bras. *V. le Nouv. Desgodets.*

4°. La meule gisante, c'est-à-dire, celle qui est immobile. Elle a pour accessoires, sa boîte, son boîtillon avec liens de fer pour retenir la boîte; des pièces d'enchevêtrures, des archures et couverseaux avec équerres, crochets par haut et par bas, crampons; enfin desplanches.

5°. La meule courante, celle qui reçoit le mouvement, et qui couvre la meule gisante. La meule courante est garnie de son lien de fer à moufle, et d'une croisée par-dessus, avec crampons scellés en plomb.

6°. Les deux trémions, les porte-trémions, le chapeau, l'orgueil et les coins de levée. *M. Lepage; M. Ruelle*, *n°.* 431.

Goupy ajoute : la trémie avec ses augets et frayons, ses quatre branches de fer et ses platines.

7°. Enfin, la huche destinée à recevoir la farine, le baille-blé garni de ses bajoues et petits moulinets, l'arbre du tambour, garni du gacaunone avec sa poulie et son boulon.

521. Dans les moulins *pendans*, c'est-à-dire dans ceux dont la roue peut se hausser et se baisser, afin de se conformer à la hauteur des eaux, les tournans et travaillans comprennent, en outre, une charpente qui sert à élever ou à baisser la roue, selon l'augmentation ou la diminution des eaux. Le meunier est également tenu des réparations de cette charpente, composée,

1°. D'une reille de la lotoire garnie de boulons, rondelles, clavettes de fer, planches, liernes, suspotreaux, chevilles de reille, écharpe et poulie. *V. le Nouv. Desgodets.*

2°. D'une reille du gros bout d'amont-l'eau, garnie de sa clef, de ses boulons, de ses clous à hune, et de son suspotreau à chevilles de reilles. *V. Goupy sur Desgodets.*

3°. D'une reille du même bout d'amont-l'eau, garnie de ses boulons, rondelles et clavettes, clous à hune, de sa clef par bas, de son suspotreau par haut, et de ses chevilles de reilles.

4°. D'une reille du gros bout d'aval-l'eau, garnie de fer, boulons, rondelles et clavettes, clous à hune, suspotreau et chevilles de reilles.

5°. D'une reille de menu bout d'aval-l'eau, garnie comme on l'a dit ci-dessus. *V. M. Ruelle, n°. 432.*

6º. De deux pars, de trois arbalétriers du gros bout, de trois arbalétriers du menu bout, de godivelles du gros et du menu bout, de chevresiers du gros et du menu bout. Par gros et menu bout, on entend les deux bouts de l'arbre gisant, et qui ne sont pas de même grosseur : on distingue les pièces dont on vient de donner le détail par la place qu'elles occupent du côté du gros ou du menu bout. *V. Goupy et Desgodets.*

522. On demande si le conducteur d'un moulin *pendant* est tenu de réparer la charpente dont il s'agit, lorsqu'elle a été endommagée, soit par les glaces, soit par le choc de quelque bateau, ou de quelque autre objet entraîné par les eaux.

Les dommages causés par les glaces, ou par le choc des corps qu'entraînent les eaux, peuvent s'éviter en prenant des précautions usitées sur les rivières. Le meunier qui ne fait rien pour prévenir ces sortes d'accidens est responsable de leur suite : s'il n'a pas d'autre moyen de se garantir que d'avoir des pieux de garde, il doit en demander au propriétaire ; celui-ci étant mis en demeure de les faire placer, doit supporter seul les pertes qui arrivent par le défaut de pieux. *Nouv. Desgodets.*

523. Outre les tournans et travaillans, les ustensiles et objets mobiliers servant à l'exploitation du moulin, sont à la charge du locataire.

Dans un moulin à eau, ce sont ordinairement les câbles à reprendre l'hérisson, les verins, les pinces de fer et le treuil garni de ses bras, ou autrement dit, de son moulinet ; le câble à lever la meule, les vingtaines sur le tambour et pour la lotoire ; les escaliers pour monter à la trémie, et les treuils servant à suspendre le moulin ; des corbeilles à engrener, un crible de fil de fer, une banne de treillis ; les marteaux à rhabiller les meules, le marteau à pannes, les masses, les ciseaux, et la petite échelle à monter la farine. *Nouv. Desgodets ; M. Ruelle, n°. 433.*

524. Il y a des cas où les preneurs de moulins à eau sont tenus à d'autres réparations : mais il faut que leurs baux en fassent mention, sinon elles restent à la charge des propriétaires. Tels sont les digues (*) qui se font pour retenir l'eau et la porter en plus grande quantité sur les moulins; le fauchage des herbes qui croissent dans l'eau et en ralentissent la vitesse ; l'enlèvement des attérissemens qui se forment au-dessus ou au-dessous des moulins, et qui privent l'eau de la force dont elle a besoin pour faire tourner les roues. *V. M. Ruelle, n°. 434.*

Si le propriétaire manquait de charger le locataire de ces objets d'entretien, celui-ci pourrait exiger qu'on fît cesser tous les obstacles qu'éprouverait le cours des eaux : il aurait droit de demander que les eaux qui s'échappent fussent retenues dans la direction qu'elles doivent avoir vers la roue du moulin.

Il est tenu de ces réparations, s'il y est obligé ; quand même les grandes eaux détruiraient ce qu'il aurait fait, il n'en serait pas indemnisé par le propriétaire, parce que le cas de l'accroissement des eaux est un des inconvéniens qui se prévoient naturellement, et auxquels les parties sont censées avoir pensé en souscrivant le bail. *Nouv. Desgodets.*

525. Il y a des moulins à eau construits sur masse de pierres et d'autres établis sur bateaux : les preneurs de ces derniers moulins sont tenus d'entretenir,

1°. Les tournans et travaillans ; 2°. les ustensiles ci-dessus désignés.

Ils répondent de tous les dommages arrivés aux bateaux qui supportent les moulins, ainsi qu'au corps

(*) Voyez n°. 418, vol. 1.

même des moulins ; ils sont cependant à l'abri de toute poursuite à cet égard, lorsqu'ils prouvent que les réparations sont occasionnées par vétusté ou par force majeure.

526. On demande sur qui tombe la perte causée aux moulins sur bateaux, lors des grandes eaux ou des glaces, par la surcharge, par la rupture des câbles, par les frottemens ou le choc, soit des autres bateaux, soit de tout autre corps entraîné par les eaux. *Nouv. Desgodets.*

On ne regarde pas ces événemens comme l'effet d'une force majeure : ces sortes de moulins sont naturellement exposés à ces divers accidens, et les parties sont censées les avoir prévus. D'ailleurs, il y a des précautions à prendre pour les éviter : le meunier est donc responsable s'il a été négligent ou maladroit.

527. Dans les moulins à vent, les tournans et travaillans, ainsi que les ustensiles, sont également à la charge du meunier. *V. M. Ruelle*, n°. 438 ; *Nouv. Desgodets.*

Les tournans et travaillans sont les volans de dehors, et leurs toiles ; les volans de dedans, et l'arbre tournant ; le marbre, le frein, le rouet et le gros fer, les trois paliés, qui sont, le palié de gros fer, celui du petit collet et celui du heurtoir ; la lanterne, le câble et les quatre pièces d'archures ; les meules courante et gisante, et le cerceau de fer ; le petit fer, la tempure, le pallié du petit fer, la boîte et le boîtillon ; le babillard, la petite et grande huche, le bluteau et le moulinet, ou engin à monter le blé. Quant aux ustensiles et autres objets mobiliers, ils sont ordinairement, pour les moulins à vent, les quatre marteaux à rhabiller les meules ; une pince ou queue de fer, une corbeille, un boisseau, un picotin et des échelles ; la nille de fer, une armoire de la queue et une brouette ; la garoine ou grouanne, les garonans et la rouette ; les crocs, les pieux et le câbleau pour l'escalier. *V. Nouv. Desgodets.*

528. On a vu que si le corps d'un moulin à eau reçoit du dommage par le choc d'un autre bateau, le meunier en est responsable, parce qu'il pouvait l'en garantir. Par la même raison, si le corps d'un moulin à vent éprouvait des dégradations par la force du vent, le preneur en serait responsable, s'il était prouvé qu'il a négligé de tourner le moulin comme il convenait pour éviter l'accident. *Nouv. Desgodets ; M. Ruelle,* n°. 439.

529. Les ustensiles et autres effets mobiliers peuvent varier, selon les lieux, la nature des moulins, et le bon état dans lequel ils sont tenus par le propriétaire.

Au surplus, en règle générale, tous les objets de ce genre, fournis au meunier, doivent être rendus dans le même état qu'il les a reçus. C'est pourquoi, avant qu'il entre en jouissance, on en fait un état estimatif. Il en est dressé un autre à la fin du bail.

Si la deuxième estimation est plus forte que la première, le maître rembourse le preneur du surplus. Au contraire, si la dernière est plus faible, le fermier rembourse le propriétaire. *V. Nouv. Desgodets ; M. Ruelle.*

Il est de la prudence, comme de la justice des experts, de faire les estimations dans la même proportion. *V. Desgodets.*

530. Des coutumes règlent de quelle manière les moulins communs entre plusieurs doivent être réparés. On peut voir Bretagne, tit. 18, art. 374; Anjou, tit. 1er., art. 21; Bayonne, tit. 23, art. 4; un arrêt du parlement de Toulouse du 27 mars 1597; mais tous ces règlemens locaux sont abrogés par l'art. 7 de la loi du 30 ventôse an 12. Les moulins

communs sont partout soumis, pour les réparations, aux mêmes règles que les autres biens indivis. *V. M. Merlin, Rép. v°. moulin.*

531. Dans le cas où le propriétaire loue un bâtiment à plusieurs, on demande par qui sont supportées les réparations locatives qui sont à faire dans les escaliers, les passages et autres lieux communs à tous ceux qui jouissent.

On doit faire payer chaque réparation par celui des locataires qui en est cause. Mais, selon Goupy et Desgodets, lorsqu'il n'est pas prouvé par lequel des locataires les dégradations ont été causées, le propriétaire en reste seul chargé. *M. Ruelle, n°. 423; M. Lepage.*

Pothier prétend, au contraire, n°. 223, qu'ils en sont tous chargés. Cette opinion nous paraît préférable. *Arg. art. 1734 C. c.*

532. Toutes les dégradations, autres que celles dont on a fait l'énumération ci-dessus, restent à la charge des bailleurs, à moins qu'ils ne prouvent qu'elles ont été occasionnées par le fait des conducteurs. *Art. 1730 C. c. V. M. Ruelle, n°. 423.*

533. Il existe des usages particuliers pour les réparations à faire dans les campagnes.

« Si tout ou partie des terres données à ferme, dit M. Ruelle, n°. 546, était enclos de haies vives, le preneur doit les entretenir et les rendre en bon état à la fin du bail. L'entretien de ces haies consiste à les tailler ou faire tailler aux époques d'usage, et à substituer des arbres à ceux qui pourraient mourir ».

Il nous semble que les conducteurs ne sont point obligés, du moins en Normandie, de remplacer les arbres morts.

Desgodets, ajoute Pothier, n°. 223, charge les fermiers « de l'entretien des haies et du curement des fossés; ce qui me paraît juste, lorsque ce curement a coutume de se renouveler dans un temps qui n'excède pas celui de la durée des baux ; car, en ce cas, il fait partie de la culture ».

534. A l'égard des étangs, il n'y a d'autres réparations que leurs clôtures.

535. La loi astreint positivement les conducteurs à l'échenillage. *V. n°.* 225 , *vol.* 2.

536. Les conducteurs sont tenus d'entretenir les pressoirs de certaines réparations , comme on l'a vu n°. 88. Ils sont obligés de représenter, à l'expiration de leurs baux , tous les ustensiles dont sont ordinairement pourvues ces usines, à moins qu'ils ne prouvent ne pas les avoir tous reçus. *Arg. art.* 1731.

Ils doivent entretenir l'aire des granges, et représenter à la fin de leurs baux le nombre de perches qui leur a été livré.

537. La contribution aux dépenses de voirie s'établit et s'acquitte par forme d'impôt. Dès-lors les conducteurs ne son tenus , ni de l'entretien des chemins vicinaux , ni de celui des ponts et des fossés dépendant de ces chemins ou des routes, s'il n'y a stipulation ou usage contraire , implicitement compris dans les baux. *V. n°.* 607, *vol.* 1.

L'usage ne met pas non plus l'entretien des chemins privés et de traverse à la charge des conducteurs. *V. n°.* 623.

538. Les preneurs ne sont tenus ni au curage des cours d'eau , ni à l'entretien de leurs digues et déversoirs ; ce sont là des charges foncières , qui restent au compte des propriétaires. *V. n°ˢ.* 411 *et suivans,* 468, *vol.* 1.

539. « Quant aux vignes , le fermier est tenu d'entretenir les échalas ou charmiers , de remplacer ceux qui manquent ou pourrissent, et d'en rendre à la fin de sa jouissance un nombre égal à celui qu'il a reçu ; plus , de l'entretien des fossés et des haies, et de

rendre le tout à la fin du bail en bon état, et conforme à celui fait lors de l'entrée en jouissance ». *V. Ruelle*, n°. 550.

540. « Relativement aux bois taillis, il n'y a d'autres réparatious et entretiens que les fossés, s'il y en a, en supposant qu'il en ait été chargé par son bail ; mais il doit laisser les baliveaux de l'âge, suivant l'ordonnance ; savoir : les modernes, les anciens et les gros, et même les arbres fruitiers ; il doit aussi laisser des arbres corniers ». *V. M. Ruelle*, n° 551.

541. Le fermier doit entretenir les biens ruraux en bon état de culture et d'exploitation. Il est tenu de les rendre tels, s'il ne prouve les avoir reçus autrement. *V. M. Ruelle*, n°. 545.

542. La bonne foi et l'usage lui font un devoir de ne rien faire qui tourne à la détérioration des fonds affermés, comme on l'a vu n°s. 40 et suiv.. Il ne peut, par exemple en Normandie, différer les labours, même pendant ses jouissances, au delà de la St.-Jean pour les terres légères, et la mi-mai pour les grosses terres. Il lui est défendu de laisser pâturer les bestiaux dans les prés après la Chandeleur. *V. n°.* 42 *et suiv.*

543. Selon le Nouveau Desgodets, « c'est le propriétaire qui fait dresser l'état des lieux à ses frais ; il en donne une copie au locataire, qui la vérifie ou la fait vérifier. Lui seul doit payer cette vérification ; en effet, cet état lui sert pour tous les baux qu'il passe ; mais à chaque bail, il faut deux copies de l'état des lieux ; l'une pour le propriétaire, et l'autre pour le preneur. Le locataire paye sa copie ; ce qui comprend la vérification, le papier timbré et la peine du copiste ». *V. n°.* 83.

544. En général, on fait les état de lieux comme nous l'avons vu n°. 83, vol. 2. Les devis des fermes doivent contenir, 1°. la description des pièces de

terre, avec leurs tenans et aboutissans ; 2°. leur nature et leur situation ; 3°. la désignation des haies vives ou mortes ; 4°. l'état des clôtures, tels que fossés, palissades, barrières, avec leurs dimensions. *V. M. Ruelle, n°. 544 ; Pothier, Cout. d'Orléans.*

Les devis sont utiles pour les preneurs, afin de repousser au besoin la présomption de bon état qui pèse sur eux : ils sont également utiles aux bailleurs, afin d'empêcher les preneurs de mauvaise foi de substituer des effets de mauvaise qualité à des effets de bonne qualité, etc., etc.

545. Nous avons vu, n°. 93 et 94 du présent volume, à quelle époque doivent se faire les réparations, et par quel délai l'action pour leur confection, après l'expiration des baux, se prescrit.

546. Il y a deux espèces de réparations, les unes sont urgentes, et les autres sont temporaires ou *courantes.*

Les réparations urgentes sont celles à faire aux vitres, aux tuyaux de cheminée, aux dalles et pavés aux rez-de-chaussées ; aux fosses d'aisance, aux fontaines et robinets ; le ramonage des cheminées ; et enfin tout ce qui peut importer à la conservation des choses affermées. *V. le Nouv. Desgodets ; v. n°. 38, vol. 2.*

Les réparations temporaires sont celles qui n'importent point à la conservation des biens affermés ; elles n'intéressent que la jouissance du preneur. Par exemple, les blanchissages, les peintures, les réparations du bas des murs, des portes de l'intérieur, des cheminées, des paillasses de cuisine, etc., etc.

Le bailleur est obligé de délivrer les lieux en bon état de réparations de toute espèce. *Art.* 1720 *C. c.*

Il peut, pendant le cours du bail, contraindre le preneur à faire les réparations urgentes à fur et mesure que les dégradations paraissent.

Quant aux réparations courantes, le conducteur

est libre d'en différer la confection jusqu'à la fin de son bail. *V. M. Ruelle*, *n°.* 351 *et* 360 ; *Arg. art.* 1730 ; *Nouv. Desgodets.*

547. On tient pour règle, parmi les personnes ignorant les lois, que les conducteurs ne peuvent rien faire enlever de ce qu'ils ont attaché aux fonds à clou ou à cheville, etc.

C'est une erreur, les fermiers et locataires peuvent enlever ce qu'ils ont attaché aux héritages. Toutefois le propriétaire peut retenir leurs ouvrages, leurs constructions et leurs plantations, aux termes de l'art. 555 du Code civil. *V. n°.* 19 *du vol.* 1 ; *Pand. franç.*, *art.* 1778.

Mais il n'aurait pas le droit de retenir, par exemple, des glaces, des tableaux, des chambranles de marbre rare, des boiseries sculptées d'une manière recherchée. *V. Nouv. Desgodets.*

548. Toutes les constructions, plantations et ouvrages faits sur un fonds, sont présumés lui appartenir. *Art.* 555 *C. c.*

Il suit de là que le preneur ne peut enlever à sa sortie aucune des choses par lui attachées au fonds, qu'en justifiant par écrit les y avoir apportées, s'ils sont d'une valeur supérieure à 150 fr. *Art.* 1341 *C. c.*

549. Les preneurs n'ont pas le droit de détruire, malgré le bailleur, les embellissemens qu'ils font pendant leur jouissance, tels que plafonds, peintures, collages de papier, etc.

S'ils n'en peuvent profiter, l'équité ne leur permet pas de les détruire pour le plaisir de nuire. *V. Nouv. Desgodets* ; *M. Ruelle*, *n°.* 253.

550. Quoique le législateur n'ait expressément parlé que des *fermes* et des *maisons*, les tribunaux de paix connaissent évidemment des réparations des usines, telles que moulins, verreries, et de celles des

réparations locatives dont sont tenus les bouviers. *V.*, n°. 280, *vol.* 1.

On place aussi dans leurs attributions la connaissance des réparations locatives, des presbytères dont sont tenus les curés et desservans, aux termes de l'art. 21 du décret du 6 novembre 1813.

Ces réparations sont les mêmes que celles dont sont chargés les locataires en général.

551. La loi ayant borné la compétence aux simples réparations *locatives*, les juges de paix ne peuvent connaître des autres réparations qui ne sont point de plein droit à la charge des conducteurs. Toutes celles dont est tenu un fermier, non par l'usage ou la loi, mais par une clause de son bail, ne sont évidemment pas de leur compétence ; c'est ce qu'a jugé la cour suprême le 13 juillet 1807. Dans l'espèce, il s'agissait, 1°. de faire rapporter sur une ferme des pailles et fumiers que le conducteur était tenu d'y laisser à sa sortie ; 2°. de procurer aux terres et aux bâtimens toutes les *réparations* de *culture* et d'*entretien* ; le tout en vertu des clauses d'un bail. *V. M. Henrion de Pansey*, *chap.* 29.

552. Puisque les juges de paix connaissent des réparations *locatives*, eux seuls sont autorisés à juger les difficultés qu'elles peuvent faire naître, soit avant l'entrée en jouissance des fermiers ou locataires, soit depuis.

Conséquemment, ils sont compétens pour prononcer sur les devis ou états de lieux dressés ou à dresser.

C'est à eux à fixer les états par un jugement, lorsque les parties ne sont pas d'accord, soit sur les choses qui doivent être décrites, soit sur la manière d'opérer ; par exemple, si le propriétaire se refuse à un devis, le preneur en fait dresser un, et assigne le maître devant le juge de paix pour l'accepter ou le contester ;

si c'est le fermier qui s'y refuse, son propriétaire l'assigne devant le même juge, pour voir dire qu'il sera dressé procès-verbal des lieux ; dans ces divers cas le juge prononce. *V. M. Ruelle, Manuel des propriétaires, n°*. 320, 321 *et* 322, *et Arg. des art.* 2, 3, 41 *et* 42 *C. procéd.* ; *M. Lepage, vol.* 2, *p.* 191.

Les tribunaux de paix sont enfin compétens pour recevoir les états de lieux que refusent d'arrêter les preneurs ou les bailleurs à l'expiration ou au commencement des baux.

553. Les réparations énumérées n°*s*. 27 et 28, vol. 1, sont de la compétence des tribunaux d'arrondissement. L'attribution n'en est nulle part dévolue aux juges de paix.

En général, l'usufruitier doit toutes les réparations, à l'exception de celles qui sont énumérées dans l'art. 606 du Code civil. *V. M. Toullier et n°.* 50, *vol.* 1.

Les personnes qui jouissent des menses épiscopales, des biens des chapitres cathédraux et collégiaux, des cures et des biens des séminaires, doivent en supporter les réparations, suivant le mode fixé par le décret du 6 décembre 1813.

Mais la connaissance de ces diverses réparations est placée dans la juridiction des tribunaux d'arrondissement.

Quant à la réparation des presbytères, elle est dévolue aux tribunaux de paix, comme on l'a vu plus haut.

§. II. *Des indemnités réclamées par les locataires ou fermiers, et des dégradations dont ils sont responsables.*

554. Les juges de paix connaissent..... « 4°. des *indemnités* prétendues par le fermier ou locataire

pour *non jouissance*, lorsque le *droit* de l'indemnité ne sera pas contesté, et des *dégradations* alléguées par le propriétaire ». *Art.* 10, *loi du* 24 août 1790; *art.* 3 *C. procéd.*

555. Les indemnités dues aux fermiers pour non jouissance, sont celles qui résultent d'un trouble apporté par le propriétaire ou par des tiers qui réclament la propriété même ou des droits qui nuisent au preneur.

Ces indemnités sont celles dont il est en général question dans le Code civil aux art. 1719, 1720, 1721, 1722, 1723, 1724, 1726, 1727, 1744, 1745, 1746, 1747, 1749 et 1750.

Mais il n'appartient point aux juges de paix de connaître des *indemnités* ou *remises* dues aux fermiers pour les cas fortuits désignés dans les art. 1769, 1770, 1771, 1772, 1773 du même Code. En effet, c'est aux tribunaux d'arrondissement à s'en occuper, parce qu'il s'agit de *remises* et d'interprétations de baux, dont les questions sont naturellement dévolues aux tribunaux d'arrondissement.

On peut citer ici quelques troubles qui empêchent de jouir, et pour lesquels il est dû des indemnités.

1º Le maître d'une ferme abat pour lui, ou vend et fait abattre, par les acheteurs, des arbres qui causent, en tombant, des dégâts aux fruits et récoltes, ou nuisent autrement à la jouissance du fermier.

2º. Au lieu de n'envoyer au pâturage, avec les bestiaux du preneur, que le nombre fixé par le bail, il y en envoye davantage, sans d'ailleurs élever de difficultés sur les clauses du bail.

3º. Il manque à faire les réparations tombant à sa charge, et le fermier en éprouve des dommages.

4º. Un tiers dépossède le preneur à la suite d'une action possessoire ou pétitoire.

5º. Mais si les troubles dans la jouissance étaient le

résultat de voies de fait, sans prétentions sur la jouissance ou la propriété, le fermier ne pourrait pas réclamer d'indemnité. *Art.* 1725.

556. Puisque la loi n'attribue aux juges de paix que la connaissance des indemnités dues aux fermiers pour non-jouissance, et des dégradations alléguées par le propriétaire, les tribunaux d'arrondissement sont seuls compétens sur les dégradations reprochées par le *nû-propriétaire* à l'usufruitier. *Cas.* 10 *janvier* 1810; *M. Henrion de Pansey.*

557. Les indemnités réclamées pour non-jouissance, ne doivent-elles jamais, sous aucun prétexte, sortir des attributions des juges de paix ?

On peut dire : quand même le fermier prétend que le bail doit être résilié d'après les troubles apportés à sa jouissance, ce n'est pas au tribunal d'arrondissement à prononcer ; le preneur qui fonde une action en résiliation sur des non jouissances, doit porter son action au tribunal civil ; c'est au juge de paix à liquider les indemnités qui lui sont dues pour les *non jouissances.*

Mais on répond avec raison, 1°. que toute demande accessoire doit être en général portée devant le tribunal saisi de la demande principale ; ce tribunal ne fût-il compétent, ni à raison du domicile du défendeur, ni à raison de la situation de l'immeuble. *Cas.* 22 *décembre* 1807, *Sir.* 20.

2°. Que l'action en indemnité est dans l'espèce un accessoire, et que dès-lors elle doit être jugée par le tribunal saisi de la contestation principale.

558. La loi de 1790, et surtout l'art. 3 du Code de procédure, semblent enlever au juge de paix la compétence, dès qu'il y a litige sur l'indemnité. Mais il ne suffit pas que le fermier prétende ne pas devoir d'indemnité, ou n'en devoir que pour telle somme, pour que le juge cesse d'être compétent. Le législa-

teur exige qu'il y ait contestation sur le *droit* de l'indemnité, pour attribuer la compétence au tribunal civil. Le preneur doit dire, par exemple : le bail me dispense de l'indemnité, d'après ses dispositions ; le propriétaire qui réclame est sans qualité pour agir. *V. M. Biret.*

« S'il y a contestation, dit M. Delaporte, sur l'existence du bail, ou sur sa durée, ou sur le sens de ses clauses, ce n'est plus devant le juge de paix que la demande doit être portée ». *Art.* 3 *C. procéd.*

Il résulte de là que le juge de paix n'est compétent que lorsqu'il s'agit de savoir s'il y a lieu à indemnité d'après l'état des choses, ou quand il faut en liquider le *quantum. V. Rép.*, v°. *juge de paix; M. Biret*, v°. *action.*

559. La loi ne distingue pas le cas où les *dégradations* sont contestées, de celui où elles ne le sont pas.

Cependant si le fermier prétend que, d'après son bail ou une convention y relative, les faits dont le maître se plaint, ne constituent pas des dégradations, mais sont une suite des conventions, le juge cesse d'être compétent. Il s'agirait dans ce cas d'interpréter le contrat de louage, et ses attributions ne vont pas jusque-là. Sa compétence se borne à liquider les dommages-intérêts résultant des dégradations commises au mépris de l'usage et du droit.

560. Le *droit* à l'indemnité doit être contesté par le défendeur *à limine litis*, pour qu'il y ait incompétence. En n'excipant pas, dès le principe, de cette incompétence introduite en sa faveur, il est censé y renoncer.

Par exemple, il ne lui est plus permis de se prévaloir de l'exception sur l'appel, en soutenant que les clauses de son bail l'autorisent à faire ce qu'on lui reproche. *Cas.* 17 mars 1820, *Sir.* 20; *M. Delvin-court et Henrion de Pansey*, chap. 25.

561. Sous l'expression *dégradation* on comprend tous les actes et même les négligences du preneur qui détériorent les fonds affermés. Par exemple :

1º. Le fermier ne fume pas les terres convenablement; il les laboure ou ensemence trop tard.

2º. Il ne fait pas ou ne prépare pas les fumiers suivant l'usage et en bon père de famille.

3º. Il enlève les foins, les pailles ou des engrais de sur les terres, et les divertit à son profit. *Cas.* 29 mars 1820, *Sir.* 20.

4º. Il fauche, contre l'usage, des herbages au lieu de les faire paître.

5º. Il coupe des bois avant l'âge ou la saison convenable, ou fait tête à des arbres non sujets à cette opération.

6º. Il convertit, au mépris de l'usage, des pâturages en labour, *et vice versâ;* plante en trèfle ou en sainfoin des terres qui ne sont pas propres à cette espèce de production.

7º. Il laisse, au mépris des usances, des fonds en jachère hors la saison où ils doivent recevoir des labours.

8º. Il ne provigne pas soigneusement les vignes, et les néglige de manière à en diminuer le produit.

9º. Il affaiblit les clôtures vives, en ne laissant pas, lors de la coupe, un nombre suffisant de maîtresses souches ou marmenteaux.

10º. Il coupe par le pied des haies qui doivent se tailler à la hauteur fixée par l'usage du lieu.

11º. Il abat des arbres, il néglige de faire les réparations locatives. *V. Rép.*, *vº. dégradations.*

12º. Un locataire endommage des papiers, des tapisseries, des lambris, des murs et croisées.

13°. Il laisse les espaliers d'un jardin sans tailler, en brise les balustrades, etc.

Tels sont les exemples que l'on pourrait multiplier à l'infini ; mais pour fixer ses idées sur ce que l'on entend par dégradations, il faut recourir, 1°. aux art. 1766, 1728, 1778, 1730, 1731, 1732 du Code civil ; 2°. aux n°⁵. 35, 36, 37 et 38 du présent volume.

562. Nous devons faire observer que les juges de paix ne connaissent que des dégradations faites par les fermiers pendant leur jouissance. Ils sont incompétens pour prononcer sur celles que les preneurs peuvent commettre, en prolongeant leurs jouissances, après la cessation de leurs baux. *Cas.* 15 *juin* 1819, *Sir.* 20.

CHAPITRE VII.

Des gages des domestiques, des salaires des gens de travail et de l'exécution de leurs engagemens.

563. Les juges de paix connaissent « sans appel jusqu'à la valeur de 50 liv., et à la charge d'appel à quelque valeur que la demande puisse monter..... 5°. du paiement des salaires des *gens de travail*, des gages des *domestiques* et de l'exécution des *engagemens* respectifs des maîtres et de *leurs* domestiques ou *gens* de travail ». *Loi du 24 août* 1790.

564. Par *gens de travail*, on entend les ouvriers dont le service commence et finit avec la journée; les journaliers proprement dit, qui travaillent chez autrui à la terre, ou se livrent à d'autres services; par exemple, des terrassiers ou des couvreurs, des menuisiers ou charpentiers, des plafonneurs ou maçons à la journée. *V. M. Carré, Introd. à ses Quest.*

Selon M. Biret, v° action, il faut comprendre aussi, sous la dénomination de gens de travail, non-seulement les manœuvres, mais encore tous ceux qui travaillent manuellement, soit manœuvres, soit artisans; mais on n'entend par cette qualification que les journaliers proprement dits.

565. On ne regarde pas comme gens de service ou de travail, les entrepreneurs par devis ou marchés à prix fait.

Ainsi, le marché par lequel un individu se charge de creuser des fossés, une pièce d'eau, ou faire d'autres ouvrages moyennant un prix, n'est point de la compétence de la justice de paix. Il n'y a point là engagement de services dans le sens de la loi du 24 août 1790. *Cas. 28 novembre 1821; Journ. des juges de paix*, par M. de Foulan.

566. On ne range pas parmi les gens de service ou de travail, les clercs, les commis de bureau et les élèves des professions libérales.

Mais on regarde comme *domestiques* les personnes qui tiennent à la maison, les bibliothécaires, les précepteurs, les secrétaires, chapelains et intendans des maisons. Ils sont soumis à la même juridiction que les serviteurs. *V. M. Henrion de Pansey, chap.* 30.

Au surplus on peut voir ce que nous avons dit, nº. 757, vol. 1, sur les serviteurs, les domestiques et les ouvriers.

567. Lorsque les demandes formées par les ouvriers ou gens de travail se composent de salaires et de fournitures excédant 100 fr., le juge de paix doit établir une distinction.

Il est tenu d'isoler tout ce qui concerne les fournitures; et alors il prononce, si ce chef n'excède pas 100 fr.; s'il est supérieur à cette somme, il le renvoie. Quant au chef des salaires, il doit statuer, quel qu'en soit le taux. *V. M. Biret, vº. action.*

568. Les juges de paix ne cessent pas d'être compétens, quand les salaires des gens de travail, les gages de domestiques, les dommages, etc., placés dans leurs attributions, sont dus en vertu de billets ou promesses. Le titre ne change rien à la juridiction. Il ne leur est défendu de prononcer que sur les méconnaissances d'écritures. *V. M. Biret, vº. action et billet.*

569. Les tribunaux de paix ne doivent prononcer sur les engagemens respectifs des domestiques et gens de travail, et de leurs maîtres, qu'autant que les contestations roulent nécessairement sur des rapports de

services. Ainsi , ils ne peuvent connaître d'une demande formée par un domestique contre son maître,
en restitution de meubles et effets servant à son
usage personnel , et de titres qui lui appartiennent.
*Cas. 22 frim. an 7; Quest. de droit , v°. just. de
paix.*

570. Par *engagemens* , on entend toute espèce
de traités entre les maîtres et les domestiques sur le
louage , soit pour sa durée , soit pour sa résiliation ,
soit pour son mode d'exécution.

On peut voir ce que nous avons dit sur les obligations respectives des maîtres et des domestiques n°.
759 et suiv. , vol. 1.

571. On a vu des explications sur les devoirs respectifs des maîtres , des apprentis et compagnons,
n°. 766 du 1er. vol. Il convient de s'occuper ici de
la juridiction à laquelle ils sont soumis.

1°. C'est aux commissaires de police et aux maires
des lieux où il n'y a pas de commissaires , qu'il appartient de délivrer les congés aux ouvriers ou apprentis , et de statuer sur les contestations qui s'élèvent
entre eux et leurs maîtres à cet égard. Ni les tribunaux d'arrondissement , ni les juges de paix n'ont le
droit de s'en occuper. *Arrêté du gouv. 9 frim. an
12, art. 6 ; Cas. 23 juin 1812, Sir. 13 , 136.*

2°. Les affaires de police entre les ouvriers et apprentis, étaient, d'après la loi du 22 germinal an 11,
dévolues à, Paris, au préfet de police, et aux maires
dans les autres lieux. Aujourd'hui, les ouvriers comme
les apprentis , sont soumis à la même juridiction pénale que les autres citoyens. *V. Rép. de M. Favard,
v°. apprentis.*

3°. « Les autres contestations doivent être portées
devant les tribunaux auxquels la connaissance en est
attribuée par les lois ». *Loi du 22 germinal an 11,
art. 20.*

572. Les apprentis qui ne remplissent pas leurs engagemens envers leurs maîtres, ne peuvent être traduits devant les tribunaux de justice répressive pour être condamnés à des peines. Aucune loi ne donne à cette infraction à leurs conventions le caractère de délit ou de contravention. *V. Rep. de M. Favard, v°. apprenti.*

CHAPITRE VIII.

Des actions pour injures verbales, rixes et voies de fait. — De la réintégrande. — Des contraventions.

§. I. *Des injures, rixes et voies de fait.*

573. Les juges de paix connaissent, « sans appel, jusqu'à la valeur de 5o fr. ; et à la charge d'appel, à quelque valeur que la demande puisse monter... 6°. Des actions pour injures verbales, rixes et voies de fait pour lesquelles les parties ne se sont pas pourvues par la voie criminelle. *Art.* 10 *et* 11 *, loi du* 24 *août* 1790.

L'expression *criminelle* est ici employée par opposition au mot *civil*. Le législateur s'en est servi comme étant synonyme de police. Cette remarque va devenir importante.

Une injure peut se faire de différentes manières, par action, par écrit, par paroles. Les chants injurieux sont des injures verbales. *V. M. Henrion de Pansey*, *chap.* 20.

574. Les juges de paix sont chargés, d'une manière générale, de prononcer sur les actions en réparation d'injures verbales. Les parties peuvent toujours les en saisir, quelle que soit la gravité de ces injures.

On tient pour principe qu'ils en connaissent comme juges civils, tout aussi bien que comme juges de police. *Cas. 6 décembre* 1808, *Sir.* 20.

Mais il faut distinguer : s'ils sont saisis par action de police, ils ne peuvent prononcer qu'autant que le délit est placé par la loi dans leurs attributions.

Au contraire, s'ils le sont par voie civile, ils sont compétens, quel que soit le taux de la demande, et ils peuvent prononcer les condamnations en dommages-intérêts les plus étendues. *V. la loi du 17 mai 1819, art. 20; loi du 24 août 1790.*

575. Le législateur attribue aux tribunaux de paix la connaissance des injures dont il s'agit dans l'art. 471, n°. 11 du Code pénal, et dans l'art. 20 de la loi du 17 mai 1819.

Mais il faut que les injures ne renferment pas le double caractère de *gravité* et de *publicité*; autrement elles seraient de la compétence des tribunaux correctionnels. *Cas. 2 décembre 1819, Sir. 20.*

576. Les *rixes* et les *voies de fait* sont prévues et réprimées par le Code pénal aux art. 309, 310, 311, 471, n°. 12; 475, n°. 8, et 479, n°. 8. La répression en peut être poursuivie par les parties lésées ou par le ministère public, soit devant les cours d'assises, soit devant les tribunaux correctionnels, soit devant les tribunaux de police, selon l'étendue de chaque juridiction.

577. La loi semble ne donner aux juges de paix le droit de statuer sur les injures, rixes et voies de fait, que dans les cas où la partie lésée se pourvoit par action civile; mais la connaissance leur en a été conférée par le Code du 3 brumaire an 4, et ne leur est pas enlevée par le Code pénal de 1810, comme juges de police. *Art. 137 C. d'Inst. 471, n°°. 6 et 12; 475, n°. 8 du C. p.; V. M. Biret.*

Par exemple, un juge de paix peut réprimer celui qui ouvre la bouche à une personne et y met du son. Cette voie de fait est punie d'après l'art. 19, n°. 2, tit. 1er. de la loi du 22 juillet 1791; et l'art. 605, n°. 8 du Code du 3 brumaire an 4, non abolis par le nouveau Code pénal. *Cas. 14 avril 1821, M. de Foulan.*

Toutefois, il ne leur est permis de juger en police les rixes et voies de fait dont nous venons de parler, qu'autant qu'elles sont placées dans leurs attributions d'une manière précise.

5·8. Il est une autre espèce de rixes et voies de fait. Ce sont les faits dans lesquels il n'y a eu ni coups portés, ni injures proférées. Par exemple, un mauvais plaisant déchire, sans intention d'injurier, le vêtement d'une personne ; il renverse la charge de sa bête de somme ; il la pousse, etc..... Ainsi les simples *rixes et voies de fait*, dont la répression n'est pas prévue par le Code pénal, doivent être portées devant la justice de paix, quel que soit le taux de la demande en réparation. *V. M. Henrion de Pansey. chap.* 20 ; *V. M. Biret, v°. contrav.*

579. Quant au jet volontaire de corps durs sur les personnes ou les animaux, il entre dans les attributions des juges de paix, s'il n'en est résulté aucune blessure. *Art.* 475, *n°.* 8 *C. p.* ; *M. Biret.*

580. Les juges de paix connaissent encore des actions intentées civilement en réparation, soit de crimes, soit de délits commis sur des personnes ou des animaux, lorsque les demandes n'excèdent pas 100 fr. On ne voit dans cette espèce de poursuite qu'une action personnelle qui entre naturellement dans leurs attributions. Les parties lésées ont le choix entre l'action civile et l'action criminelle. *V. C. p.*, *art.* 2 *et* 3.

A plus forte raison, ils sont, comme nous l'avons vu, juges des voies de fait qui ne donnent lieu à aucune poursuite criminelle, ou qui ne comportent même pas le caractère de la plus légère contravention de police.

§. II. *De la réintégrande.*

581. Il convient maintenant de s'occuper de la

réintégrande. Elle est établie pour réprimer les voies de fait, et prévenir le désordre ; mais elle n'a aucune influence ni sur le possessoire, ni sur le pétitoire.

Le Code de procédure garde le silence à son égard ; et, par cela même, il s'en réfère aux anciens principes et au Code civil. *V. art.* 2060 ; *Rép. de M. le baron Favard, v°. complainte.*

1°. Pour intenter l'action en réintégrande, il faut avoir été dépouillé par *violence* ou *voie de fait. Per vim.*

Par voie de fait, on entend tout acte de violence commis par un agresseur, soit en maltraitant quelqu'un, soit en s'emparant d'une chose d'autorité privée. Les voies de fait sont un trouble à l'ordre public ; les tribunaux les répriment toujours sans examiner si l'agresseur avait raison au fond ou non. *Rép. de M. Favard.*

2°. Il suffit que l'agresseur se soit emparé d'un héritage qu'il savait bien que le possesseur ne lui aurait pas abandonné sans contestation. Alors sa mauvaise foi est évidente, et c'est elle que la réintégrande a pour but de réprimer ; mais quand il n'y a point mauvaise foi, cette action cesse, du moment que celui qui s'est emparé d'un héritage a eu l'intention d'user légalement de son droit, qu'il n'a pas dû supposer que le possesseur s'opposerait à ce qu'il a cru devoir faire, il n'y a ni violence ni voie de fait dans le sens de la loi, ni lieu à réintégrande.

Enfin, le demandeur en réintégrande n'a rien à démontrer que le fait de sa possession au moment où il en a été dépouillé. C'est au défendeur à prouver sa bonne foi, s'il ne veut pas être condamné. *V. Rép. de M. Favard.*

3°. La complainte ne peut s'intenter que par celui qui est troublé dans sa jouissance, *annale paisible* et non *précaire.*

Mais en matière de réintégrande, le demandeur n'a besoin que d'une possession *matérielle.* Peu importe qu'elle soit moins qu'*annale* et même *précaire.*

L'unique objet de la réintégrande est de réprimer l'insulte faite à la société par une voie de fait.

Celui qui obtient gain de cause n'a pas pour cela la possession annale vis-à-vis de son adversaire. En un mot, *la réintégrande* « est sans influence sur les droits respectifs des parties, qui demeurent libres de les exercer comme auparavant, soit au possessoire, soit au pétitoire ». *Cas.* 10 *novembre* 1819; *V. Rép. de M. Favard.*

Ainsi, dans cette espèce d'action, il ne s'agit pas de savoir si l'on a eu une possession annale à titre non précaire, mais si l'on avait une possession paisible, matérielle et de fait, au moment de la spoliation.

Le fermier, le mandataire, l'emprunteur et le dépositaire peuvent prendre la voie de la réintégrande.

La rigueur a été portée au point que le défendeur en réintégrande ne doit pas être admis à prouver que le spolié tient l'héritage de lui à titre précaire. Une seule exception est pourtant admise en sa faveur; c'est lorsqu'au moment où le demandeur envahissait son bien, il est parvenu à le chasser et à se maintenir dans sa possession. *V. Rép. de M. Favard de Langlade,* v°. *complainte.*

582. La réintégrande peut être intentée, non-seulement par celui qui a été dépossédé par voie de fait, mais encore par celui qui, s'étant absenté de son héritage, a été, par violence ou voie de fait, empêché d'y rentrer. *V. Pothier,* n°ˢ. 75 *et* 110 *de la possession.*

On peut aussi intenter cette action et contre celui qui a commis la voie de fait, et contre celui qui l'a ordonnée. On peut également l'exercer contre celui qui, sans avoir ordonné une voie de fait en son nom, l'a depuis approuvée. *V. Rép. de M. Favard.*

583. Les règles ci-dessus paraissent assez claires, néanmoins il est bon de les rendre sensibles par des exemples.

1°. Le particulier qui déplace des *bornes* ou une *clôture* pour usurper une portion de terrain, peut être traduit devant le juge de paix pour y être condamné à rétablir les choses dans leur premier état. Le demandeur, propriétaire ou fermier n'a pas besoin d'avoir la possession annale, il lui suffit de prouver la voie de fait. Le juge n'a d'autre point à vérifier que l'innovation à l'ancien état des lieux. *Cas.* 10 *novembre* 1819, *Sir.* 20.

2°. « En ce qui concerne les clôtures, le juge de paix doit faire rétablir les haies ou les murs renversés, les fossés comblés, dans l'année, sans examiner si celui qui les a détruits avait de justes motifs pour s'opposer à leur établissement ; mais, au contraire, si quelqu'un usait du droit de se clore, et qu'un autre formât une complainte contre lui pour faire détruire cette clôture, en prétendant qu'elle préjudicie à ses droits, le juge de paix n'en pourrait connaître qu'autant que ces droits seraient de nature à être réclamés par l'action possessoire ». *V. M. Pardessus,* n°. 326.

3°. Le possesseur à titre d'antichrèse, qui est troublé par violence dans la jouissance d'un fonds, même par le nû-propriétaire, peut se faire réintégrer dans sa possession. *Cas.* 16 *mai* 1820, *Rép. de M. Favard.*

4°. L'usurpateur qui s'empare de la maison d'un individu pendant son absence, peut s'y faire réintégrer, si celui-ci l'en dépouille par violence ou voie de fait, sauf à être statué ultérieurement sur le possessoire ou le pétitoire. *V. M. Henrion de Pansey*, *chap.* 52.

5°. Les voies de fait sont illicites lorsqu'elles ont lieu sur le fonds d'autrui ou sur un fonds litigieux; mais elles sont licites si elles sont commises sur le fonds de celui qui en est l'auteur, ou sur un fonds dont il est saisi. *V. Traité du Voisinage, v°. voie de fait*; *M. Barbedette.*

584. La réintégrande doit être portée devant le juge de paix de la situation de l'objet litigieux, et intentée dans l'année de la spoliation. Plus tard, elle serait non recevable. *Loi du 24 août* 1790, *tit.* 11, *art.* 10; *C. procéd., art.* 3.

Le demandeur doit obtenir, si son action est bien fondée, le recouvrement de sa possession et des dommages-intérêts. *V. art.* 1149, 1150, 1151, 1302 *et* 2060 *C. c.*

585. Les juges de paix, saisis des actions en réintégrande, peuvent connaître accessoirement des actions en garantie formées par les défendeurs. *Cas.* 11 *janvier* 1809; *Rép. de M. Favard.*

586. Nous avons vu que la réintégrande n'a aucune influence, ni sur le possessoire, ni sur le pétitoire. Elle n'a donc nul rapport avec les actions possessoires. Tel est le motif qui nous a porté à placer la matière sous le chapitre des *voies de fait*. En cela, nous avons imité la loi du 24 août 1790; elle traite, dans un paragraphe séparé, des actions possessoires.

§. III. *Des contraventions.*

587. En matière de contravention, la compétence des juges de paix, et la forme de procéder devant eux, est réglée, 1°. aux art. 137 et suivans du Code d'instruction criminelle; 2°. à l'art. 20 de la loi du 17 mai 1819, sur la calomnie et la diffamation. *V. C. p. art.* 464 *à* 484.

En général, les contraventions aux arrêtés des maires, relatifs aux alignemens, aux démolitions et autres objets de petite voirie, sont de la compétence des tribunaux de police. *Cas.* 29 *mars* 1821, *M. de Foulan, vol.* 1.

588. Les fonctions du ministère public près des tribunaux de police sont remplies par les fonctionnaires désignés dans l'art. 144 du Code d'instruction criminelle.

CHAPITRE IX.

Des attributions conférées aux juges de paix par des lois postérieures à celle du 24 août 1790.

589. 1°. La loi du 14 mai 1791, qui sert de supplément à celle du 30 décembre 1790, sur les brevets d'invention, porte, art. 10 :

« Lorsque le propriétaire d'un brevet sera troublé dans l'exercice de son droit privatif, il se pourvoira, dans les formes prescrites pour les autres procédures civiles, devant le juge de paix, pour faire condamner le contrefacteur aux peines prononcées par la loi ».

L'art. 11 dit : « Le juge de paix entendra les parties et leurs témoins ; ordonnera les vérifications qui pourront être nécessaires ; et le jugement qu'il prononcera sera exécuté provisoirement, nonobstant l'appel ».

2°. La loi du 6 mars 1791 attribue aux juges de paix le droit exclusif d'apposer et de lever les scellés. *V. art.* 907 *et suiv. C. procéd.; C. com. art.* 449 *et suiv. ; C. c.* 769 *et* 1031; *décret du 6 pluviôse an 2 ; loi du 8 germinal an 7 ; loi du 21 floréal an 8 ; inst. du min. de la guerre du 15 novembre 1809; C. com.* 449, 450, 537, 451, 452, 453, 463; *C. c.* 453.

3°. Les contestations sur les douanes qui doivent être portées devant les juges de paix, sont déterminées par les lois des 22 août 1791, 4 germinal an 2, 14 fructidor an 3, 17 décembre 1814, 27 mars 1817 et 21 avril 1818.

4°. D'après une ordonnance du 9 décembre 1814, « l'action résultante des procès-verbaux en matière d'octroi, et les questions qui peuvent naître de la défense du prévenu, sont de la compétence exclusive soit du tribunal de simple police, soit du tribunal correctionnel du lieu de la rédaction du procès-verbal suivant la quotité de l'amende encourue ».

5°. La loi du 22 frimaire an 7, charge les juges de paix d'accorder aux officiers publics, sur leurs parties, exécutoire des droits d'enregistrement dont ils ont fait l'avance pour elles, etc. *Art.* 3.

6°. D'après une circulaire du ministre de la justice, du 24 juin 1808, les juges de paix sont tenus d'envoyer aux procureurs du roi, copie des jugemens qu'ils rendent en simple police contre les membres de la Légion-d'Honneur.

7°. En quelques circonstances, ils donnent des actes de notoriété, nécessaires pour la célébration de certains mariages. *Art.* 70 *C. c.*

Mais les actes de notoriété pour constater le nombre des héritiers d'une personne, doivent être dressés par les notaires. *Art.* 20, *loi du 25 ventôse an* 11.

Cependant les juges de paix peuvent dresser ces actes, quand ils doivent être produits devant l'administration. *V. Rép. de M. Favard.*

8°. Ils reçoivent, 1° le serment de certains fonctionnaires publics, tels qu'employés de la régie, gardes champêtres, etc. ; 2°. l'affirmation des procès-verbaux des employés aux droits indirects. *Décret du* 1er. *germinal an* 13.

9°. La personne qui se propose d'adopter, et celle qui veut être adoptée, doivent se présenter devant le juge de paix du domicile de l'adoptant, pour y passer acte de leurs consentemens respectifs. *Art.* 353 *C. c.*

10°. Les actes d'émancipation doivent être passés devant les juges de paix. *Art.* 477 *C. c.*

11°. C'est aux juges de paix qu'appartiennent la convocation et la présidence des conseils de famille, pour tout ce qui concerne les mineurs et les interdits. *V. C. c. art.* 405 *et seq.*

12°. Il est des cas où ces juges peuvent recevoir des testamens. *Art.* 985 *C. c.*

13°. Ces magistrats sont aussi appelés à concourir à l'exécution forcée des jugemens des tribunaux. *Art.* 587 *et* 594 *du C. de procéd.*

14°. La loi leur attribue certaines fonctions dans les affaires de commerce. *V. art.* 106, 234, 243, 414, 449, 452 *C. com.*

15°. Toutes les contestations relatives aux mêmes demandes en règlement d'indemnité, et toutes autres sur l'exécution du décret du 12 juillet 1791, devaient être portées autrefois devant les juges de paix, lorsqu'il s'agissait de dommages-intérêts n'excédant pas 100 fr. ;

Mais aujourd'hui, c'est aux conseils de préfecture à statuer sur la matière. *Loi du* 21 *avril* 1810, *art.* 46; *V. M. Macarel.*

16°. D'après la loi du 15 germinal an 3, les juges de paix connaissaient, dans tous les cas, des difficultés qui s'élevaient sur les baux à cheptel; mais, suivant la loi du 2 thermidor an 6, et les principes généraux, ils n'en connaissent plus qu'autant qu'il s'agit d'une valeur n'excédant pas 100 fr. *Cas.* 22 *juin* 1808.

17°. C'est aux juges de paix à prononcer les amendes que les répartiteurs encourent, en refusant d'exercer leurs fonctions sans excuses légitimes. *V. loi du* 3 *frimaire an* 7.

18°. Le décret du 6 novembre 1813 leur attribue diverses fonctions, relativement aux biens du clergé.

19°. Ils connaissent des contraventions signalées n°. 587. *V. en outre C. pén.* 479; *C. d'Inst. art.* 29, 48, 615, 31, 41; *C. pén.* 284, 287.

LIVRE DEUXIÈME.

De la Police rurale.

TITRE PREMIER.

De la Police administrative.

CHAPITRE PREMIER.

Des Lois et des Règlemens de police.

590. D'après la loi du 6 octobre 1791, tit. 2, art. 1er., « la police des campagnes est spécialement sous la juridiction des juges de paix et des officiers municipaux, et sous la surveillance des gardes champêtres et de la gendarmerie ».

Ensuite, la loi du 20 messidor an 3 est survenue. Elle porte, art. 5 : « la police rurale sera provisoirement exercée par le juge de paix, etc., etc. ».

Le Code des délits et des peines du 3 brumaire an 4, défend, par son art. 596, aux municipalités de prononcer sur les délits ruraux et de police municipale.

Enfin, selon l'art. 609 du même Code, confirmé par l'art. 484 du nouveau Code pénal : « En attendant que les dispositions de l'ordonnance de 1669, les lois des 19 juillet, 6 octobre 1791, celle du 20 messidor an 3, et les autres, relatives à la police municipale, correctionnelle, rurale et forestière, aient pu être révisées, les tribunaux correctionnels doivent appliquer, aux délits qui sont de leur compétence, les peines qu'elles prononcent ».

591. La loi du 14 et 18 décembre 1789, « classe dans les fonctions propres au pouvoir municipal, sous la surveillance et l'inspection des autorités supérieures administratives, celle d'entretenir les chemins *vicinaux* et *communaux*, comme établissemens particulièrement destinés à l'usage des habitans de la commune ». *Art.* 50.

592. Les maires, et à leur défaut leurs adjoints, doivent « veiller et tenir la main, dans l'étendue de chaque commune, à l'exécution des lois et règlemens de police ». *Loi du 24 août* 1790, *tit.* 11, *art.* 1.

« Ils doivent poursuivre d'office les contraventions aux lois et règlemens de police. Chaque citoyen qui en ressent du tort ou un danger personnel, peut intenter l'action en son nom ». *Art.* 2.

C'est à eux à veiller à l'exécution de la loi du 18 novembre 1814, sur les travaux qui sont défendus ou qui sont permis pendant les jours fériés.

593. La loi autorise les maires, 1°. « à faire, *sauf la réformation*, s'il y a lieu, par les *préfets*, sur l'avis des *sous-préfets*, des arrêtés, lorsqu'il s'agit d'ordonner les précautions locales sur les objets confiés à leur vigilence et à leur autorité, par les art. 3 et 4 de la loi du 24 août 1790 ; 2°. à publier les lois et règlemens de police, ou à rappeler les citoyens à leur observation ». *Loi du 22 juillet* 1791, *tit.* 1, *art.* 46.

594. Les objets de police confiés à leur vigilence et à leur autorité, sont :

1°. « Tout ce qui intéresse la sûreté et la *commodité* du passage dans les rues, quais, places et *voies publiques* ; ce qui comprend le nettoiement, l'illumination, l'enlèvement des encombremens, la démolition ou la réparation des bâtimens menaçant ruine ; l'interdiction de rien exposer aux fenêtres, ou autres parties des bâtimens, qui puisse nuire par sa chute ; et celle de rien jeter qui puisse blesser ou endommager les passans, ou causer des exhalaisons nuisibles ».

« 2°. Le soin de réprimer ou de punir les délits contre la tranquillité publique, tels que les rixes et disputes, accompagnées d'ameutement dans les rues ; le tumulte excité dans les lieux d'assemblées publiques ; les bruits et attroupemens nocturnes qui troublent le repos des citoyens ».

« 3°. Le maintien du bon ordre dans les endroits où il se fait de grands rassemblemens d'hommes, tels que foires, marchés, réjouissances et cérémonies publiques, spectacles, jeux, cafés, églises et autres lieux publics ».

« 4°. L'inspection sur la fidélité du débit des denrées qui se vendent au *poids*, à l'*aune* ou à la *mesure*, et sur la salubrité des *comestibles* exposés en vente publique ».

5°. « Le soin de prévenir, par des précautions convenables, et celui de faire cesser, par la distribution des secours nécessaires, les accidens et fléaux calamiteux, tels que les incendies, les épidémies, les épizooties, en provoquant aussi dans ces deux derniers cas l'autorité « des préfets et sous-préfets.

Les tribunaux ne peuvent, sous aucun prétexte, se dispenser d'appliquer les réglemens sur la matière, faits par les maires. *Cas.* 1er. *février* 1822, *journ. des juges de paix*, M. de *Foulan*, *vol.* 1.

6°. Le soin d'obvier ou de remédier aux évènemens fâcheux qui pourraient être occasionnés par les *insensés* ou les *furieux* laissés en liberté, et par la divagation des *animaux malfaisans* ou féroces ». *Art.* 3, *tit.* 11, *loi du* 24 *août* 1790.

595. « Tous les bons citoyens sont obligés de veiller

à la conservation des récoltes. A cet effet, les maires doivent faire placer, à la sortie de leur commune, cette inscription : *Respecte les propriétés d'autrui, elles sont le fruit de son travail et de son industrie* ». *Loi du 20 messidor an 3, art. 12.*

596. Il est du devoir des maires d'établir des fourrières pour recevoir les animaux égarés ou perdus, ou trouvés en délit. C'est ce que l'on verra sous le titre 2, chap. 1er. *Des dégâts et des dommages causés par les animaux.*

597. On peut présenter une foule d'autres cas où les maires sont autorisés à faire des règlemens ou à prendre des arrêtés. Ils ont le droit, par exemple, 1°. d'empêcher les particuliers de laisser des bestiaux méchans dans les lieux d'où ils puissent sortir, ou dans lesquels quelqu'un pourrait entrer, ignorant le danger ; 2°. de leur interdire de mettre dans des herbages mal clos des femelles pendant qu'elles sont en chaleur, ou des mâles qui franchissent les clôtures pour aller trouver ces femelles ; 3°. enfin, de laisser vaguer leurs animaux. (*). *V. l'arrêté de M. le préfet de l'Orne, du 22 septembre* 1806.

3°. De défendre aux propriétaires de laisser sortir leurs chiens soupçonnés d'être enragés. *Cas.* 19 *août* 1819, *Sir.* 19.

4°. De prohiber l'emploi de paille ou de bois à la confection de certaines constructions, afin de prévenir les incendies.

5°. De faire des règlemens pour empêcher les oies, les poules, les canards, d'aller dans les rues ; et pour interdire aux propriétaires de laisser vaguer leurs porcs dans les prairies. *Cas.* 2 *juin*, 20 *juillet et* 24 *août* 1821 ; *M. de Foulan, vol.* 1.

6°. De prendre les mesures qu'ils jugent conve-

(†) Voyez l'arrêté de M. le préfet de Seine-et-Marne, du 25 mars 1808, sur la divagation des chevaux entiers et des taureaux.

nables pour arrêter ou prévenir les inondations et des incendies. Au surplus, nous renvoyons au chap. 3 du présent titre.

598. Leurs arrêtés ou règlemens n'ont pas besoin d'être approuvés par les préfets pour être exécutoires; ils le sont de plein droit jusqu'à la réformation que peuvent en faire les préfets. *Cas. 6 juin* 1807; *Denevers, vol.* 1807; *loi du* 14 *décembre* 1789, *art.* 60.

Les tribunaux sont obligés de juger en conformité de ces arrêtés. Il leur est défendu de les annuler ou modifier, et d'en faire de pareils.

Les parties lésées qui les trouvent mal pris, ne peuvent en arrêter l'exécution qu'en les faisant annuler par l'autorité préfectorale. Cependant ils ne sont obligatoires pour les tribunaux, qu'autant qu'ils sont basés sur les matières confiées à la vigilence du pouvoir municipal. Autrement, on les regarde comme n'existant pas. *V. M. Henrion de Pansey*, *chap.* 23; *Cas.* 13 *août* 1819, *Sir.* 19; 19 *août* 1819, *Sir.* 19.

CHAPITRE II.

Des accidens naturels et de force majeure.---Des assurances.

599. Les inondations, les avalanches ou éboulemens, soit de terre, soit de rochers, et les autres accidens qui arrivent sans la faute des hommes, ne donnent lieu à aucune action en indemnité. *V. Rép., v°. cas fortuit; art.* 1148 *C. c.*

Lorsque, par l'effet des éboulemens, les héritages se trouvent bouleversés de manière à empêcher la reconnaissance des anciennes limites, les parties intéressées peuvent faire régler, par experts, ce qui revient à chaque propriétaire, ou par les tribunaux, en cas de discord.

600. Les propriétaires de bois ou autres effets qui sont entraînés par la violence des eaux dans des crues extraordinaires, ou par tout autre événement, ont le droit de réunir ces objets sur les rivages des cours d'eau, de les reprendre sur les héritages où ils les trouvent, à la charge de payer au propriétaire les dommages qu'ils ont causés.

Mais si le maître des effets entraînés sur le fonds d'autrui les abandonne, il n'est tenu à aucune indemnité envers le propriétaire de ce fonds. *V. Domat, Lois civiles.*

Ces diverses règles sont puisées dans la justice. Elles ont été consacrées avec plus d'étendue par un arrêté des consuls, pris le 7 floréal an 9, pour le recouvrement des bois destinés à l'approvisionnement de Paris, entraînés par la crue des eaux.

601. Le dépôt de ces objets, par suite des acci-

deurs, est *nécessaire*, et peut être conséquemment prouvé par témoins, quelle qu'en soit la valeur. *V. C. c. art.* 1949, 1950, 2060.

602. Il est du devoir des maires de faire publier l'état des effets que des événemens pareils ont entraînés dans leurs communes, afin de procurer aux propriétaires les moyens de les retrouver facilement.

Au surplus, leurs maîtres doivent les revendiquer dans les trois ans de la perte. *Art.* 2279 *C. c.*

603. Les maires et adjoints sont autorisés, dans les cas d'inondation, comme dans ceux d'incendie, à requérir le secours des citoyens; et peuvent même dénoncer aux tribunaux ceux qui auraient refusé leur assistance. *V. Inst. du préfet de Seine-et-Marne; de* 1809.

L'art. 131 de la loi du 28 germinal an 6, leur permet, et à la gendarmerie, d'entrer dans les maisons particulières, sans réquisition, dans ces diverses circonstances.

Les principales mesures à prendre dans les inondations, consistent à lever les vannes, à supprimer les batardeaux et digues établis dans les fossés d'écoulement, à rehausser et réparer les bords des fossés, des ruisseaux, ravins, rivières, etc., à reboucher les saignées qui auraient pu être pratiquées, à surveiller la hausse et la baisse des relais et vannes, afin que les eaux trouvent un libre cours. *V. Manuel des maires, v°. inondation.*

Le pouvoir municipal, sur ce point, est fondé sur l'art. 3, n°. 6, tit. 11 de la loi du 24 août 1790, et sur l'art. 17, tit. 1er., de celle du 22 juillet 1791, qui autorisent les corps municipaux, représentés aujourd'hui par les maires, à prendre des mesures dans le cas où il y a, soit incendie, soit inondation, etc.

C'est en se fondant sur ces dispositions, que le préfet de Seine-et-Marne a pris, le 29 brumaire an 11, un arrêté par lequel il autorise les maires à faire lever les vannes des moulins, etc., etc., lorsque des crues d'eau l'exigent.

604. Le gouvernement a senti que, pour encourager le cultivateur, il fallait le dédommager des pertes que les cas fortuits peuvent lui causer.

De là, les lois des 20 et 27 février 1793, 4 août suivant, 1ᵉʳ. brumaire, 6 frimaire, 11 pluviôse, 26 floréal, 16 messidor, 8 thermidor, 29 fructidor an 2, 27 vendémiaire an 4, 10 prairial an 5, qui accordent des secours aux citoyens dont les biens sont perdus par des accidens.

Enfin, a paru la loi du 19 vendémiaire an 6, maintenant en pleine vigueur. *V. Manuel des maires, v°. perte.*

605. Cette loi met à la disposition du ministre plusieurs millions pour en faire la distribution à ceux qui éprouvent des pertes. Puis elle explique quand et pour quels cas la répartition doit s'en effectuer.

« Il ne doit être accordé de secours qu'aux citoyens dont la perte est l'effet, ou de l'intempérie des saisons, ou de la force des élémens, ou d'épizooties contagieuses, ou d'incendies qui ne proviennent pas de leur négligence ». *Art.* 13, *loi du* 29 *floréal an* 11.

« Il n'y a lieu à accorder les secours aux personnes qui ont des garans solvables de leurs pertes ». *Art.* 14.

Par exemple, à celles dont les propriétés sont assurées. *V. Manuel des maires, par M. Rondonneau.*

606. « Les citoyens qui sont notoirement reconnus par les administrations de canton et par les administrations centrales (les maires et les sous-préfets) pour jouir d'une aisance telle qu'ils puissent se passer des secours publics pour réparer leurs pertes, sont rejetés, s'ils se présentent pour obtenir les secours, qui ne sont destinés qu'aux personnes réduites

à la détresse, par la gravité des pertes qu'elles ont faites, comparativement à leur fortune ». *Art.* 15.

607. « Il ne doit être accordé d'indemnité pour les pertes des récoltes dans les champs, que lorsque la perte excède la moitié de la récolte du champ ou des champs qui devaient la produire : dans ce cas, l'indemnité est égale à la contribution que payent les champs ravagés ». *Art.* 16.

« Si la perte est de la totalité de la récolte, l'indemnité doit être, 1°. de la valeur de la contribution ; 2°. des frais d'une année de culture, ensemencement et engrais ; le *maximum* d'indemnité se réduit à ce secours ». *Art.* 17.

« Si la perte de la récolte a lieu par l'incendie des bâtimens où elle a été serrée, les dispositions de l'article précédent s'y appliquent ». *Art.* 18.

608. « L'indemnité des pertes de bestiaux n'a lieu que dans les cas 1°. où elles sont l'effet de maladies contagieuses ou d'incendies, ou autres cas majeurs ; 2°. où la perte est jugée, par les administrations (préfets, sous-préfets), être assez grave pour mériter des secours. Dans ce cas, il y a lieu à indemnité de la valeur des bestiaux de labour, destinés à la charrue, et de la vache servant à l'entretien du ménage du perdant ». *Art.* 19.

609. « En cas d'incendie , l'indemnité qui est donnée pour les bâtimens d'exploitation rurale est du quart de la valeur qu'avaient les gros murs et la toiture avant l'incendie ». *Art.* 20.

« En cas d'incendie de demeure à la campagne ou de maison de ville, l'indemnité est du huitième de la valeur qu'avaient les gros murs et la toiture ». *Art.* 21.

610. « Le mode de constater les pertes occasionnées par la guerre, dont les ravages n'ont pas été constatés, ou suffisamment établis, est déterminé par

le ministre de l'intérieur, et par lui prescrit aux administrations centrales » (les sous-préfets). *Art.* 33.

« Le ministre ouvre aux administrations centrales dont le territoire a été ravagé par la guerre, tel crédit qu'il juge convenable sur les sommes mises à sa disposition ; il en détermine le mode de distribution ». *Art.* 34.

« Après la distribution des secours mentionnés aux deux articles précédens, les administrations centrales (les sous-préfets) doivent se conformer à l'art. 32 ». *Art.* 35.

611. Quant aux formalités à remplir pour obtenir ces indemnités, elles sont tracées aux art. 22 et suiv. de la loi du 19 vendémiaire an 6 ; on peut y recourir. On doit aussi consulter à cet égard l'arrêté du gouvernement du 24 floréal an 8.

612. Il y a des assurances contre la grêle, les incendies et autres accidens de force majeure ; mais elles sont régies, sous l'approbation du gouvernement, par des réglemens divers qui font la loi des parties. Il n'entre pas dans notre plan d'en parler plus amplement.

CHAPITRE III.

De la sûreté et de la salubrité publique.

613. Les maires sont spécialement chargés de veiller, sous l'autorité des préfets et des sous-préfets, à tout ce qui intéresse l'ordre public et la sûreté des personnes et des propriétés. *Loi du 24 août 1790, tit. 11, art. 3.*

Ils sont obligés « de veiller généralement à la tranquillité, à la salubrité et à la sûreté des campagnes ».

« Ils sont tenus particulièrement de faire, au moins une fois par an, la visite des fours et cheminées de toutes maisons, de tous bâtimens éloignés de moins de 100 toises d'autres habitations. Ces visites doivent être annoncées huit jours d'avance ».

« Après la visite, ils doivent ordonner la réparation ou la démolition des fours et des cheminées qui se trouvent dans un état de délabrement qui pourrait occasionner un incendie ou d'autres accidens. Il peut y avoir lieu à une amende au moins de 6 liv., ou au plus de 24 ». *Loi du 6 octobre 1791, tit. 2, art. 9.*

614. « Les propriétaires de bâtimens sont responsables du dommage causé par leur ruine, lorsqu'elle est arrivé par une suite du défaut d'entretien, ou par le vice de la construction, art. 1386 ». Il en est de même d'un mur ou de toute autre construction. *V.* art. 1382 *et* 1383 *C. c.*

615. Les maires ont le droit, sous l'autorisation des préfets, et sur l'avis des sous-préfets, d'ordonner la démolition ou la réparation des édifices qui menacent la sûreté publique. Ils doivent empêcher que

l'on jette, par les fenêtres des lieux élevés, aucune chose qui compromette la sûreté des passans, ou d'y exposer des objets qui la menaceraient.

La loi leur fait un devoir de faire des règlemens et de prendre des arrêtés; par exemple, pour faire environner de clôtures les fossés, les puits ou les mares qui peuvent compromettre la sûreté publique. *V. Loi 24 août* 1790, *art.* 3, *tit.* 11; *cout. de Mons.*

Leurs arrêtés doivent s'exécuter provisoirement, sauf le recours aux préfets. *V. Loi du* 22 *juillet du* 1791, *tit.* 1er., *art.* 46; *Cas.* 6 *juin* 1807.

616. La loi punit « d'une amende depuis 1 franc jusqu'à 5 inclusivement, 1°. ceux qui négligent d'entretenir, réparer ou nettoyer les fours, cheminées, ou usines où l'on fait usage du feu..... 9°. ceux qui négligent ou refuse d'exécuter les règlemens ou arrêtés concernant la *petite voirie*, ou d'obéir à la sommation émanée de l'autorité administrative, de réparer ou démolir les édifices menaçant ruine ». *Art.* 471, *n°.* 5, *C. pénal.*

617. L'autorité municipale et l'autorité administrative supérieure s'occupent constamment des moyens de prévenir les incendies.

Or, de là, 1°. une ordonnance de police du 4 février 1684, rendue pour Paris, défend d'entrer dans les écuries, granges, greniers à foin ou paille, avec des pipes allumées ou avec des lumières qui ne seraient point enfermées dans des lanternes bien closes. Elle défend encore de tirer dans les rues aucuns pétards ou fusées, à peine d'amende et de prison. Elle interdit aux laboureurs et autres personnes d'employer de la lumière pour battre en grange.

Suivant cette ordonnance, les voituriers par terre, les palfreniers, cochers, garçons de ferme et tous autres qui ont l'habitude d'entrer la nuit dans les écuries, sont obligés d'y tenir des lanternes et des chandeliers à plaque pour y poser leurs chandelles allumées. Ils ne peuvent attacher leurs chandelles aux murs, sous peine d'amende, etc., etc.

2°. Par arrêt du parlement de Rouen, du 27 novembre 1718, il est défendu, en Normandie, de construire des cheminées en bois et des fours attenans aux maisons, et d'envoyer chercher du feu par des enfans ayant moins de 12 ans.

3°. En Bretagne, il existe aussi des règlemens particuliers sur la matière : « Un règlement du 11 juin 1768, dit Duparc-Poulain en ses Principes, vol. 8, p. 125, défend à tous gens de campagne, de placer leurs pailles et foins plus près de leurs maisons, écuries et étables, que de 40 pas de distance d'icelles, sous peine de prison et de punition corporelle, selon l'exigence des cas ».

4°. Un arrêté de M. le préfet de l'Orne, du 13 janvier 1819, prescrit des mesures propres à prévenir les incendies dans son département. Il porte, entre autres dispositions :

« Il est enjoint à tout propriétaire, locataire ou sous-locataire de maison, de faire ramoner, au moins tous les six mois, les cheminées des appartemens et autres lieux par lui loués ou occupés ». (Ordonnance de police, 10 février 1735). *Art.* 1er.

« Aucun bâtiment ne pourra être, à l'avenir, couvert en paille ou en chaume, arr. de Rég. du 6 août 1765 ». *Art.* 5.

« Il est défendu à tout individu d'entrer dans les granges, écuries, étables, greniers et magasins où il y a du foin, de la paille, ou du charbon, ou d'autres matières combustibles, et d'approcher des meules de grains ou de fourrages avec des pipes allumées, ou avec des lumières qui ne seraient pas renfermées dans des lanternes closes, de manière à ce qu'il ne puisse arriver aucun accident ». *Art.* 7, *etc.*, *etc.*, *etc.*

5º. Suivant un arrêté du gouvernement, du 25 pluviôse an 6, « lorsqu'un incendie se manifeste dans la forêt d'Orléans, toutes les communes riveraines sont tenues, à la première réquisition des gardes forestiers, de leur aider à y porter secours, et à arrêter les effets du feu. Celles qui s'y refuseraient, même les particuliers qui, sans raison valable, s'en dispenseraient, seraient notés et privés du droit de pâturage dans la forêt ; les dispositions de l'art. 32, du tit. 27 de l'ordonnance de 1669, qui défendent de porter et allumer du feu dans les forêts, continueront d'être exécutées ». Etc., etc.

618. Enfin, « quiconque, dans toute la France, allume du feu dans les champs, plus près que 50 toises des maisons, bois, bruyères, vergers, haies, meules de grains, de paille ou de foin, doit être condamné à une amende égale à une journée de travail, et payer, en outre, le dommage que le feu aurait occasionné. Le délinquant peut de plus, selon les circonstances, être condamné à la détention de police municipale. *V. liv.* 2, *tit.* 2, *chap.* 3.

619. Les anciens règlemens de police sur la matière sont, comme les nouveaux, obligatoires pour les tribunaux. Mais ils n'ont tous force de loi que dans les lieux pour lesquels ils ont été faits.

C'est à l'autorité administrative à faire les règlemens qui sont nécessaires en cette matière. *Loi du 22 juillet* 1791.

Ainsi, 1º. un tribunal de police ne peut se dispenser de punir les contraventions à l'arrêté d'un maire qui, pour prévenir les incendies, défend de reconstruire ou réparer les toits avec de la paille ou des roseaux. *Cas.* 13 *avril* 1819, *Sir.* 19.

2º. L'autorité administrative peut ordonner des

rondes de nuit pour prévenir les incendies, sans que les tribunaux aient le droit de refuser l'exécution des arrêtés pris à cet égard. Les excuses que les prévenus peuvent alléguer, comme étant dans des cas d'exception, sont de sa compétence. *Cas.* 22 *juillet* 1819, *Sir.* 19.

620. Nous avons vu, pag. 214 et suivantes, vol. 1er., les précautions prescrites à ceux qui exploitent des mines ou des carrières, pour prévenir les accidens, etc., etc. Il serait superflu de répéter ici ce que nous en avons dit.

621. C'est aux maires à prendre toutes les précautions que les circonstances exigent, pour prévenir les accidens auxquels les hommes, les animaux et les propriétés foncières ou mobilières sont exposés dans les inondations, par suite de rupture de digues; dans les naufrages, incendies et autres calamités.

La loi, pour assurer l'exécution des mesures qu'ils prennent à cet égard, prononce des peines contre ceux qui se refusent à les exécuter. *V. art.* 475, *n°.* 12 *du C. pén.*

622. On trouve dans le Code pénal de 1810, art. 476, n°. 7, 476, 480, 575, 476 et 477, des dispositions sur la sûreté publique, relativement aux animaux, aux furieux, aux voituriers, etc.; il serait superflu de reproduire ici le texte de la loi.

Nous devons seulement faire observer que c'est une contravention de laisser les chiens s'échapper et vaguer. *Cas.* 6 *novembre* 1807.

Mais on ne peut regarder comme coupable celui dont le chien mord une personne dans une cour où l'animal est enfermé. *Cas.* 12 *février* 1808; *V. M. Mars.*

623. Les voituriers et les rouliers sont assujétis

à des mesures de police prescrites pour la sûreté publique. *V. n°. 666 et seq. , vol.* 1.

624. Les préfets sont autorisés à faire des règlemens sur la divagation des animaux ; le ministre les y a invités par une circulaire de 1806.

1°. Le préfet de l'Orne , par un arrêté du 22 septembre 1806 , a « défendu de laisser vaguer dans les champs et sur les chemins de son département , les chveaux entiers d'un an et au-dessus , à moins qu'ils ne soient entravés d'une manière solide , soit des deux pieds de devant , soit d'un pied de devant à celui de derrière du côté opposé ».

Suivant cet arrêté , « les peines à porter contre ceux des chevaux entiers qui seraient trouvés libres et sans entraves , soit dans les champs ou pâturages non exactement clos , soit sur les chemins , sont la saisie et mise en fourrière des chevaux , aux frais du propriétaire , et une amende équivalente à trois journées de travail. En cas de récidive , les propriétaires doivent être condamnés à une amende double de la première , et ceux de leurs chevaux trouvés en délit hongrés à leurs frais ».

2°. Le préfet de Seine-et-Marne a pris également un arrêté le 25 mars 1807 , par lequel il défend de laisser vaguer , sans entraves , les chevaux entiers , et de laisser sortir les taureaux sans billots , etc., etc.

3°. Au reste , on suit les règlemens locaux , en tant qu'ils n'ont rien d'incompatible avec les lois nouvelles. Or , v. cout. de Furne , tit. 66 , sur la divagation des taureaux , des cochons et autres animaux.

625. Le Code pénal renferme des dispositions contre ceux qui causent la mort ou des blessures aux animaux , par la divagation des fous ou d'animaux malfaisans , ou la mauvaise direction des voitures ; contre ceux qui jettent ou exposent des choses qui

peuvent nuire par leur chute ou par des exhalaisons insalubres. *V. art.* 479, 480 *et* 471, *n°.* 6.

626. Mais le dépôt de fumiers au-devant de bâtimens, ne peut être puni, comme réprimé par l'art. 471 précité. *Cas.* 18 *germinal an* 10.

Par voies publiques, dont parle l'art. 471, on entend les rues et les places publiques. Les dégradations et les usurpations commises sur les chemins publics, sont prévues et punies par l'art. 40, tit. 2, de la loi du 6 octobre 1791. *V. M. Mars.*

627. Nos lois nouvelles prononcent des peines contre les auteurs de bruits ou de tapages injurieux et contre les associations de malfaiteurs; elles imposent des obligations aux aubergistes, etc , etc. *V. art.* 480, 265, 282 *et* 475, *n°.* 2 *du C. pén.*

Il existe aussi des peines contre ceux qui négligent d'éclairer les matériaux placés sur les passages; ceux qui embarrassent les voies publiques; ceux qui n'éclairent pas les excavations par eux faites dans les rues. *V. art.* 471 *du C. pén.*

628. Sont punis de 1 fr. à 5 fr., ceux qui ont laissé dans les rues, chemins, places, lieux publics, ou dans les champs, des coutres de charrue, pinces, barres, barreaux, ou autres machines ou instrumens, ou armes dont puissent abuser les voleurs et autres malfaiteurs; ceux qui imprudemment ont jeté des immondices sur quelque personne. *Art.* 471 *C. pén.*

629. Une ordonnance, rendue pour tout le royaume le 18 novembre 1814, par le directeur général de la police, porte :

Art. 1ᵉʳ. « Les fermiers, laboureurs et cultivateurs seront tenus, à compter du jour de la publication de la présente, de faire mettre leurs noms sur le coutre de leurs charrues. Ces noms seront empreints dans la partie supérieure du coutre, et de manière à ce qu'ils ne puissent être effacés ».

Art. 2. « Il leur est enjoint d'enlever tous les soirs, après le travail, les coutres de charrue, et de les transporter à leur domicile.

Art. 3. « Il est défendu aux carriers, tailleurs de pierre et autres ouvriers qui font usage de pinces ou de leviers, de quelque nature qu'ils soient, de les laisser pendant la nuit dans les carrières ou sur les ateliers ».

Art. 4. « Les coutres qui ne porteraient pas le nom du propriétaire, ou qui, ainsi que les pinces ou leviers, seraient trouvés dans les champs après le travail des laboureurs ou des ouvriers, seront enlevés et déposés chez les commissaires de police, ou, à leur défaut, chez les maires ». *V. M. Mars.*

530. Les préfets sont autorisés, par le ministre de la police, à faire des règlemens sur les jeux du tir au fusil, connus sous le nom de jeux au pavois. M. le préfet de l'Orne en a fait un le 20 octobre 1806 sur cette branche de police.

631. Le Code pénal prononce, sur les matières qui précèdent, des peines et des amendes par ses art. 472, 473 et 474, dont il est inutile de rapporter ici les dispositions.

632. La loi défend, comme nous l'avons vu n°. 786, vol. 1er., la coalition des domestiques et des ouvriers.

Une ordonnance du 25 mars 1724, prescrit des mesures contre les coalitions de fermiers, faites pour obtenir les terres à vil prix. Un arrêt du conseil d'état, du 14 septembre 1751, prononce des peines contre les coalitions de bergers ; mais ces dispositions spéciales sont tombées en désuétude ; le Code pénal fait la loi sur la matière, dans les cas où il y a délit.

633. Les maires sont chargés de veiller à ce qui in-

téresse non-seulement la sûreté, mais encore la salubrité publique.

Ils sont, en conséquence, tenus d'ordonner les dispositions convenables pour prévenir ou arrêter les épidémies et les maladies contagieuses, soit par l'enfouissement des bêtes mortes, l'entretien ou la vidange des lieux d'aisance, soit par la propreté ou le nettoiement des rues, places publiques, aux bords des hameaux, soit en empêchant qu'on y jette ou dépose aucune substance malsaine. *Loi du 24 août 1790, tit. 11, art. 3.*

Ce n'est pas seulement dans les rues et lieux publics que les maires peuvent ordonner l'enlèvement des immondices ; leur surveillance, pour la salubrité, s'étend même sur les lieux qui sont des propriétés particulières. *Cas. 6 février* 1823, *Sir.* 1823.

634. En général, les manufactures ou ateliers qui répandent une odeur insalubre ou incommode, ne peuvent être formés sans une permission de l'autorité administrative. On peut voir là-dessus un décret du 15 octobre 1810 et une ordonnance du 14 janvier 1816, rapportés par M. Fleurigeon dans son Code de la Voirie. On y trouve classés les établissemens qui ne peuvent être formés sans autorisation.

635. Comme nous l'avons déjà vu, on ne peut faire rouir ni des chanvres ni des lins dans les rivières ou fossés courans. *V. n°.* 392, *vol.* 1er.

636. « Les bestiaux morts doivent être enfouis dans la journée, à quatre pieds de profondeur, par le propriétaire et dans son terrain, ou voiturés à l'endroit désigné par le *maire*, pour y être enfouis, sous peine, par le délinquant, de payer une amende de la valeur d'une journée de travail, et les frais de transport et d'enfouissement. » *Art.* 13, *tit.* 2, *loi du 6 octobre* 1791.

637. Il existe sur l'établissement des cimetières, la

loi du 15 mars 1791, le décret du 23 prairial an 12, celui du 12 frimaire même année, et celui du 7 mars 1808; on y trouve plusieurs dispositions intéressantes sous le rapport de la salubrité.

638. Une loi du 3 mars 1822, renferme plusieurs dispositions de police sanitaire. Elle autorise le roi à déterminer les pays qui doivent être soumis à certains régimes, lorsqu'on ne peut purifier, conserver ou transporter, sans danger, des animaux capables de transmettre la contagion; elle permet de les tuer, sans être obligé d'en payer la valeur. Elle porte la peine de mort contre certaines infractions à ses défenses. Le plan de l'ouvrage nous dispense de la rapporter tout au long.

CHAPITRE IV.

*De la police des subsistances.— Des fourrages.—
Des autres productions rurales.*

639. Avant la révolution, il existait plusieurs lois
ou règlemens sur la matière; mais la législation a
éprouvé des changemens successifs. Pour s'en con-
vaincre, on peut recourir aux lois des 29 août, 18
septembre et 3 octobre 1789, 2 juin et 15 novembre
1790, 26 septembre 1791, 28 janvier 1792, 16 septembre suivant, 8 décembre aussi suivant, 4 mai
1793, 9 et 17 août 1793; 10 septembre même année,
25 brumaire an 2, 4 nivôse an 3, 4 thermidor suivant et 7 vendémiaire an 4. Enfin est arrivée la loi
du 21 prairial an 5.

640. « La circulation des grains est entièrement
libre dans l'intérieur du royaume ». *Art.* 1er.

« Toute personne convaincue d'y avoir porté atteinte, doit être poursuivie et condamnée, outre la
restitution, à une amende de la moitié de la valeur
des grains arrêtés, pour le paiement de laquelle il
doit être donné caution; faute de quoi, la peine
d'emprisonnement est prononcée ». *Art.* 2.

La loi prohibe certains moyens qui tendent à faire
hausser ou baisser les grains et grenailles, etc. *V.*
Art 176, 419 *et* 420 *C. pénal.*

641. « Les officiers municipaux et autres fonctionnaires publics, soit civils, soit militaires, qui ne feraient pas tout ce qui est en leur pouvoir pour l'exécution de l'art. 1er., sont soumis aux peines portées
par l'art. 2 ». *Art.* 3.

« Les marchands de grains et blatiers ne sont plus
assujétis à se munir des bons des maires, mais ils

sont tenus de se pourvoir de patentes, conformément à la loi du 9 frimaire dernier ». *Art.* 4.

« Les bons ou permis de maires ne sont plus nécessaires aux particuliers pour faire des approvisionnemens soit dans les marchés, soit AILLEURS, *sans néanmoins rien innover aux usages des lieux où les marchands ne peuvent acheter dans les marchés qu'aux heures indiquées.*

« En conséquence, les lois des 4 nivôse, 4 thermidor an 3 et 7 vendémiaire an 4 sont rapportées ». *Art.* 5.

642. Les décrets des 3 et 8 mai 1812 ont modifié cette loi, mais leur empire a cessé avec les circonstances difficiles qui les avaient nécessités.

Fournel met en proposition, dans ses *Lois rurales*, que l'on n'a le droit de vendre ses grains et farines que dans les foires et marchés publics. Mais la loi du 21 prairial an 5 permet aux citoyens de faire des approvisionnemens *ailleurs* qu'aux marchés. Il est donc permis, hors les exceptions introduites par des ordonnances en temps de disette, d'acheter des grains ou farines partout où l'on veut. On doit pourtant excepter le cas où il y a des règlemens locaux contraires ; témoins les ordonnances de police des 17 juillet et 17 octobre 1813 rendues pour Paris. *V. M. Mars.*

643. Un règlement général, pour la police des grains, du 4 février 1567, défend aux cultivateurs « de tenir ou garder des blés en greniers, ou autres lieux, plus de deux ans, sinon pour la provision de leurs maisons, sous peines...... » etc.

Mais ce règlement est abrogé. Nous ne pensons pas, comme Fournel, qu'il soit encore en vigueur.

En effet, si la circulation des grains est libre, chacun a nécessairement le droit d'en conserver aussi long-temps qu'il le juge convenable dans ses greniers.

Cependant le gouvernement peut, dans les disettes,

comme il le fit en 1812, déroger au droit d'emmagasiner des grains.

644. Nous avons vu se succéder diverses lois sur l'exportation des grains, des farines et des denrées en général. Comme les lois sur la matière sont toujours sous l'influence de la politique, et qu'elles peuvent souvent éprouver des changemens, nous renvoyons seulement à la loi du 26 ventôse an 5, à celle du 16 juillet 1819.

645. Les maires peuvent régler les heures pendant ou après lesquelles les machands de grains, les blatiers et meuniers sont admis à acheter dans les marchés. *V. n°. 649.*

C'est à eux qu'appartient l'inspection sur la fidélité du débit des denrées qui se vendent au poids, à l'aune ou à la mesure, et sur la salubrité des comestibles exposés en vente publique. *Loi du 24 août 1790, art. 3, §. 4.*

Ils doivent faire saisir et détruire dans les halles, marchés et boutiques, chez les bouchers, boulangers, marchands de vin, brasseurs, limonadiers, épiciers-droguistes, apothicaires et tous autres, les comestibles et médicamens gâtés, corrompus ou nuisibles. *V. arrêté des cons. du 23 mes. an 8.*

646. La loi prononce des peines contre ceux qui font usage de faux poids ou de fausses mesures dans le débit de leurs marchandises, elle punit même ceux qui ont de fausses mesures ou de faux poids chez eux. *V. Code pén., art. 423, 424 et 479, n°. 5.*

Ces dispositions ont abrogé la loi du 22 juillet 1791 sur ce point.

647. Suivant la loi du 22 juillet 1791, « en cas d'exposition de comestibles gâtés ou corrompus, ou nuisibles, ils sont confisqués et détruits. Le délinquant doit être condamné à une amende de..... etc.

Mais il faut appliquer à la matière les art. 605 et

606 du Code du 5 brumaire an 4. *V. M. Biret*, *v°. contravention.*

648. C'est à l'autorité administrative à faire des réglemens sur la police des poids et mesures. Les maires prennent des arrêtés qu'ils font approuver par les préfets. De leur côté, les préfets font des réglemens dont l'exécution est confiée aux commissaires de police et aux vérificateurs des poids et mesures.

Les maires sont spécialement chargés de taxer le pain et la viande dans leurs communes.

649. « La taxe des subsistances ne peut avoir lieu dans aucune ville ou commune du royaume, que sur le pain et la viande de boucherie, sans qu'il soit permis, en aucun cas, de l'étendre sur le vin, sur le blé, les autres grains ni autres espèces de denrées; et ce, sous peine de destitution des maires ». *Loi du 22 juillet 1791, tit. 1er, art. 30.*

Mais il y a des exceptions dans les cas où il plaît à l'autorité royale de taxer toutes les denrées, en cas de disette.

650. « Les réclamations élevées relativement aux taxes, doivent être portées devant les préfets, qui prononcent sans appel.

» Les réclamations des particuliers contre les marchands qui vendent au-dessus de la taxe, sont portées et jugées au tribunal de police, sauf l'appel au tribunal d'arrondissement. » *Art. 31, loi du 22 juillet 1791.*

Les peines établies contre la vente de pain et de viande *au-dessus de la taxe*, sont consignées dans l'art. 605 du Code du 3 brumaire an 4.

651. D'après les lois des 24 août 1790, tit. 10, art. 3 et 22 juillet 1791, art. 13, 26 et 29, tit. 1er, la police des subsistances, en général, est confiée à l'autorité administrative. Elle peut faire des réglemens à cet égard.

Or, 1°. une ordonnance de police spéciale pour, Paris, du 13 mai 1782, défend la vente des champignons (*), morilles, mousserons, ou autre espèce de champignons d'une qualité suspecte, ou qui auraient été gardés d'un jour à l'autre, sous peine de 50 liv. d'amende. Une autre, du 12 mai 1820, rendue pour la même ville, prohibe la vente de ces productions ailleurs qu'aux marchés.

2°. Une ordonnance du préfet de police, du 6 août 1818, défend, à Paris, depuis le mois d'octobre jusqu'à la nouvelle saison, le débit des melons. Ces fruits ayant perdu, par l'effet des pluies et des fraîcheurs, leurs substances balsamiques, n'offrent plus qu'une substance grossière, nuisible à la santé. *V. M. Alletz, Dict. de pol. mod.*

3°. Une ordonnance de police, rendue aussi pour la capitale le 8 novembre 1810, prescrit des mesures dans les ventes en gros et en détail des plantes médicales, indigènes, fraîches ou sèches.

4°. Il existe, pour la même ville, des ordonnances de police, qui défendent de vendre des vivres ou denrées ailleurs que sur les marchés. Les plus récentes sont des 23 prairial an 8, 23 fructidor an 12, 17 juillet et 14 octobre 1812, 29 janvier 1816, 17 mars et 14 décembre 1819.

5°. Des ordonnances du 22 ventôse ou 12 et 27 janvier 1812, renferment beaucoup de dispositions intéressantes sur la vente des agneaux, chevreaux, gibiers, cochons de lait, et sur celle de la volaille dans Paris.

6°. Il y a divers règlemens sur la vente du poisson de mer, et sur celle du poisson d'eau douce. On peut voir une ordonnance du préfet de police de

(*) On peut voir dans le Manuel de médecine légale, par M. Briand, n°. 247 et suivans, la liste des plantes recelant des poisons, telles que les champignons, le cerfeuil sauvage, les amandes amères.

Paris, du 25 février 1811, rapportée par M. Mars, dans son corps de droit criminel.

7°. Une ordonnance de police, rendue pour Paris le 2 juillet 1813, renferme des mesures de police sur la salubrité du lait et sur la fidélité dans la vente qui s'en fait.

652. Nos lois prononcent des peines contre ceux qui vendent des boissons falsifiées. On peut voir à cet égard les art. 318, 476, 477 et 475, n°. 6, du Code pénal.

Un arrêt du parlement de Rouen, du 27 janvier 1775, prononce des peines contre ceux qui mettent de la céruse, etc., dans les vins, cidres, bières, etc. Un autre, du 7 juillet suivant, établit des peines contre ceux qui mettent des *ingrédiens* ou corps étrangers dans le cidre. Ces deux arrêts sont rapportés à la suite de la coutume de Normandie, édit. 18. Il serait inutile de les rapporter ici (*).

653. Nous avons deux lois sur la vente des grains en vert, des 6 et 23 messidor an 3. On les trouve rapportées vol. 1, n°. 698, où nous parlons de la vente des denrées.

Il y a, sur la police des grains et *grenailles*, plusieurs ordonnances spéciales pour Paris, des mois de décembre 1672, 19 avril 1723, 22 mai 1739, 4 mai 1768, 19 juin 1779. Deux ordonnances des 17 juillet et 14 octobre 1813, défendent de vendre ou colporter des grains ou grenailles dans les communes rurales de la préfecture de police, sous peine de 2,000 fr. d'amende, etc., etc.

654. Les maires sont autorisés, sous la surveillance des préfets, en vertu de l'art. 3, tit. 11 de la

(*) Voyez, sur l'effet des boissons falsifiées, contenant des mixtions nuisibles à la santé, le *Manuel de médecine légale*, par M. Briand.

loi du 24 août 1790, à faire des règlemens sur les fourrages, comme foins, pailles, etc.

D'après la loi du 7 vendémiaire an 4, ils ont le droit d'inspecter les bottes de foin et de paille apportées dans les marchés, de dresser procès-verbal de celles qui n'ont pas le poids légal, de les saisir et de les mettre en séquestre, de requérir ceux qui sont nécessaires au service de l'armée. *V. Manuel des maires, Rondonneau.*

En général, la police sur la matière est du domaine de l'administration.

Aussi des ordonnances de police, rendues pour Paris dans les mois de décembre 1672, 7 juillet 1786, 1er frimaire an 6, 23 messidor an 10, prescrivent des mesures particulières sur la vente et le commerce des foins, des pailles ou autres fourrages. Entre autres dispositions, elles portent quel doit être le poids des bottes, selon les diverses saisons, et défendent de vendre ces fourrages ailleurs que sur les marchés ou places à ce destinés.

655. On sent que tous ces règlemens sont purement locaux. Ce serait une erreur de leur attribuer aucune force exécutoire dans les lieux pour lesquels ils n'ont pas été faits. L'auteur des Lois rurales en rapporte mal à propos plusieurs de cette espèce sans avertir que leur empire est local.

A la vérité, un arrêt du conseil d'état, du 21 avril 1667, a rendu communes à toute la France, les ordonnances du lieutenant de police de Paris, sur les provisions, les subsistances, et spécialement sur le foin ; mais elles n'ont pas été généralement exécutées.

Aujourd'hui ces espèces de règlemens ne doivent jamais, excepté en cas de disette, fixer le *prix* des fourrages. La loi du 22 juillet 1791 ne permet la taxe que sur le pain et la viande. *V. n°. 6.9.*

656. D'après les règles générales du droit, chacun

est libre, sauf les exceptions locales, créées par la police, de vendre ses grains, foins et récoltes, lorsqu'il le trouve convenable. Tout propriétaire est maître de donner à ses bottes le poids qui lui plaît.

Mais lorsque les parties ne s'expliquent pas dans leurs marchés sur le poids et la qualité des fourrages, les bottes doivent être *loyales* et *marchandes.*

Le plus communément les bottes de foin doivent peser, savoir : depuis la récolte jusqu'à la St.-Remy, 12, 13 ou 14 livres; depuis la St.-Remy jusqu'à Pâques, 10, 11 et 12 livres; et depuis Pâques jusqu'à la nouvelle récolte, 8, 9 et 10 livres. *V. Boucher-d'Argis; ordon. de police pour Paris de* 1735.

Quant à la paille, le poids de chaque botte de froment est fixé assez généralement de 10 à 11 liv; elle doit être sèche, nette et bien conditionnée en dedans comme en dehors. *Ordon. de police pour Paris, du* 12 *septembre* 1728; *Boucher-d'Argis.*

Au reste, ils sant sur ce point, comme sur beaucoup d'autres, suivre les usages locaux.

657. Les maires des lieux où se tiennent les halles, sont tenus de constater, dans les marchés de leurs communes, les prix courans des denrées de première nécessité, comme froment, seigle, orge, avoine, etc., et de les inscrire sur un registre. *Cir. minis. du* 20 *thermidor an* 10; *autres des* 1er *floréal an 8 et 7 vend. an* 10.

658. Les préfets sont autorisés, par la loi du 28 mars 1790, à faire des règlemens sur la police des marchés aux grains. On peut voir un arrêté du préfet de l'Orne, du 17 janvier 1816 sur la police, dans les marchés de son département.

659. Il y a des particuliers établis jaugeurs et mesureurs publics, d'après la loi du 29 floréal an 10; mais on n'est obligé de les employer que dans les contestations sur le mesurage, etc.; dans les autres cir-

constances, toute personne indistinctement peut janger ou mesurer. *Cas.* 17 *avril* 1806, *Sir.* 7, *t.* 2, *p.* 1105.

660. Du reste, chacun est libre de disposer comme il l'entend de ses denrées, farines, etc., chez soi.

Toutefois on ne peut les y vendre qu'aux poids et mesures légaux. *V. loi du* 28 *mars* 1790, *tit.* 2, *art.* 21.

On peut voir à cet égard, dans le Manuel des Maires, par M. Rondonneau, le décret du 12 février 1812, suivi d'une instruction ministérielle.

La loi punit ceux qui font usage de faux poids ou de fausses mesures. Elle punit même ceux qui les conservent chez eux. *V. n°.* 646.

CHAPITRE V.

*Des moulins, des fours, des pressoirs et de leur
police.*

661. Sous le règne de la féodalité, il n'était pas
permis à tout individu d'établir des moulins sur sa
propriété ; il était défendu aux particuliers d'avoir des
moulins portatifs et à bras, etc. *Arrêt du parlem.
de Rouen 6 mars 1743.*

Aujourd'hui, tout citoyen a le droit d'en établir sur
sa propriété, soit à vent, soit à eau, avec l'agrément
du pouvoir administratif. *Loi du 15 mars 1790, art. 3.*

L'autorité administrative défend la construction des
moulins à vent ou à eau, dans la ligne des douanes,
sans l'avis du conseil de préfecture, dans le ressort
duquel on veut les établir. *Loi du 22 août 1791, art.
41, tit. 13.*

Elle peut même faire détruire les moulins qui, placés
depuis long-temps dans cette ligne, favoriseraient la
contrebande, si la preuve en était établie par des jugemens. *Loi du 22 ventôse an 11 ; loi du 30 avril*
1806.

662. Nul, soit propriétaire, soit engagiste, ne
peut faire de moulins, batardeaux, écluses, gords,
dans les fleuves et rivières navigables. *Arrêté du direct. 19 ventôse an 6.*

663. Ceux qui veulent construire des moulins sur
les rivières ou ruisseaux privés, doivent en obtenir
l'autorisation du roi, sur le rapport du ministre de
l'intérieur, et d'après l'avis du préfet du département
dans lequel ces usines doivent être établies. *Ordon.
roy. du 30 mars 1821.*

L'autorisation du roi n'a point les caractères d'un jugement. La destruction d'une usine établie en conséquence, peut être ordonnée par la suite. *V. M. Garnier, Régime des eaux.*

664. L'autorité administrative a le droit de défendre la construction de moulins à vent ou à eau trop près des chemins, afin de prévenir les accidens qu'ils pourraient causer aux voyageurs par leur bruit ou leur ombre. C'est une conséquence de l'art. 3, tit. 11, de la loi du 24 août 1790, qui charge le pouvoir municipal de faire des règlemens sur *tout ce qui intéresse la sûreté et la commodité des chemins publics.*

Au surplus, on doit suivre en ce point les usages locaux. Ainsi, d'après un arrêt de règlement du conseil supérieur d'Artois, du 13 juillet 1774, il est défendu d'établir des moulins à vent, à moins de 200 pieds des grandes routes, et de 50 des autres chemins publics.

665. Le défaut d'autorisation, exigé dans les cas ci-dessus, peut se couvrir par la prescription pour les moulins construits avant 1790, ou depuis. En effet, celui qui a conservé une usine sur son héritage pendant 30 ou 40 ans, n'est-il pas supposé y avoir été autorisé? *V. M. Garnier, Régime des eaux, n°.* 253 *et* 254.

Toutefois l'administration pourrait faire détruire une usine établie, même de temps immémorial, si l'intérêt public en exigeait la suppression; mais alors il serait dû une indemnité à son propriétaire, aux termes de la loi du 8 mars 1810.

666. On ne peut établir de moulins à vent que sur sa propriété, et de moulins à eau que sur les cours d'eau dont on est maître exclusif. Il n'est point permis de placer des moulins sur les cours d'eau mitoyens, sans l'agrément de tous les riverains intéressés. L'autorisation du gouvernement est toujours

subordonnée aux droits des tiers ; par exemple, aux banalités conventionnelles. *V. M. Garnier, Rég. des eaux, n°.* 229.

Mais tout moulin construit depuis le temps requis, pour opérer la prescription, est présumé bâti sur le terrain de son maître.

667. Les tiers peuvent s'opposer à l'établissement de nouveaux moulins, soit parce qu'ils nuiraient au travail des leurs, soit parce que les retenues d'eau les inonderaient dans les débordemens, soit parce que de nouveaux travaux les priveraient des cours d'eau dont ils sont en possession. *V. arrêt du* 29 *mars* 1556 ; *Henrys et Bretonnier, vol.* 1, *p.* 812.

Mais la crainte de perdre leurs pratiques, n'est point, pour les propriétaires d'anciens moulins, un motif pour s'opposer à la construction de nouveaux moulins, à moins qu'ils ne puissent se prévaloir d'une banalité conventionnelle.

668. Tout ce que la féodalité avait établi pour les banalités, est absolument aboli. Ainsi, par exemple, les règlemens qui défendaient aux meuniers d'une contrée de *chasser meunées* sur une autre, sont à jamais abrogés.

Toutefois, les banalités conventionnelles, dont nous avons parlé n°. 49, vol. 1, doivent encore être observées.

669. Personne n'est obligé de faire moudre ses grains à tel ou tel moulin ; mais il existe des règlemens de police qui sont encore en pleine vigueur, et que les tribunaux doivent faire observer.

1°. Suivant l'art. 1er. de l'ordonnance du 17 septembre 1439, les meuniers doivent avoir des balances pour peser les grains qu'on leur porte et les farines qu'ils rendent.

2°. Un arrêt du parlement de Bretagne, de 1631, contient les mêmes dispositions. Il défend, en outre, aux meuniers, de changer les grains et de mettre les farines dans des lieux humides. Un autre arrêt du même parlement, du 15 mars 1731, « défend de changer les grains et farines, et de mettre les farines en lieux humides pour augmenter le poids, sous peine de punition corporelle et de 50 liv. d'amende », etc.

3°. Les coutumes de Lodunois, de Bourbonnais, art. 537, de Nivernois, et de Poitou, tit. 1, art. 3 et 35, renferment des dispositions de police sur la matière.

4°. Un règlement de police, fait pour la ville d'Angoulême le 9 janvier 1724, homologué au parlement de Paris le 23 mai, oblige les meuniers à tenir leurs moulins au *point* rond.

Il leur enjoint « de faire moudre les grains au fur et mesure qu'ils leur seront délivrés, avec défense de prendre argent ni autre chose pour anticiper le dernier venu, et changer le blé mis entre leurs mains pour faire moudre, à peine de 20 liv. d'amende et de punition corporelle ».

Il les oblige expressément « à rendre la farine bien moulue, sans y mêler ni ajouter aucun autre son d'ailleurs, et de chaque boisseau ras de grains, à en rendre un boisseau comble de farine, ou le boisseau ras de la même farine bien écachée et pressée avec les deux mains mises en croix ».

Les maîtres et les domestiques sont autorisés, par ce règlement, « à faire mesurer les grains et farines ; ils sont crus sur leur serment, lorsqu'ils se plaignent qu'il manque quelque chose à la quantité de blé qu'ils ont fournie. Les meuniers peuvent prendre le blé au poids et rendre le même poids de farine ».

« Les particuliers peuvent obliger les meuniers de prendre leur grain au poids, et y rendre la farine, à peine de 50 liv. d'amende contre les meuniers contrevenans ».

« Enfin, il est défendu aux meuniers de tremper la farine lorsqu'ils ont pris le blé au poids, ni d'y mettre aucun sable, pierre, cendres ou autres choses, à peine de 100 liv. d'amende et de punition corporelle ». D'après Souchet, sous la coutume d'Angoumois, ce règlement est applicable à toute la province d'Angoulême.

6°. En Normandie, suivant un règlement du parlement de Rouen, rendu le 1er. octobre 1724, il est défendu « à tous meuniers d'avoir aucune porte ni croisée de leurs chambres ou appartemens, ni ouvertures particulières pour entrer et avoir communication à la trémie de leurs moulins. Ordonne qu'il y aura dans chaque moulin un brancard placé avec des poids et mesures nécessaires, bien et dûment jaugés, pour y peser et mesurer les grains qui y seront apportés pour moudre, et ensuite les farines en provenant, lorsqu'ils en seront requis, à peine de 200 liv. d'amende ».

7°. Un arrêt du parlement de Paris, du 22 juin 1639, défend aux meuniers « d'avoir aucun four ni huche pour faire et cuire leur pain, de nourrir aucuns porcs, volailles et pigeons, et de faire ou garder des sons ou recoupes pour les moudre avec de la bonne farine ».

8°. Plusieurs coutumes autorisaient les particuliers à payer les meuniers en argent.

670. « Il était défendu à tous meuniers, par la loi du 11 septembre 1793, de faire aucun commerce de grains ou farines, sous peine de dix années de fers.

Mais, comme l'a dit M. Merlin au Répertoire de jurisprudence, cette loi, fruit des circonstances qui l'avaient provoquée, est tombée en désuétude sur ce point.

Quant à ses autres dispositions, elles ont conservé toute leur autorité.

1°. « Les meuniers, dans toute l'étendue de la république (le royaume), seront payés en monnaie courante, et le *maximum* du prix en sera fixé par les administrations de département (les préfets), d'après l'avis des districts (les sous-préfets) et des municipalités (des maires) où sont situés les moulins ». *Art.* 15, *section 2 du décret du 11 septembre* 1793.

2°. « Tous les meuniers sont à la réquisition du ministre de l'intérieur et des administrations (les préfets) pour le service public. Ceux qui quitteraient leurs moulins avant d'en avoir prévenu le maire du lieu de leur domicile trois mois d'avance, ou qui refuseraient de moudre ou d'obéir aux réquisitions qui leur en seraient faites, seront condamnés, et par corps, en une amende de 3,000 liv., au profit des citoyens indigens de la commune ». *Art.* 16.

671. Loin que ces dispositions aient été abrogées, la loi du 28 floréal an 3, encore en vigueur, les a confirmées en ces termes, en introduisant de nouvelles règles sur la matière :

1°. « Les meuniers qui, en contravention à l'art. 15 du décret du 11 septembre 1793, refuseront d'être payés en monnaie courante pour les moutures au compte de l'état ou des particuliers, ceux qui exigeront une somme excédant le *maximum* fixé par les corps administratifs (les préfets), d'après l'avis des municipalités (les maires) où sont situés les moulins, seront condamnés en 1,000 liv. d'amende au profit de l'état ». *Art.* 1er.

2°. « Lesdits meuniers qui feront extraire plus de 15 livres de son par quintal de toute espèce de grains, contre les dispositions du décret du 25 brumaire aussi dernier, seront punis de la même amende ». *Art.* 2.

« En cas de récidive, l'amende sera double......».
Art. 3.

3°. « Le juge de paix du canton devait prononcer dans les 3 jours, et sans appel, d'après les preuves écrites ou testimoniales ». *Art.* 4.

Mais l'amende excédant aujourd'hui ses attributions, le tribunal correctionnel est seul compétent de la matière. *Art.* 137 *C. pén.*

4°. « Les administrations de district (les sous-préfets) doivent veiller à ce que les moulins soient entretenus en état de mouture. Ils sont autorisés à y faire faire les réparations indispensables aux frais des meuniers ou des propriétaires après, un refus de leur part ». *Art.* 5.

« Ces réparations sont constatées, estimées et reçues par la municipalité (le maire), qui se fait accompagner d'un expert, et le montant en est exigé sur le mandat du sous-préfet, et est décerné contre le meunier locataire, s'il est tenu des réparations : dans le cas contraire, il l'est contre le propriétaire. Si le propriétaire et le fermier ne veulent justifier aux frais de qui doivent se faire les réparations, ils sont poursuivis solidairement pour le paiement du mandat ». *Art.* 6.

672. Les fours et pressoirs étaient soumis autrefois à une police particulière, sous le rapport de la banalité.

Mais comme il n'y a plus de banalités féodales, chacun est libre de disposer de ces sortes d'usines comme il lui plaît, sans être astreint à aucuns autres devoirs qu'à ceux résultant des banalités conventionnelles. Toutefois l'autorité administrative peut prendre des mesures à leur égard dans l'intérêt public ; par exemple, elle a le droit d'exiger l'emploi de tels ou tels matériaux pour la construction des fours. *Loi du 24 août 1790, art.* 3, *tit.* 11.

673. La police peut cependant veiller à la préparation soit du pain, soit des liqueurs, afin d'empêcher qu'on n'y emploie rien de nuisible à la santé. L'autorité administrative est libre de faire des règlemens à cet égard. Ainsi, par exemple, une ordonnance de police, rendue pour Paris le 27 décembre 1697, fait défenses aux marchands de vin de mêler dans leurs vins de la litharge, du bois des Indes, de la colle de poisson et autres drogues nuisibles à la santé. Le Code pénal prononce diverses peines contre ceux qui vendent ou débitent des boissons falsifiées. *V. art.* 475, *n°.* 6, *et* 318.

CHAPITRE VI.

Des Maladies épizootiques.

674. On entend par épizooties toutes les maladies contagieuses auxquelles les animaux sont exposés. Ces maladies sont le *claveau* chez les moutons, la *morve* chez les chevaux, et le *charbon* chez les taureaux, bœufs, vaches et autres animaux.

Les lois anciennes et les lois nouvelles ont toujours montré la plus grande sollicitude dans ces maladies qui attaquent les animaux, et prescrit des mesures générales pour les préserver de ce fléau.

La loi du 6 octobre 1791 charge les autorités municipales, représentées aujourd'hui par les maires, « d'employer tous les moyens de prévenir et d'arrêter les épizooties et la contagion de la morve des chevaux. (*) La loi du 24 août 1790, art. 3, tit. 11, les invite aussi à provoquer des mesures sanitaires de la part des administrations départementales, représentées par les préfets.

675. Suivant l'art. 19, tit. 1er., du Code rural du 6 octobre 1791, « aussitôt qu'un propriétaire a un troupeau malade, il est tenu d'en faire la déclaration au maire; celui-ci doit assigner sur le terrain du parcours ou de la vaine pâture, si l'un ou l'autre existe dans la commune, un espace ou le troupeau puisse pâturer exclusivement, et le chemin qu'il doit suivre pour se rendre au pâturage; si ce n'est un pays de

______

(*) La morve n'est point contagieuse, elle est curable. Mais jusqu'à ce que les préjugés sur cette maladie soient condamnés par une loi, on doit faire observer les règlemens établis pour en arrêter les progrès. *Cours d'agric. et de méd. vét.*

parcours ou de vaine pâture, le propriétaire ne peut faire sortir de ses héritages son troupeau malade ».

676. Mais le gouvernement, frappé de l'insuffisance de ces précautions sanitaires, a pris, le 27 messidor an 5, un arrêté pour toute la France, par lequel il en prescrit d'autres, en vertu de l'art. 20, section 4, tit. 1er., de la loi du 6 octobre 1791, et de celle du 24 août 1790, tit. 11, art. 3.

En voici les dispositions :

1°. Tout propriétaire ou détenteur de bêtes à cornes, à quelque titre que ce soit, qui aura une ou plusieurs bêtes malades ou suspectes, sera obligé, sous peine de 500 fr. d'amende, d'en avertir sur-le-champ le maire de sa commune, qui les fera visiter par l'expert le plus prochain ou par celui qui aura été désigné par le département ou le canton. *Arr. parl. 24 mars 1745 ; arr. cons. 19 juillet 1756, art. 3 ; autre du 16 juillet 1784, art. 1.*

2°. Lorsque, d'après le rapport de l'expert, il sera constaté qu'une ou plusieurs bêtes sont malades, le maire veillera à ce que les animaux soient séparés des autres, et ne communiquent avec aucun animal de la commune. Les propriétaires, sous quelque prétexte que ce soit, ne pourront les faire conduire dans les pâturages ni aux abreuvoirs communs, et ils seront tenus de les nourrir dans des lieux renfermés, sous peine de 100 fr. d'amende. *Arrêt cons. du 19 juillet, art. 2.*

3°. Le maire en informera, dans le jour, le sous-préfet de l'arrondissement, auquel il indiquera le nom du propriétaire et le nombre des bêtes malades. Le sous-préfet fera part du tout au préfet du département. *Arrêt cons. du 19 juillet 1746.*

4°. Aussitôt qu'il sera prouvé au maire que l'épizootie existe dans une commune, il en instruira tous les propriétaires des bestiaux de ladite commune, par une affiche posée aux lieux où se placent les actes de l'autorité publique, laquelle affiche enjoindra auxdits propriétaires de déclarer au maire le nombre des bêtes à cornes qu'ils possèdent, avec désignation d'âge, de taille, de poil, etc. Copie de ces déclarations sera envoyée au sous-préfet, et par celui-ci au préfet. *Arrêt cons. du 29 juillet* 1746.

En même temps, le maire fera marquer, sous ses yeux, toutes les bêtes à cornes de sa commune avec un fer chaud représentant la lettre M. Quand le préfet du département sera assuré que l'épizootie n'a plus lieu dans son ressort, il ordonnera une contre-marque telle qu'il jugera à propos, afin que les bêtes puissent aller et être vendues partout, sans qu'on ait rien à en craindre. *Arrêts cons. du* 19 *juillet* 1746 *et du* 16 *juillet* 1784.

5°. Afin d'éviter toute communication des bestiaux de pays infectés avec ceux de pays qui ne le sont pas, il sera fait de temps en temps des visites chez les propriétaires de bestiaux, dans les communes infectées, pour s'assurer qu'aucun animal n'en a été distrait. *Arrêt du* 24 *mars* 1745.

6°. Si, au mépris des dispositions précédentes, quelqu'un se permet de vendre ou d'acheter aucune bête marquée, dans un pays infecté, pour la conduire dans un marché ou une foire, ou même chez un particulier du pays infecté, il sera puni de 500 fr. d'amende. Les propriétaires de bêtes qui les feront conduire par leurs domestiques ou autres personnes, dans les marchés ou chez des particuliers de pays non infectés, seront responsables du fait de ces conducteurs. *Arrêt cons. du* 19 *juillet* 1746.

7°. Il est enjoint à tout fonctionnaire public qui trouvera sur les chemins, ou dans les foires ou marchés, des bêtes à cornes marquées de la lettre M, de les conduire devant le juge de paix, lequel les fera tuer sur-le-champ en sa présence. *Arrêt du cons. du 19 juillet* 1746.

8°. Pourront néanmoins les propriétaires des bêtes saines en pays infectés, en faire tuer chez eux ou en vendre aux bouchers de leur commune, mais aux conditions suivantes :

1°. Il faudra que l'expert ait constaté que ces bêtes ne sont point malades.

2°. Le boucher n'entrera point dans l'étable.

3°. Le boucher tuera les bêtes dans les vingt-quatre heures.

4°. Le propriétaire ne pourra s'en dessaisir, et le boucher les tuer, qu'ils n'en aient la permission par écrit du maire, qui en fera mention sur état.

Toute contravention à cet égard sera punie de 200 fr. d'amende, le propriétaire et le boucher demeurant solidaires. *Arrêt du cons.* 19 *juillet* 1746.

9°. Il est ordonné de tenir dans les lieux infectés tous les chiens à l'attache, et de tuer tous ceux que l'on trouverait divagans. *Loi du* 22 *juillet* 1791.

10°. Tout fonctionnaire public qui donnera des certificats et attestations contraires à la vérité, sera condamné à 1,000 fr. d'amende, même poursuivi extraordinairement. *Arrêt du* 24 *mars* 1785.

11°. Dans tous les cas où les amendes pour des objets relatifs à l'épizootie seront appliquées, aucun juge ne pourra les remettre ni les modérer; les jugemens qui interviendront en conséquence seront exécutés par provision, et les délinquans, au surplus, soumis aux lois de la police correctionnelle. *Arrêt du parl. de* 1745; *Arrêts du cons. de* 1746 *et* 1784.

12°. Aussitôt qu'une bête sera morte, au lieu de la traîner, on la transportera à l'endroit où elle doit être enterrée, qui sera, autant que possible, au moins à cinquante toises des habitations; on la jettera seule dans une fosse de huit pieds de profondeur, avec toute sa peau tailladée en plusieurs parties, et on la recouvrira de toute la terre sortie de la fosse. Dans le cas où le propriétaire n'aurait pas la facilité d'en faire le transport, le maire en requerra un autre, et même les manouvriers nécessaires, à peine de 5o fr. contre les refusans. Dans les lieux où il y a des chevaux, on préférera de faire traîner par eux les voitures chargées de bêtes mortes, lesquelles voitures seront lavées à l'eau chaude après le transport. Il est défendu de les jeter dans les bois, dans les rivières ou à la voirie, et de les enterrer dans les étables, cours et jardins, sous peine de 3oo fr. d'amende et de tous dommages-intérêts *Arrêt du parl. de* 1745; *arrêt du cons. de* 1784.

677. Cet arrêté du directoire et les règlemens qu'il rappelle, sont encore en pleine vigueur dans toute la France.

En effet, un arrêté du gouvernement, du 27 vendémiaire an 11, en ordonne la promulgation, ainsi que de l'instruction du 9 fructidor, sur la morve, dans tous les départemens.

Un décret du 8 novembre 1810, et un autre du 8 janvier 1811, prescrivent les mêmes mesures pour les départemeus des Bouches-du-Rhin et des Bouches-de-l'Escaut, pour l'arrondissement de Bréda et pour les départemens de la Hollande.

On a tenté vainement d'établir que ces règlemens n'étaient pas obligatoires, et que les peines qu'ils prononcent n'étaient applicables que dans les temps et les pays où il régnait des maladies épizootiques. Mais la cour de cassation a fait justice de ce système par arrêt du 18 novembre 1808.

Enfin, l'art. 461 du Code pénal, tout en prononçant des peines contre ceux qui laissent communiquer leurs bestiaux malades avec ceux d'autrui, ajoute : « *le tout sans préjudice des lois et règlemens aux maladies épizootiques, et de l'application des peines y portées* ».

Les règlemens anciens sur la matière ont donc conservé toute leur autorité.

678. Non-seulement le gouvernement a le droit de prendre directement des arrêtés sur les maladies des bestiaux. Les préfets sont également autorisés à en prendre, à la charge de les faire approuver par le roi en conseil d'état. Aussi les préfets de l'Orne et de la Sarthe en ont-ils pris pour leurs départemens. Le Préfet du département de la Seine, en a pris deux, les 3 et 14 frimaire an 6, sur les épizooties des vaches et des veaux destinés à la boucherie. Le préfet de police de Paris en a pris un, le 21 février 1820, sur les mêmes maladies, et un autre, le 5 fructidor an 11, sur le *charbon*. Ces divers arrêtés ont été approuvés.

Les maires ont aussi qualité pour prendre des arrêtés par lesquels ils fixent des cantonnemens aux troupeaux pour le pacage, et assignent des chemins aux animaux. Ces arrêtés sont obligatoires, quand même ils n'auraient pour but que l'appréhension d'une épizootie. *Cas.* 1er. *février, Sir.* 1822.

679. Le roi, en confirmant les anciens règlemens, a établi, par une ordonnance du 27 janvier 1815, des mesures qu'il est intéressant de faire connaître.

1°. « Dans tous les lieux où a pénétré l'épizootie, et dans ceux où elle *pénétrera par la suite*, les préfets continueront de faire exécuter les dispositions des arrêtés des 10 avril 1714, 24 mars 1745, 19 juillet 1746, 18 décembre 1744, 30 janvier 1775, 16 juillet 1764 et 27 messidor an 5 ». *Art.* 1er.

« Sur la demande des autorités administratives, la garde nationale, la gendarmerie, les gardes champêtres, et au besoin les troupes de lignes, seront employés pour assurer l'exécution des dispositions rappelées et indiquées dans le précédent article, et notamment pour former des cordons et empêcher la communication des animaux suspects avec les animaux sains ». *Art.* 2.

2°. « Dans les départemens où la maladie n'a pas encore pénétré, les préfets ordonneront la visite des étables aussi souvent qu'ils le jugeront convenable ; ils exerceront une surveillance active, et feront les dispositions nécessaires pour que l'on puisse exécuter sur-le-champ, et partout où besoin sera, toutes les mesures propres à arrêter les progrès de l'épizootie, si elle venait à se manifester ». *Art.* 3.

3°. « A la première apparition des symptômes de contagion dans une commune, il y sera envoyé des vétérinaires, chargés de visiter les bestiaux, et de reconnaître ceux qui doivent être abattus, aux termes des règlemens cités en l'art. 1er. L'abattage aura lieu, sans délai, sur l'ordre des maires ou des commissaires délégués par les préfets ». *Art.* 4.

4°. « Il doit être dressé des procès-verbaux, à l'effet de constater le nombre, l'espèce et la valeur des animaux qui ont été ou qui seront abattus pour arrêter les progrès de la contagion. Les extraits de ces procès-verbaux doivent être transmis, par les préfets, au directeur général de l'agriculture et du commerce, pour faire établir l'état des indemnités auxquelles les propriétaires de ces animaux ont droit, d'après les bases déterminées par les arrêts du conseil, des 18 octobre 1774 et 30 janvier 1775 *Art.* ». 5.

680. Telles sont les mesures générales prescrites par les lois et les règlemens. Mais il en est d'autres dont l'observation est indiquée par l'autorité préfectorale, et recommandée aux administrations inférieures. Le détail en est d'autant plus utile qu'il facilite l'intelligence des principes sur la matière.

681. Les préfets des départemens où règne l'épizootie, doivent charger les vétérinaires de se transporter dans les diverses communes ; de se concerter avec les maires, adjoints ou commissaires délégués ; de visiter en leur présence toutes les bêtes à cornes ; de marquer celles qui, étant atteintes, doivent être abattues immédiatement et enfouies, conformément à d'arrêt du parlement de 1745 et à celui du conseil de 1784.

Ces deux opérations doivent être constatées par un procès-verbal, signé du maire, adjoint ou commissaire délégué du vétérinaire et du propriétaire des bestiaux abattus. Cette pièce doit indiquer l'ordre de l'abattage, le jour où il a eu lieu, ainsi que l'enfouissement ; les noms, qualités, domicile du propriétaire ; le nombre, l'âge, le sexe, l'espèce des bestiaux abattus ; le prix total d'évaluation, et le même prix réduit au tiers. *V. M. Péchart, Elem. de jurisp. mun.*

682. Le maire doit réunir ces procès-verbaux pour les adresser au sous-préfet, qui est tenu d'en vérifier avec soin la validité, de donner son avis sur les évaluations, pour transmettre le tout à la préfecture. Le préfet dépouille toutes les pièces, pour former un état, qui doit être adressé au ministre.

683. Dans les lieux préservés de la contagion, les préfets doivent ordonner de fréquentes visites. Les vétérinaires qui en sont chargés, sont tenus de désigner aux sous-préfets les communes qui seraient suspectées de recéler des germes de maladie épizootique, et dans lesquelles la circulation des animaux doit être interdite, au moyen de troupes. Les sous-préfets en instruisent les préfets, qui appliquent la même mesure, s'il y a lieu, aux arrondissemens des préfectures.

684. Suivant une décision ministérielle, du 13 fé-

vrier 1808, les vétérinaires requis par l'autorité administrative pour combattre les épizooties, doivent joindre à leurs rapports sur les maladies, des certificats des maires et adjoints des communes où ils ont été appelés, indiquant les jours qu'ils auront passés dans ces communes. Leurs honoraires sont réglés à 8 fr. par jour de visite. Des vétérinaires comprennent dans leurs mémoires des frais de voyage, de nourriture en route, et même de fournitures de médicamens aux animaux malades. Ces frais doivent être rejetés. *V. M. Péchart, Elém. d'ad. mun.*

685. L'administration peut inviter les vétérinaires à indiquer les moyens préservatifs ou curatifs à employer. Mais les frais de traitemens des maladies restent à la charge des propriétaires des animaux. Les vétérinaires ne sont chargés, par l'autorité administrative, que de concourir à l'exécution des mesures de police propres à prévenir ou à arrêter la contagion, comme la visite des écuries ou des étables, la marque et l'isolement des bestiaux, l'abattage de ceux qui sont reconnus incurables, et l'inspection des foires et marchés. *V. M. Péchart, n°. 1185.*

686. Ce n'était pas assez de prescrire des mesures sanitaires pour prévenir ou arrêter les maladies épizootiques, il fallait en assurer l'exécution par des dispositions pénales.

1°. D'après la loi du 6 octobre 1791, « le maître d'un *troupeau* malade rencontré *au pâturage*, doit être condamné à l'amende de la valeur d'une journée de travail par tête de bête à laine, et à une amende triple par tête d'autre bétail. Il peut en outre, selon la gravité des circonstances, être responsable du dommage que son troupeau aurait occasionné, sans que cette responsabilité puisse s'étendre au-delà des limites de la commune ; à plus forte raison, cette amende et cette responsabilité ont lieu, si le troupeau a été saisi sur des terres qui ne sont point sujettes au parcours et à la vaine pâture ». *Art.* 23 , *tit.* 2.

2°. Le Code pénal porte : « Tout détenteur ou gardien d'*animaux* ou *bestiaux soupçonnés* d'être infectés de maladie contagieuse, qui n'a pas averti sur-le-champ le maire de la commune où ils se trouvent, et qui même, avant que le maire ait répondu à l'avertissement, ne les a pas tenus renfermés, doit être puni d'un emprisonnement de 6 jours à deux mois, et d'une amende de 16 à 200 fr. ». *Art.* 459.

« Doivent être également punis d'un emprisonnement de deux mois à six mois, et d'une amende de 100 à 150 fr., ceux qui, au mépris des défenses de l'administration, ont laissé leurs animaux ou bestiaux infectés *communiquer* avec d'autres ». *Art.* 460.

« Si, de cette communication, il résulte une contagion parmi les autres animaux, ceux qui ont contrevenu aux défenses de l'autorité administrative, doivent être punis d'un emprisonnement de 2 ans à 5 ans, et d'une amende de 100 fr. à 1,000 ; le tout sans *préjudice* des *lois* et *règlemens* relatifs aux maladies épizootiques et de l'application des *peines* y portées ». *Art.* 461.

CHAPITRE VII.

Des coutumes et règlemens.---De la destination du père de famille.--- Des usages. --- Des arbitres et des experts.---Des arpenteurs.---Des vétérinaires.---Des écorcheurs.

687. Les coutumes, les statuts, les règlemens et les usages se sont naturellement établis sur les besoins et les rapports des hommes. Ils règlent ce que les lois nouvelles ou n'ont pas prévu, ou ont abandonné à leur empire; les usages surtout, émanant des mœurs de chaque peuplade, raniment les lois ou les suppléent par la force de l'habitude. De là la nécessité de les faire connaître.

Leur autorité est d'autant plus respectable, que le législateur en a recommandé l'exécution par de nombreux textes. *V. n^{os}.* 301, 306, 332, 411, 1er. *vol.; art.* 593, 645, 671, 674, 1648, 1736, 1728, 1754, 1757, 1758, 1759, 1762 *C. c.; loi du* 30 *vent. an* 21.

§. I. *Des coutumes et règlemens.*

688. Les coutumes, les règlemens et les décisions ayant une autorité légale, sont :

1°. Les coutumes dont les dispositions ne sont pas abrogées, et le Droit romain que l'on peut suivre comme raison écrite. *Disc. au cons. d'état sur la loi du* 30 *vent. an* 12.

2°. Les anciens arrêts du conseil d'état.

3°. Les ordonnances et les édits.

4°. Les statuts et les arrêts de règlemens rendus par les anciens parlemens.

5°. Les arrêtés du directoire exécutif.

6°. Les décrets et les ordonnances royales.

7°. Les arrêtés des préfets, ceux des maires et ceux des conseils municipaux.

On sait qu'aujourd'hui les tribunaux n'ont, dans aucun cas, le droit de faire des règlemens. Cette prérogative appartient aux autorités administratives. *Loi du 24 août 1790, tit. 11, art. 13; C. c. art. 5.*

§. II. *De la destination du père de famille.*

689. La destination du père de famille forme un véritable titre entre les propriétaires, dans les cas expliqués vol. 1, n°⁵. 132; 133, 146, 162, 225, 258, 352, 362, 370, 630, 631.

Elle en tient également lieu pour la conservation des plantations, des constructions et des clôtures dans leur état primitif. Ainsi, lorsque des fonds sont divisés par suite de vente, d'échange ou de partage, les arbres, les haies, les fossés et les clôtures en général, doivent rester dans l'état où ils étaient avant la division, si la conservation en est nécessaire à l'un ou à l'autre des fonds divisés. *Arg. art. 651, 652, 693 et 694 C. c.*

§. III. *Des usages.*

690. « Sous le nom d'usage, dit Boubier sur la coutume de Bourgogne, chap. 13, n°. 34, nous comprenons tout ce qui se pratique d'ordinaire dans un pays, par rapport aux différentes affaires qui se traitent parmi les hommes ».

On ne regarde comme obligatoires pour les tribunaux, et comme ayant une autorité légale, que les usages qui réunissent certains caractères.

1°. L'uniformité est de l'essence des faits qui doivent former l'usage. Dunod, chap. 13, en donne la raison. « Comme il faut, dit-il, que ces faits soient agréés et adoptés, pour ainsi dire, par la multitude, qui marque, en ne les contredisant pas et ne faisant rien de contraire, qu'elle en userait de même en pareille occasion ». *V. Rép. de M. Merlin.*

2°. La publicité des faits tient à la nature même de l'usage. Comment la multitude pourrait-elle donner son consentement à une manière d'agir qu'elle ne connaît pas ; et comment pourrait-elle connaître, si chacun agit clandestinement et à l'insçu de son voisin ? *V. Rép., v°. usage.*

Il ne faut cependant pas inférer de là que des actes extra-judiciaires ne puissent jamais former un usage. Tout ce qui se fait hors jugement, n'est pas clandestin ; mais la publicité n'en étant pas aussi marquée, il est nécessaire qu'ils soient en plus grand nombre que s'ils étaient judiciaires.

Des actes, dit Dunod, peuvent former un usage, quand même ils n'auraient pas été faits en justice, pourvu qu'ils soient tels qu'ils aient pu parvenir à la connaissance du public. Il est difficile de trouver cette qualité dans les actes extra-judiciaires, qui, étant ordinairement peu connus, et dépendant le plus souvent des pactes et des convenances de ceux qui contractent, ne paraissent guère capables de former une coutume, s'ils ne sont en grand nombre ».

3°. La multiplicité des actes dont l'usage doit être le résultat, est une condition prescrite par la loi elle-même. Pour l'interprétation d'un contrat, dit-elle, on doit s'en rapporter à ce qui est fréquemment pratiqué dans le pays où l'on a contracté. *ff. de reg. juris.*

4°. La nécessité du concours de la généralité des habitans, pour établir un usage dans une province ou un canton particulier, se sent pour ainsi dire d'elle-même.

Mais il n'est pas nécessaire que la généralité de l'usage soit absolue. Une généralité morale suffit ; c'est l'esprit de la loi romaine déjà citée. *V. Rép.*, *v°. usage.*

On ne doit pas confondre l'usage du grand nombre avec l'usage général. Pour fonder un usage général, la seule pluralité ne suffit pas ; il faut une prépondérence bien décidée sur le petit nombre, dont l'usage n'est pas connu. L'avis unanime des jurisconsultes, dit Muyard de Vouglans dans son discours sur la législation criminelle, est du plus grand poids pour appuyer la certitude des usages.

Selon Tertulien, cité par Lemaître dans son vingtième plaidoyer, *pour savoir si un usage doit être suivi, il en faut chercher la raison dans son commencement.*

5°. Suivant l'opinion générale, l'usage s'établit par 10 ans ou 20 ans, quand il est supplétif ou interprétatif d'une loi. On en requiert 40 lorsqu'il s'agit d'abroger le droit écrit.

D'après Dunod, il est plus prudent de s'en rapporter là-dessus à la sagesse du juge.

6°. L'usage qui réunit les cinq caractères dont il vient d'être parlé, n'a aucune force, s'il n'est constamment toléré par le législateur, ou si, depuis que le législateur l'a condamné, il ne s'est pas écoulé un temps suffisant pour faire présumer son approbation. *V. M. Merlin, v°. subst. fidéic. sect.* 7, §. 3, *art.* 4, *n°.* 3.

691. L'usage est d'autant plus important, qu'il interprète la loi, ajoute à ses dispositions, la corrige ou l'abolit. Il n'y a point de meilleur interprète que lui pour expliquer les conventions. *Leg.* 37 *et* 38 *de leg.*

Toutes les fois qu'il s'élève des doutes sur le sens d'une loi ou d'un règlement, l'usage doit l'emporter.

On supplée aux lois muettes par l'usage. *Leg.* 32 *de leg. ff.*

L'usage ne peut jamais abroger une loi, lorsqu'il est abusif et peut blesser les mœurs ou troubler l'ordre public.

S'il ne blesse pas l'honnêteté ou l'ordre public, il peut abroger les lois; mais il n'a point ce pouvoir, s'il n'est établi sous l'empire d'une loi ou d'une coutume, que dans une partie de son territoire; au contraire, il l'emporte sur la loi même, lorsqu'il est établi dans toute l'étendue de son empire; c'est une distinction confirmée par la cour de cassation. *V. M. Merlin, Rép., v°. usage.*

692. L'existence des usages s'établit par des actes de notoriété délivrés par les magistrats des lieux où ils sont reçus. *V. Rép. de M. Favard, v°. acte de notoriété.*

Mais ni les officiers du ministère public, ni les avocats, n'ont qualité pour donner ces sortes d'actes. *V. Rép. de M. Merlin, v°. notoriété.*

§. IV. *Des arpenteurs.*

693. Nous avons parlé, n°. 84 et suivans, vol. 1er, des arpenteurs, il reste à traiter ici de leur manière d'opérer.

Ils doivent arpenter ou faire les opérations dont ils sont chargés, d'après les jugemens ou les actes d'où émanent leur mission.

Mais comment s'arpentent les terrains inclinés? L'arpentage doit-il être fait suivant la méthode de *développement*, qui consiste à mesurer leur superficie réelle; ou, au contraire, doit-on préférer la méthode de *cultellation*, qui consiste à prendre la superficie de leur base horizontale?

Suivant le marquis de Condorcet, la *cultellation*

est la meilleure méthode. Freminville préfère le *déve-loppement*. Nous donnons la préférence à ce dernier mode d'opérer. *V. Dict. de Riolz.*

§. V. *Des arbitres et des experts.*

694. La nomination et les devoirs des arbitres sont tracés aux articles 1005 et suivans du Code de procédure.

Le choix des experts et leur règle de conduite dans leurs opérations sont expliqués aux art. 315 et suiv. du même Code.

Les arbitres sont de véritables juges. Les experts ne donnent au contraire qu'un simple avis sur les objets soumis à leur examen.

§. VI. *Des vétérinaires.*

695. Il y a deux espèces de vétérinaires; les uns, reçus aux écoles, se livrent exclusivement à la médecine des animaux; on les appelle *artistes vétéri-naires*; les autres, également reçus aux écoles, ferrent les chevaux, font ce qui concerne la maréchalerie, et administrent des soins aux animaux dans leurs mala-dies; on les appelle *maréchaux-vétérinaires.*

D'après un décret du 15 janvier 1813, il peut y avoir un médecin vétérinaire dans les chefs-lieux de département, et un maréchal-vétérinaire dans les chefs-lieux d'arrondissement. Il leur est accordé une indemnité annuelle sur les fonds du département.

Les communes ont aussi le droit d'avoir, à leur compte, des maréchaux-vétérinaires.

Les autorités doivent employer exclusivement, pour le traitement des animaux, les médecins et les maréchaux-vétérinaires. *Art.* 14.

§. VII. *Des écorcheurs ou excoriateurs.*

696. Les écorcheurs ou excoriateurs sont des hommes qui font leur profession de dépouiller les animaux après leur mort, et d'en prendre la peau et la chair pour les vendre ou en disposer autrement. Il serait à désirer que le gouvernement fît une loi, d'après laquelle aucun individu ne pût se livrer à cette profession que sur un certificat de probité. Par là on empêcherait beaucoup d'individus de voler des animaux et de les tuer pour en avoir la peau, dont ils peuvent disposer impunément, sous la qualité d'*écarisseurs.*

On trouve dans le Dictionnaire de la police moderne, par M. Alletz, plusieurs règlemens à cet égard, et notamment une ordonnance du préfet de police du 24 août 1814, qui défend d'exercer cette profession sans une autorisation de la police, délivrée sur un certificat de *bonnes vie et mœurs.*

CHAPITRE VIII.

Des gardes champêtres. --- Gardes forestiers. --- Gardes chasse. --- Gardes bois. --- Gardes digues. --- Gardes pêche. --- Des Gendarmes.

697. Les gardes champêtres ont été institués par la loi du 6 octobre 1791. La loi du 23 messidor an 3 les a maintenus. Un arrêté du 29 fructidor an 9, un décret du 11 juin 1806 ont établi de nouvelles dispositions sur leur organisation. Enfin, une ordonnance royale, du 29 novembre 1820, règle le mode de leur nomination et de leur destitution.

Ils étaient connus, avant la révolution, sous les noms de *bangards, messiers, gardes-messiers.*

698. Les gardes champêtres ne peuvent être choisis que parmi les citoyens agés de 25 ans, dont la probité et le zèle sont généralement reconnus.

Le choix en est fait par le maire, et approuvé par les conseils municipaux. Le sous-préfet de l'arrondissement leur délivre une commission. *Ordon. royale 29 novembre 1820.*

Les gardes des communes où les salaires de garde champêtre s'élèvent à plus de 180 fr. par an, doivent être pris parmi les vétérans et les anciens militaires. *V. arr. 25 fructidor an 9, art. 1 et 7.*

699. « Il doit y avoir au moins un garde par chaque commune, et le conseil municipal juge de la nécessité d'y en établir plusieurs ». *Loi du 20 messidor an 3.*

700. Les salaires de ces gardes doivent être pris sur les revenus communaux. Lorsque ces revenus ne peuvent les acquitter, et que les habitans des com-

munes refusent de leur fournir un traitement, la somme en est répartie sur les propriétaires ou exploitans de fonds non clos, au centime le franc de la contribution foncière de chacun d'eux, en conformité de la loi du 6 octobre 1791. *Déc. 23 fructidor an 13, M. Péchard; v. loi du* 20 *mess. an* 3.

Si le paiement des salaires ne peut s'effectuer par voie de souscription volontaire, le maire convoque le conseil municipal et les plus forts contribuables pour consentir une imposition extraordinaire. S'ils s'y refusent, le préfet en rend compte, pour être statué sur la suppression du garde, ou être pris telle autre mesure convenable. *V. M. Péchart.*

701. Tout propriétaire, et même tout fermier, a le droit d'avoir un garde champêtre pour ses domaines, à la charge de le faire agréer par le sous-préfet de son arrondissement et de contribuer au traitement du garde de la commune. *Art.* 4 *loi du* 20 *mess. an* 3; *Cas.* 27 *brumaire an* 11.

Les hospices, et en général les établissemens publics, ont aussi le droit d'avoir des gardes particuliers. *V. Rép. de M. Favard.*

702. Le Code du 3 brumaire an 4, autorise tous les propriétaires à avoir des gardes *forestiers.*

Suivant la loi du 9 floréal an 11, le choix de ceux des particuliers est fait par eux, et celui des gardes des établissemens publics par leurs administrateurs. Il est soumis à l'agrément du conservateur forestier de l'arrondissement.

«En cas de refus, par le conservateur, d'agréer lesdits gardes, celui qui les présente peut se pourvoir devant le préfet du département, qui statue». *Art.* 16, *loi du* 29 *floréal an* 11.

703. L'art. 41 du Code du 3 brumaire an 4, déclare communes aux bois des particuliers, toutes les

obligations et attributions des gardes des bois de l'état.

Du reste, les fonctions de garde champêtre sont compatibles avec celles de garde forestier. La loi du 6 octobre 1791, tit. 1er., le dit expressément.

704. Les gardes forestiers doivent prêter serment devant le tribunal de première instance de l'arrondissement sous lequel se trouve leur garde. *Loi du 9 floréal an 11, art.* 15.

Les gardes champêtres le prêtent devant le juge de paix de leur canton. *Loi du 6 octobre* 1791.

705. D'après un décret du 11 juin 1806, les gardes champêtres doivent se présenter, dans les huit jours de leur installation, à l'officier ou sous-officier de gendarmerie de leur arrondissement, afin de lui donner leur nom, leur âge et leur domicile.

706. Les gardes champêtres sont des agens de police placés par la loi sous la surveillance des procureurs du roi. *Art.* 17, *C. d'inst. crim.*

Ils doivent être jugés par les cours royales pour les délits entraînant des peines de police correctionnelle dans l'exercice de leurs fonctions. *Cas.* 16 *février* 1821; *art.* 479 *et* 483 *C. d'inst.*

Les tribunaux de simple police ne peuvent les condamner aux frais de leurs procès-verbaux nuls, ni d'office, ni sur la demande des officiers du ministère public établis près d'eux. *Cas.* 28 *août* 1812, *Sir.* 21.

Au surplus, nous renvoyons aux art. 462, 198, 333 et 132 du Code pénal.

Ce décret établit en outre divers rapports entre eux et la gendarmerie. On peut y recourir.

707. Les gardes champêtres doivent être armés, dans l'exercice de leurs fonctions, d'une lance de la longueur de 2 mètres. Il ne leur est permis de por-

ter un fusil qu'avec l'autorisation du préfet de leur département. *Ordon. royale du 22 juillet* 1816.

Ils doivent avoir « sur le bras une plaque de métal ou d'étoffe, où sont inscrits ces mots : *la loi*, le nom de la municipalité et le leur». *Loi du 6 octobre* 1791, *tit.* 1er.

708. Ces fonctionnaires ne peuvent être changés ou destitués « que par le sous-préfet, sur l'avis du maire et du conseil municipal du lieu. Le sous-préfet doit soumettre son arrêté à l'approbation du préfet ». *Ord. royale 29 novembre* 1820; *loi du 6 octobre* 1791.

709. Outre les gardes champêtres, proprement dits, il y en a d'autres qui prennent une dénomination de la garde dont ils sont chargés. Par exemple, on appelle gardes chasse, ceux qui veillent à la conservation du gibier ; gardes pêche, ceux qui surveillent les rivières; gardes digues, ceux dont les fonctions consistent à garder des digues.

La seule différence qui existe entre ces deux espèces de gardes, c'est que les gardes champêtres exercent une surveillance générale, tandis que la surveillance des autres ne s'étend que sur les fonds confiés à leur garde.

710. Les adjudicataires des bois sont tenus d'avoir des gardes pour surveiller leurs ventes. On appelle ces gardes facteurs. Ils sont reçus par le juge de paix du lieu, et sont autorisés à faire des rapports. *Ordon. de* 1669, *tit.* 15, *art.* 37 *et* 39.

711. Les gardes champêtres et les gardes forestiers sont chargés de rechercher, *dans le territoire pour lequel ils sont assermentés*, les délits et les contraventions de police qui ont porté atteinte aux propriétés rurales. *C. d'inst.*, *art.* 16.

Ils doivent concourir à la répression de la fraude sur les tabacs. On leur donne part aux saisies et à la prime accordée par l'ordonnance du 20 septembre 1815. *V. Manuel des contrib. ind.*

712. Ils dressent des procès-verbaux, à l'effet de constater la nature, les circonstances, le temps, le lieu des délits et des contraventions, ainsi que les preuves et les indices qu'ils ont pu en recueillir. Enfin, l'art. 16 du Code d'instruction criminelle, trace quelle marche ils doivent suivre pour les visites à faire dans les bâtimens et les autres héritages des citoyens.

713. La loi les autorise à parcourir, malgré les propriétaires, tous les héritages non clos des communes confiées à leur surveillance. *Arg. art.* 16.

Au contraire, les gardes particuliers n'ont le droit de marcher que sur les fonds des maîtres par lesquels ils sont choisis. Ils ne sont en effet assermentés que pour ces fonds-là. *V. n°.* 711.

714. « Les gardes champêtres doivent faire affirmer et déposer leurs procès-verbaux devant le juge de paix de leur canton, ou faire devant lui leurs déclarations. » S'ils savent écrire et verbaliser, ils dressent eux-mêmes leurs procès-verbaux. Lorsqu'ils ne le savent pas, c'est aux maires, et à leur défaut aux adjoints, à les recevoir. *V. Manuel des maires.*

« Leurs rapports, ainsi que leurs déclarations, lorsqu'ils ne donnent lieu qu'à des réclamations *pécuniaires*, font foi en justice pour tous les délits mentionnés dans la police rurale, sauf la preuve CONTRAIRE ». *Art.* 6, *sect.* 7, *tit.* 1er, *loi du* 6 *octobre* 1791, *Cas.* 1815, *Sir.* 15.

« Les suppléans des juges de paix peuvent également recevoir l'affirmation pour les délits commis dans le territoire de la commune où ils résident, lorsqu'elle n'est pas celle de la résidence du juge de paix. Les maires, à défaut des maires leurs adjoints, peuvent recevoir cette affirmation, soit par rapport aux délits commis dans les autres communes de leur résidence respective, soit par rapport à ceux commis dans les lieux où résident le juge de paix et ses suppléans, quand ceux-ci seront absents ». *Loi du 28 floréal an 10, art. 11.*

715. Les gardes champêtres doivent avoir un registre coté par les maires ou par leurs adjoints, pour y inscrire sommairement et journellement les rapports qu'ils ont dressés. Leurs adjoints mentionnent en marge la date de l'affirmation de chaque rapport, et celle de la remise qui leur en a été faite par les gardes. *V. Manuel des maires.*

716. Ils peuvent dresser des procès-verbaux contre leurs parens; la loi ne leur en interdit pas le droit. Ainsi est valable un procès-verbal dressé par un garde contre son frère. *Cas.* 1817, *Sir.* 18.

D'après l'esprit de la législation actuelle, il paraît qu'ils ne peuvent dresser des procès-verbaux que contre les délits ruraux, tels que dégâts, chasse, pêche. *V. Rep. de M. Favard.*

Donc ils ne sont pas autorisés à verbaliser contre ceux qui contreviennent à la loi sur la célébration des fêtes, parce que les contraventions de cette espèce sont étrangères à leurs fonctions. *Cas.* 1819, *Sir.* 19.

717. Aucune loi ne les oblige, sous peine de nullité, soit à rédiger leurs procès-verbaux en présence des délinquans, soit à les sommer d'assister à leur rédaction. *Cas.* 5 octobre 1820, *Sir.* 21.

Mais ils sont tenus de *faire* leurs procès-verbaux; il leur est interdit de les faire écrire par des personnes autres que les fonctionnaires chargés de les recevoir. *Cas.* 1817, *Sir.* 17; *v. no.* 714.

718. Il n'est pas nécessaire que les maires énoncent le lieu où l'affirmation s'est faite, puisque la loi ne l'exige pas; il suffit qu'elle soit reçue dans les vingt-

quatre heures par le maire de la commune où le délit a été commis. *Cas.* 1817, *Sir.* 17.

Aucune loi n'exige, à peine de *nullité*, que les procès-verbaux relatifs aux faits de police, aux délits ruraux ou forestiers, contiennent la demeure du garde, la date de sa réception ou la mention qu'il était revêtu du signe de ses fonctions, ou enfin l'indication des limites du lieu où les délits ont été constatés. *Cas. Sir.* 20, *p.* 269; *Cas.* 27 *juin* 1812, *Sir.* 1812; *Cas.* 11 *octobre* 1821, *M. de Foulan.*

719. Les procès-verbaux de tous ces gardes sont sujets à l'enregistrement; la sincérité doit en être par eux affirmée dans les vingt-quatre heures. *Loi du* 23 *thermidor an* 4.

L'enregistrement de ces actes se fait en *debet*, et le recouvrement des droits se poursuit contre les parties condamnées, sur les extraits des jugemens fournis, aux préposés de la régie par les greffiers. *V. loi du* 22 *frimaire an* 7, *art.* 70.

La peine de nullité, portée contre le défaut d'enregistrement par l'art. 34 de la loi du 22 frimaire an 7, ne s'applique pas à ces procès-verbaux. *V. Sir.* 1820; *Cas.* 1809, *Sir.* 16.

720. Les gardes, en général, sont tenus de remettre leurs procès-verbaux aux divers fonctionnaires qui remplissent le ministère public, conformément aux art. 18, 20 et 21 du Code d'instruction criminelle.

Mais, dans aucun cas, il ne leur appartient de poursuivre la réparation des délits dont ils sont chargés de solliciter la répression. *Cas.* 23 *juillet* 1806.

Les gardes champêtres « sont responsables des dommages, dans le cas où ils négligent de faire, dans les vingt-quatre heures, le *rapport* des délits ». *Art.* 7, *sect.* 7, *tit.* 1er., *loi du* 6 *octobre* 1791.

De là, il résulte qu'ils sont tenus d'affirmer leurs

procès-verbaux dans les vingt-quatre heures de leur clôture. *Cas. 2 messidor an 13.*

Les délais se comptent par heure; ainsi, le procès-verbal clos à 7 heures du matin, doit être affirmé le lendemain à la même heure. *Cas. janvier 1809, M. Biret, v°. serment.*

Un garde n'a plus le droit de rédiger un procès-verbal après les vingt-quatre heures du délit. En effet, si la partie lésée a son recours sur lui, lorsque le délit n'a pas été constaté dans ce délai, c'est évidemment parce que le coupable est à l'abri de toutes poursuites sur le procès-verbal.

Cependant, si le garde ou la partie lésée pouvait établir le délit par témoins, l'action contre le délinquant n'en serait pas moins bien fondée, tant qu'elle ne serait pas prescrite. Le garde serait alors déchargé de toute responsabilité.

721. La gendarmerie est, de son côté, chargée de veiller à la police et à la sûreté des campagnes. On peut voir, à cet égard, la loi du 28 germinal an 6 et l'ordonnance royale du 29 octobre 1820.

La loi du 6 octobre 1791, art. 39, tit. 2, autorise les gendarmes à saisir d'office les dévastateurs de récoltes et les chasseurs masqués, pris sur le fait.

TITRE DEUX.

De la Police judiciaire.

CHAPITRE PREMIER.

Des dégâts et des dommages causés par les animaux.

722. « Les dégâts que les bestiaux de toute espèce, *laissés à l'abandon*, font sur les propriétés d'autrui, soit dans l'enceinte des habitations, soit dans un enclos rural, soit dans les champs ouverts, doivent être payés par les personnes qui ont la jouissance des bestiaux. Si elles sont insolvables, ces dégâts sont payés par celles qui en ont la propriété ».

« Le propriétaire qui éprouve le dommage, a le droit de saisir les bestiaux, sous l'obligation de les faire conduire, dans les vingt-quatre heures, *au lieu du dépôt* qui doit être désigné à cet effet par le MAIRE». *Loi du 6 octobre 1791, tit. 2, art. 12; v. n°. 794 et suivans.*

C'est le *fait d'abandon* qui attribue aux dégâts le caractère de délit.

Lorsque les animaux sortent de la pâture ou de l'étable, et causent des dommages, il n'y a lieu qu'à une simple action civile. Le Code civil semble le décider ainsi, art. 1385. « Le propriétaire d'un animal, dit-il, ou celui qui s'en sert pendant qu'il est à son usage, est responsable du dommage qu'il a causé, soit que l'animal fût sous sa garde, soit qu'il fût égaré ou *échappé* ».

723. Il semblerait au premier aspect que, l'art. 12 précité ne prononçant aucune peine contre le pro-

priétaire dont les animaux *laissés à l'abandon* causent des dégâts, les juges n'ont le droit de les condamner qu'à des dommages-intérêts en tribunal civil.

Mais, en combinant l'art. 3, tit. 2 de la loi de 1791, avec l'art. 4, de celle du 23 thermidor an 4; on voit que tous les faits mentionnés dans le titre 2, sur la police rurale, constituent un délit. Les tribunaux sont donc obligés de prononcer une peine, qui ne peut être au-dessous de trois journées de travail ou de trois jours d'emprisonnement. La peine est encourue, quand même les animaux n'auraient causé aucun dégât. *Cas.* 21 *vendémiaire an* 12, 20 *juillet* 1810 *et* 15 *février* 1811, *Sir. vol.* 1811, *p.* 187.

724. La circonstance que le propriétaire des fonds où sont trouvés les bestiaux n'en n'a défendu l'entrée que depuis peu, n'est pas une excuse. *Cas.* 14 *juin* 1822; *Journ. des juges de paix an* 1823.

725. Quant aux délits commis par les chèvres, et à la défense de les laisser aller sur le fonds d'autrui, voyez n°. 321, vol. 1.

Mais ajoutons quelques observations à ce que nous avons déjà dit à cet égard.

1°. L'ordonnance de 1669 est encore en vigueur contre les chèvres trouvées dans les bois futaies des particuliers ou des communautés. *V. M. Merlin; quest.*, *v°. délit forêt*, §. 5.

2°. A l'égard des chèvres trouvées dans les bois, soit taillis, soit futaies, appartenant à l'état, l'ordonnance est également maintenue, en tant qu'elle prononce des peines correctionnelles. *Cas.* 3 *brum. an* 4, *Rép. de M. Merlin*, *v°. chèvre.*

3°. Les curés ne peuvent introduire des chèvres dans les bois dépendant de leurs cures, sous peine de subir l'application de l'ordonnance. *Cas.* 5 *avril* 1811, *Rép.*, *v°. chèvre.*

726. Aucune loi ne règle les droits et les devoirs

de ceux chez lesquels les animaux sont établis en fourrière. C'est à l'autorité administrative à faire des règlemens à cet égard. *V. nº.* 596, *vol.* 2.

Le préfet de police de Paris a pris un arrêté sur les fourrières le 13 mars 1813, qui renferme des dispositions intéressantes dont voici la substance : 1º. les chevaux, mules et ânes saisis ou abandonnés, doivent être remis à la fourrière de la préfecture de police ; 2º. les animaux doivent être visités dans les vingt-quatre heures de leur arrivée à la fourrière, par un commissaire de police, qui veille à ce qu'ils soient bien soignés ; 3º. ces animaux ne peuvent être rendus au propriétaire que sur la permission du commissaire de police, et en payant les frais de nourriture et de garde ; 4º. s'ils ne sont pas réclamés, la vente en est faite aux enchères, et le prix en reste déposé à la caisse de la préfecture de police ; 5º. la ration des animaux pour vingt-quatre heures de séjour, est, pour un cheval, douze litres d'avoine, une botte de foin, deux bottes de paille ; pour un mulet, dix litres d'avoine, une botte de foin et une botte de paille ; pour un âne, une demi-botte de luzerne, une botte de paille, dix litres de son ; pour un bœuf ou une vache, douze litres de son, une botte de luzerne ; pour une chèvre ou un mouton, six litres de son, une demi-botte de luzerne ; pour un porc, cinq décalitres de son.

Cet arrêté ne fait point la règle dans toute la France, mais les tribunaux peuvent le suivre pour faire payer le prix des fourrières, suivant les quantités et les qualités des fourrages qu'il désigne comme suffisant à la nourriture des animaux.

Les maires peuvent aussi en adopter les dispositions par des arrêtés appropriés aux localités.

727. « Les dégâts faits dans les bois taillis des particuliers ou des communautés, par des troupeaux ou

bestiaux, sont punis de la peine suivante : « Il sera payé d'amende, 1°. pour une bête à laine, une liv. ; 2°. pour un cochon, une liv. ; 3°. pour une chèvre, 2 liv. ; 4°. pour un cheval ou une bête de somme, 2 liv. ; 5°. pour une chèvre, 2 liv. ; 6°. pour un bœuf ou une vache ou un veau, 3 liv. ».

« Si les bois taillis sont dans les six premières années de leur croissance, l'amende sera double; si les dégâts sont commis en présence du pâtre et dans les bois taillis de moins de six années, l'amende sera triple. S'il y a récidive dans l'année, l'amende sera double ; et s'il y a réunion des deux circonstances, ou récidive avec l'une des deux circonstances, l'amende sera quadruple. Le dédommagement dû au propriétaire sera estimé de gré à gré ou à dire d'experts ». *Art.* 38, *tit.* 2, *loi du* 6 *octobre* 1791 ; *v. n°.* 8.

728. Quant aux règles spécialement établies pour les délits forestiers, elles sont consignées dans l'ordonnance de 1669. Mais voici les principes de jurisprudence rapportés par M. Mars, sur les dégâts causés dans les bois des particuliers.

1°. « Les dégâts commis par des bestiaux dans les bois taillis des particuliers, sont de la compétence des tribunaux de police. Ils donnent lieu à l'application de l'art. 38, et non de l'art. 24, tit. 2 du Code rural de 1791, concernant les prairies artificielles ». *Cas. des* 20 *prairial an* 13 *et* 17 *janvier* 1812.

2°. L'introduction de chèvres dans un bois peuplé de pins, âgés de 4 à 5 ans, est punie par l'art. 13 du tit. 19 de l'ordonnance de 1669. L'art. 38 ci-dessus rapporté n'est pas applicable à ce délit. *Arrêt* 20 *février* 1812.

3°. Quand il s'agit d'une futaie, et non d'un taillis, ce n'est pas l'art. 38 de la loi rurale, mais l'art. 13

du tit. 19 de l'ordonnance de 1669, qui est applicable. *Arrêt du 22 février 1811.*

4°. L'assimilation des bois taillis communaux aux bois nationaux, n'a lieu que relativement à l'administration ; elle ne change en rien les peines établies contre les délinquans. De là, il suit que l'art. 38 est applicable à la dévastation commise par des bestiaux dans les taillis communaux. *Arrêt du 4 novembre 1808.*

5°. D'après les dispositions combinées des art. 1er et 3 du titre 19 de l'ordonnance de 1669, de l'art. 16 du tit. 12 de la loi du 29 septembre 1791, du décret du 17 nivôse an 13 et de l'avis du conseil d'état, approuvé le 16 frimaire an 14, les particuliers ne peuvent, sans qu'il y ait délit prévu par l'art. 38 du tit. 2 du Code rural, introduire des bestiaux dans les bois communaux, que dans les cantons reconnus et déclarés défensables par le conservateur local. *Arrêts des 21 mars 1817 et 30 mai 1818.*

6°. Les dispositions de l'article 38 sont applicables au cas où des vaches sont conduites au pâturage dans un terrain entouré d'un bois communal de hêtres, non déclaré défensable. *Deux arrêts du 13 décembre 1811.*

7°. Celui qui a un droit d'usage dans une forêt particulière, n'a pas le droit, sous les peines portées par l'ordonnance de 1669, d'y couper du bois avant d'en avoir demandé la permission au propriétaire, ou avant de l'avoir mis en demeure. *Arrêt du 21 décembre 1812.*

7°. S'il s'agit d'une forêt soumise à l'administration forestière, l'usager doit obtenir la permission de cette administration ; et, en cas de refus, recourir à l'autorité supérieure. *Arrêt du 7 septembre 1808.*

9°. La présence du pâtre n'est une circonstance

aggravante qu'à l'égard des taillis ayant moins de six ans. On ne doit appliquer que la première disposition de l'art. 38 ci-dessus rapporté, au délit commis en présence du pâtre, par des bœufs, dans un taillis ayant plus de six ans. *Cas.* 13 *février* 1812.

729. Non-seulement le propriétaire ou le fermier qui éprouve les dégâts, mais encore tous les agens de la police rurale, comme gardes champêtres, etc., peuvent saisir les bestiaux trouvés en délit. La loi invite chaque citoyen à faire tout ce qui tend à assurer au propriétaire la réparation du dommage qu'on lui a causé. *V. Traité du voisinage*, *v°. dégâts.*

730. Les tribunaux ne sont pas autorisés à prononcer des condamnations personnelles contre les maires qui se permettent, en qualité de fonctionnaires publics, de saisir illégalement des animaux trouvés en délit.

On n'a le droit de les poursuivre qu'avec une autorisation du conseil d'état; encore faut-il qu'il y ait de leur part abus de pouvoir. *Décret du* 16 *août* 1808, *Sir.* 16.

Mais l'autorisation n'est pas nécessaire pour agir contre les gardes champêtres. *Cas.* 19 *août* 1808; *Denevers*, *vol.* 1808.

Toutefois, ils ne peuvent être poursuivis pour les délits commis dans leurs fonctions, que par les magistrats sous la surveillance desquels ils sont placés.

731. La *saisie* des animaux est permise, toutes les fois qu'ils sont trouvés en délit; par exemple, s'ils pâturent sur une commune où ils n'ont pas le droit d'aller à la vaine pâture; s'ils pacagent sur des terres ouvertes, sujettes au banon, mais en nombre supérieur à celui qui a été fixé pour leur maître.

Ceux qui saisissent les animaux doivent se garder de les maltraiter en les prenant, même en fla-

grant délit ; il leur est défendu de les surmener. *ff.*
leg. 39 *ad leg. aquil.*

On doit les rendre responsables des accidens qu'ils
leur feraient éprouver, soit en les frappant, soit en
les poursuivant trop vivement. *V. Traité du voisin.,*
v°. dégâts ; Lois rurales.

D'un autre côté, la loi leur accorde une grande
marque de confiance. Elle ne les oblige à les mettre
en fourrière que dans les vingt-quatre heures ; ils
sont autorisés à les garder pendant ce temps, mais
ils doivent les nourrir en bons pères de famille. L'usage
les oblige même à les laisser visiter par leur maître,
soit en fourrière, soit chez celui qui les garde. *Exemp.*
C. de Normand., art. 65; *Bretagne, art.* 419.

728. Dans les communes où le maire n'a pas indiqué de fourrière, on doit les mettre dans l'auberge
du lieu ; et, à défaut d'auberge dans cette commune,
chez l'aubergiste de la commune la plus voisine. Celui qui saisit des bestiaux n'est pas autorisé à les conduire dans des lieux éloignés pour occasionner des
frais. Dans tous les cas, il doit avertir de la saisie le
maire du lieu où elle est faite, afin que leur maître
puisse facilement les retrouver.

Sans ces précautions, le saisissant s'exposerait à
des dommages-intérêts, ou à payer les frais de fourrière. Celui qui saisit ainsi des bestiaux doit être ac-
compagné d'un agent de police rurale, ou de quelques
témoins, pour établir qu'il les a surpris en délit. Autrement, leur maître pourrait méconnaître qu'ils y
fussent lors de la saisie ; et si le saisissant ne le prouvait, le juge le condamnerait à des dommages-intérêts, pour s'être permis de les saisir illégalement. *V.*
M. Biret, v°. contravention.

729. Les gardiens ou dépositaires sont responsables, par corps, comme dépositaires de bien de jus-

tice, des animaux à eux confiés. *Loi du 15 germinal an 6, art. 2060 C. c.*

Cette loi doit-elle être appliquée à celui qui, ayant saisi des animaux, les garde chez lui, pendant ou après les vingt-quatre heures ? On ne peut raisonner ici par argument *a fortiori.* Les tribunaux ne sont donc autorisés à lui appliquer la contrainte par corps que s'il a mérité des dommages-intérêts s'élevant à 300 fr. *V. art. 126 du C. de procéd.*

730. « Il est satisfait aux dégâts par la vente des bestiaux, s'ils ne sont pas réclamés, ou si le dommage n'est point payé dans la huitaine du jour du délit ».

« Si ce sont des volailles, de quelque espèce que ce soit, qui causent le dommage, le propriétaire, le détenteur ou le fermier qui l'éprouve, peut les tuer, mais *seulement sur le lieu, au moment* du dégât. *Loi du 6 octobre 1791, tit. 2, art. 12 ; cout. d'Orléans, art. 172 ; Montargis.*

Suivant l'art. 39 du tarif de 1811 sur les matières criminelles, « les animaux et tous objets périssables, pour quelque cause qu'ils aient été saisis, ne peuvent rester en fourrière ou sous le séquestre plus de huit jours ; après ce délai, la main-levée provisoire peut en être accordée ».

« S'ils ne peuvent ou ne doivent être restitués, ils seront mis en vente, et les frais de fourrière seront prélevés sur le prix, par privilége et préférence à tous autres ». *Art. 39.*

« La main-levée provisoire des animaux saisis et des objets périssables mis en séquestre, sera ordonnée par le juge de paix ou par le juge d'instruction, moyennant caution, et le paiement des frais de fourrière et de séquestre ».

« Si lesdits objets doivent être vendus, la vente sera ordonnée par les mêmes magistrats. Elle sera faite à l'enchère, au marché le plus voisin, à la diligence de l'administration de l'enregistrement. Le jour de la vente sera indiqué par affiches vingt-quatre heures à l'avance, à moins que la modicité de l'objet ne détermine le magistrat à en ordonner la vente sans formalités; ce qu'il exprimera dans son ordonnance ».

« Le produit de la vente sera versé dans la caisse de l'administration de l'enregistrement, pour en être disposé ainsi qu'il sera ordonné par le jugement définitif ». *Art.* 49.

731. Le propriétaire des animaux ne peut se soustraire à la responsabilité, ni lorsque la partie qui a éprouvé le dommage n'a pu les saisir, ni en offrant de les abandonner. (*Art.* 1385 *C. c.* ; *Rousseau de Lacombe, cout. de Tours, Berri, Loudun*);

Ni en soutenant, par exemple, que les fonds où le pâturage a été exercé n'étant pas clos, le maître est supposé l'avoir tacitement permis. *Cas.* 27 *juillet* 1819, *Sir.* 19.

732. Les délits commis par les bestiaux laissés à l'abandon, donnent essentiellement lieu à l'action publique, encore que la partie civile n'agisse pas; c'est un principe de droit commun. *Cas.* 23 *décembre* 1814, *Sir.* 15.

733. La loi ne dit point quel nombre de volailles on a le droit de tuer. Ce serait mal à propos qu'on voudrait le limiter, comme Fournel ; mais celui qui tue ces volailles doit les laisser sur le lieu; il ne pourrait s'en emparer sans se rendre coupable de larcin.

Le législateur, en permettant de les tuer, n'a pas pour cela défendu à celui qui éprouve le dommage de se pourvoir, soit par action civile, soit par action en police, pour en obtenir réparation. *Cas.* 11 *août* 1808, *Sir.*

734. Les dégâts seuls sont répréhensibles. Ainsi, le fait de laisser sortir d'un colombier des pigeons en temps de semailles, n'est punissable que s'ils com-

mettent des dégats. Il n'en est pas des volailles ou des pigeons comme des bestiaux. Un conseil municipal n'a point le droit d'établir des peines contre ceux qui laissent sortir les pigeons. Son pouvoir se borne à fixer l'époque à laquelle il leur est défendu d'aller aux champs.

En un mot, la tenue des pigeons dans les campagnes n'est soumise à aucune mesure administrative, ni à aucune autre règle judiciaire, qu'à celles établies dans la loi du 4 août 1789. Cette loi autorise tout individu à avoir autant de pigeons qu'il le juge convenable, sous la condition de les enfermer au temps des semences ou moissons, à peine de les voir tuer par le propriétaire dont ils détruisent les fruits. *Cas.* 5 *octobre* 1821, *Sir.* 21 ; 6 *août* 1823, *Sir.* 16.

735. Les propriétaires sont responsables des dégâts que peuvent causer, sur les fonds d'autrui, leurs pigeons et leurs lapins. C'est ce que nous avons vu nos. 200 et 213 de ce volume.

736. « Les conducteurs de bestiaux revenant de foires ou les menant d'un lieu à un autre, même dans les pays de parcours, ne peuvent les laisser pacager sur les terres des particuliers, ni sur les communaux, sous peine d'une amende de la valeur de deux journées de travail, et en outre du dédommagement ; l'amende doit être égale à la somme du dédommagement, si le dommage est fait sur un terrain *ensemencé* ou qui n'a pas été *dépouillé* de sa récolte, ou dans un *enclos* rural ».

« A défaut de paiement, les bestiaux peuvent être saisis et vendus jusqu'à due concurrence de ce qui est dû pour l'indemnité, l'amende et autres frais y relatifs ; il peut même y avoir lieu, envers les conducteurs, à la détention de police, suivant les circonstances. *Art.* 15, *tit.* 2, *Cod. rur.* 1791.

737. Quant aux formalités prescrites par la loi, pour

obtenir main-levée des animaux mis en fourrière, il faut suivre ce qui est exposé n°. 730 ci-dessus.

738. Il est en général défendu, sous peine d'amende, de mener des bestiaux, des chèvres, sur le terrain d'autrui; par exemple, dans les plants de câpriers, d'orangers, et de leur laisser commettre des dégâts, etc. C'est ce que nous avons vu n°s. 308, 321 et 328, vol. 1.

Mais, 1°. on ne doit pas confondre ces délits avec ceux dont il s'agit dans l'art. 471, n°s. 13 et 14 du Code pénal. Il n'est en effet question dans cet article que de l'introduction des personnes ou des animaux dans l'héritage d'autrui. *Cas.* 9 *mars* 1821, *Sir.* 21.

2°. L'art. 18, tit. 2 de la loi du 6 octobre 1791, cité n°. 321, 1er. vol., ne parlant que des chèvres, les moutons peuvent brouter des haies sans qu'il y ait délit. *Cas.* 9 *juin* 1809, *Dict. de M. Delaporte.*

739. « Quiconque est trouvé gardant à vue des bestiaux dans les récoltes d'autrui, doit être condamné, en outre le paiement du dommage, à une amende égale à la somme du dédommagement; et peut l'être, suivant les circonstances, à une détention qui n'excédera pas une année ». *Art.* 26 *Cod. rur.* 1791, *tit.* 2.

Cette espèce de dégâts causés par des animaux dans des récoltes, pouvant entraîner une année d'emprisonnement, n'est point une simple contravention. Ainsi, les tribunaux de police sont incompétens pour en connaître; la loi les place dans les attributions des tribunaux correctionnels. *Cas.* 12 *août* 1812, *Sir.* 16, p. 306.

La loi s'exprime de la manière la plus générale. Celui qui n'a pas la possession d'un fonds, et qui se permet d'en faire détruire les récoltes par ses bestiaux, est passible de poursuites, aux termes de cet article. Il ne peut faire subordonner le jugement à la décision d'une question préjudicielle sur le droit de propriété. Quand même il serait propriétaire, il n'aurait pas le droit de détruire la récolte du possesseur. *Cas.* 19 *mars* 1819, *Sir.* 19.

740. Les délits causés par les bestiaux de plusieurs individus entraînent la solidarité contre le maître de chacun d'eux. C'est un principe puisé dans le tit. 2 de la coutume de Hesdin, et reconnu dans l'art. 55 du Code pénal.

741. La loi punit celui qui blesse ou tue les animaux d'autrui. Elle ne prononce aucune peine contre le propriétaire dont l'animal tue celui d'un autre. Le maître dont l'animal tue ou blesse celui d'autrui, est seulement soumis à en payèr la valeur.

Mais si deux animaux, par exemple, deux taureaux, deux vaches ou deux beliers luttent ensemble, soit dans une pâture commune, soit dans un chemin ; si deux chiens se battent sans qu'on puisse connaître l'agresseur, et qu'il arrive dans le combat ou le jeu quelque accident à l'un ou à l'autre, il n'y a lieu à aucune responsabilité. Les animaux ont couru des chances dont les maîtres doivent subir les résultats. *V. Rousseau de Lacombe*, *v°. dommage*; *arg. Cas. sur le duel*, *Sir.* 19.

Si un animal attaque l'autre (*), ou va le trouver dans un herbage ou une étable, et le blesse, son maître est responsable de l'accident.

Si cet animal se trouve lui-même tué ou blessé, la justice ne peut accorder à son maître d'indemnité, car il a donné lieu à l'événement.

Dans aucun cas, le maître ne peut se soustraire à la responsabilité en abandonnant son animal, qui a causé un dommage. *Arg. art.* 1385 *C. c.* ; *v. Dareau*, *Tr. des inj.*

Voyez Rép. de M. Merlin, v°. quasi-délit

CHAPITRE II.

Des destructions, des dégradations et des dommages causés par les personnes, comme enlèvement de bornes, vols, maraudages, empoisonnement, etc., mort et blessures d'animaux.

742. Les délits ruraux dont nous allons nous occuper, sont prévus et punis par la loi du 6 octobre 1791 et par le Code pénal de 1810. Nous allons les analyser, en faisant remarquer les points sur lesquels on les trouve, soit en accord, soit en désaccord entre eux.

743. Le Code pénal prévoit et punit l'incendie et la menace de ce délit par ses art. 434, 435, 436 et 458. Le Code rural du 6 octobre 1791 défend même d'allumer du feu dans certains lieux, afin de prévoir les incendies ; c'est ce que nous avons vu n°. 618, chap. 3.

Mais, 1°. la loi ne punit que les incendies des propriétés d'autrui. Le particulier qui, par exemple, met le feu à sa meule de paille, sans exposer ses voisins à un incendie, n'est pas punissable. *Cas.* 2 *floréal an* 11, *M. Mars.*

2°. Celui qui incendie sa propriété pour en accuser un tiers, ne commet qu'un délit de calomnie.

3°. On ne peut considérer comme incendie de récoltes, l'incendie d'un tas de chaume placé dans une campagne. *Cas.* 21 *décembre* 1809, *M. Mars.*

744. On trouve au Code pénal des dispositions contre la destruction des édifices, des ponts, des digues, des chaussées et autres constructions appartenant à autrui. *V. art.* 437.

La loi du 6 octobre 1791, tit. 2, sect. 2, art. 3, punissait de six années de fers ceux qui détruisaient les digues ou chaussées servant à retenir les eaux, mais elle est abrogée par la loi nouvelle.

745. On peut voir les art. 438, 439, 440, 441, 442 et 443 sur divers délits. Il serait superflu de les rapporter.

La loi ne semble s'occuper, dans l'art. 439 du Code pénal, que des actes proprement dits ; mais elle punit aussi la destruction des signes convenus pour constater des conventions. Par exemple, la substitution frauduleuse de l'empreinte du marteau d'un adjudicataire à celui de l'administration forestière est un délit réprimé par cet article.

746. « Personne ne peut inonder l'héritage de son voisin, ni lui transmettre volontairement les eaux d'une manière nuisible, sous peine de payer le dommage et une amende, qui ne peut excéder la somme du dédommagement ». *Loi du 6 octobre* 1791, *tit.* 2, *art.* 15.

Cet article renferme deux dispositions : la première défend d'inonder l'héritage d'autrui. Elle s'applique à toute espèce d'inondations sur lesquelles il n'a pas été disposé spécialement ; la seconde défend de transmettre les eaux aux voisins d'une manière nuisible. Ainsi, le propriétaire d'un étang qui élève les eaux à une trop grande hauteur, et par là occasionne une inondation, est punissable, bien que l'inondation ne provienne pas de la trop grande élévation d'un déversoir. *Cas.* 23 *février* 1821, *Sir.* 19.

747. « Le propriétaire ou fermier de moulins ou usines construits ou à construire, sont garans de tous dommages que les eaux pourraient causer, aux chemins ou aux propriétés voisines, par la trop grande élévation du déversoir ou *autrement*. Ils sont forcés de retenir les eaux à une hauteur qui ne nuise à per-

sonne, et qui doit être fixée par l'autorité préfectorale ». *Loi du 6 octobre 1791, tit. 2, art. 16.*

748. « Sont punis d'une amende qui ne peut excéder le quart des restitutions et des dommages-intérêts, ni être au-dessous de 50 fr., les propriétaires ou fermiers, ou toute personne jouissant de *moulins*, *usines* ou *étangs*, qui par l'élévation du *déversoir* de leurs eaux au-dessus de la *hauteur* déterminée par l'autorité compétente, ont inondé les *chemins* ou les *propriétés* d'autrui. S'il résulte du fait quelques dégradations, la peine est, outre l'amende, un emprisonnement de six jours à un mois ». *Art.* 457.

Remarquez que si les inondations résultent de l'exécution d'un arrêté administratif, l'autorité judiciaire est incompétente pour connaître du dommage. *Cas.* 25 août 1808, *M. Mars.*

749. On voit, en lisant attentivement l'art. 457 du Code pénal, que la loi ne punit que s'il y a inondation. Le seul fait de placer des planches au-dessus du déversoir d'un moulin, n'est donc punissable qu'autant qu'il en résulte une inondation. *Arg. arrêt de Cas.* 16 *frimaire an* 14.

750. « Il est défendu à toute personne (*) *de dégrader les clôtures, de couper des branches de haies vives, d'enlever des bois secs des haies*, sous peine d'une amende de la valeur de trois journées de travail. Le dédommagement doit être payé au propriétaire; et suivant la gravité des circonstances, la détention peut avoir lieu, mais au plus pour un mois ». *Art.* 17, *loi du 6 octobre* 1791, *tit.* 2; *V.* n°. 792 *et suiv.*

Ces dispositions ne sont relatives qu'aux simples dégradations de clôtures, causées soit par l'enlèvement de quelques branches sèches ou vives, soit par des

____

(*) De recombler les fossés. Ceci est abrogé. Voyez n°. 752.

trouées faites dans les haies. Quant aux *destructions* effectuées dans le dessein de ruiner totalement les clôtures, c'est un autre délit, réprimé par l'art. 456 du Code pénal, que nous allons rapporter.

751. La loi nouvelle abroge, comme on va le voir, les dispositions relatives aux fossés, mais laisse subsister les autres, en établissant des peines contre les *destructions*.

« Quiconque a, en tout ou en partie, comblé des fossés, *détruit* des clôtures, de quelques matériaux qu'elles soient faites, *coupé* ou *arraché* des haies vives ou sèches ; quiconque a déplacé ou supprimé des bornes, ou pieds corniers, ou autres arbres plantés ou reconnus pour établir les limites entre différens héritages, doit être puni d'un emprisonnement qui ne peut être au-dessous d'un mois, ni excéder une année, et d'une amende égale au quart des restitutions et des dommages-intérêts, qui, dans aucun cas, ne peut être au-dessous de 50 fr. ». *Art.* 456 *C. pén.*

Cet article s'applique aux propriétés urbaines comme aux héritages ruraux. *Cas.* 29 *octobre* 1813, *M. Mars ; abrog. de l'art.* 33, *tit.* 2, *loi du* 6 *octobre* 1791.

752. Le possesseur annal n'a pas toujours le droit de faire punir provisoirement le destructeur d'une clôture, lorsque celui-ci élève la question préjudicielle de propriété. Le tribunal *peut* alors surseoir à prononcer. *Cas.* 8 *janvier* 1813, *M. Mars.*

Mais celui qui déplace ou supprime des bornes plantées par l'autorité administrative, ne peut élever la question préjudicielle, lorsque leur plantation s'est effectuée en vertu d'un arrêté, car alors il n'existe en sa faveur ni bonne foi, ni possession légitime. *Cas.* 17 *avril* 1812 ; *Dict. M. Loiseau.*

753. Il ne faut pas confondre le délit prévu dans le n°. 751, avec celui du voyageur dont nous par-

lerons plus bas, qui franchit ou dégrade des clôtures pour éviter un chemin impraticable. Le premier est de la compétence des tribunaux correctionnels, et l'autre est placé dans les attributions des juges de paix. *V. Biret, v°. violation de clôture.*

754. Quiconque dévaste des récoltes sur pied, ou des plants venus naturellement ou faits de main d'homme, doit être puni d'un emprisonnement de deux ans au moins, et de cinq ans au plus. Les coupables peuvent de plus être mis, par l'arrêt ou le jugement, sous la surveillance de la haute police, pendant cinq ans au moins, et dix ans au plus. *Art.* 444 *C. pén.; abrog. de l'art.* 29, *tit.* 2, *de la loi du* 6 *octobre* 1791.

755. Le Code pénal, en abrogeant le Code rural de 1791, tit. 2, art. 14, punit ainsi, par son art. 445, la destruction des arbres : « Quiconque abat un ou plusieurs arbres qu'il *sait appartenir à autrui*, doit être puni d'un emprisonnement qui ne doit pas être au-dessous de 6 jours, ni au-dessus de six mois, à raison de chaque arbre, sans que la totalité puisse excéder cinq ans ».

1°. Cet article s'applique évidemment au fermier qui, malgré le propriétaire, abat des arbres sur le fonds qu'il exploite. *Metz* 1er. *mai* 1819, *Sir.* 19.

2°. Mais le fermier ne serait que civilement responsable d'un arbre qu'il endommagerait par maladresse, par exemple, avec une charrue en labourant. *Cas.* 18 *floréal an* 10, *M. Mars.*

3°. Il en serait de même de l'individu qui aurait abattu l'arbre d'autrui sur la foi d'un titre coloré. *Cas.* 18 *mai* 1807, *M. Mars.*

4°. L'ordonnance de 1667 est toujours en vigueur pour la destruction des arbres forestiers; cet article ne s'applique donc uniquement qu'aux arbres épars sur les propriétés rurales. *Cas.* 14 *mai* 1813, *M. Mars.*

5°. On doit regarder comme arbres, les souches ou troncs d'arbres qui peuvent donner de nouvelles tiges. *ff. lib.* 47, *tit.* 7.

756. Les art. 444 et 445 du Code pénal, ne sont applicables qu'aux délits commis dans les champs ou dans les pépinières ; ils ne le sont pas à ceux qui se commettent dans les bois ou les forêts. Ainsi, l'enlèvement, à dos d'homme, de fagots coupés dans un bois, ne constitue qu'un simple maraudage. *Cas.* 22 *février* 1821, *Sir.* 21.

757. Suivant l'art. 446 du Code pénal, les peines établies contre ceux qui mutilent, coupent ou écorchent les arbres, de manière à les faire périr, sont les mêmes que celles qui sont prononcées contre ceux qui les abattent.

Il semble juste d'appliquer cet article à ceux qui font périr les arbres, en jetant aux pieds des matières corrosives, ou en y versant de l'eau bouillante, etc.

758. « S'il y a destruction d'une ou plusieurs greffes, l'emprisonnement doit être de six jours à deux mois, à raison de chaque greffe, sans que la totalité puisse excéder deux ans ». *Art.* 447 *C. pén.*

La loi établit une aggravation de peine dans les cas prévus par ses art. 448, 450 et 455.

759. « Quiconque a coupé des grains ou des fourrages qu'il savait appartenir à autrui, doit être puni d'un emprisonnement qui ne doit pas être au-dessous de six jours, ni au-dessus de deux mois ». *Art.* 449 *C. pén.* ; *V. art.* 450 *et* 455.

760. Les dispositions qui précèdent ne sont applicables qu'aux *dévastations*. *Comp. des J. de paix*, *chap.* 21.

Quant aux simples destructions, par exemple, celles que commettent les femmes ou les enfans en faisant de l'herbe ; les laboureurs , en prenant des terres sur les voisins avec la charrue, la loi du 6 octobre 1791 porte :

« Si quelqu'un , avant leur maturité , coupe ou détruit de petites parties de blé en vert, ou d'autres productions de la terre, sans intention manifeste de les voler, il doit payer en dédommagement au propriétaire , une somme égale à la valeur que l'objet aurait eu dans sa maturité. Il doit être condamné à une amende égale au dédommagement, et il peut l'être à la détention de police municipale ». *Tit.* 2 , *art.* 28 ; *V. n°.* 792.

761. Une ordonnance de police du 24 mai 1745 , faite pour la vicomté de Paris , défend d'entrer dans les blés pour y cueillir des fleurs , et aux bouquetiers d'en vendre.

Mais cette ordonnance est tombée en désuétude. D'ailleurs, l'introduction des particuliers dans les blés, rentre sous l'application de l'art. 475, n°. 9, du Code pénal.

762. Quant à la chasse, nous en avons parlé n°. 278 ci-dessus , mais rappelons ici quelques principes sur la matière.

1°. L'individu qui chasse sans permis de port d'armes , sur un terrain dont il est propriétaire ou fermier, et en temps non prohibé , est punissable.

2°. Il y a chasse de la part de celui qui tire des coups de fusil sur le gibier, de l'intérieur d'une cabane en feuillage, servant de poste à épier le gibier. *Cas.* 7 *mars* 1823 , *Sir.* 23.

3°. Le port d'armes, sans permission, est punissable, d'après le décret de 1812 , lorsqu'il est réuni au fait de chasse dans un bois entouré en partie de fossés.

La peine ne pourrait être écartée , qu'au cas où le port et l'usage des armes auraient eu lieu dans un enclos fermé au public et lié à une maison d'habitation dont il formerait l'accessoire. *Cas.* 21 *mars* 1823 , *Sir.* 23.

763. La loi a établi des peines contre, 1°. ceux qui laissent des contres et autres ustensiles dans les champs ou les lieux publics ; 2°. certaines contraventions rurales, signalées art. 471, n°s. 7, 8, 9, 10, 13, 14, 473, 474, 475; n°s. 1, 3, 4, 6, 7, 8, 9, 10, 12 et articles suivans du Code pénal.

On peut voir aussi ce que nous avons dit des contraventions, n°. 587.

764. L'art 451 du Code pénal, en abrogeant l'art. 31, tit. 2 de la loi de 1791, dit : « Toute rupture, toute destruction d'instrumens d'agriculture, de parcs de bestiaux, de cabanes de gardiens, sera punie d'un emprisonnement d'un mois au moins, et d'un an au plus ». *V. l'art.* 451 *C. pén.*

765. Nous avons parlé, n°s. 736, 738 et 739, des peines encourues par ceux qui font pâturer leurs bestiaux sur les fonds d'autrui en revenant des foires ou marchés ; par ceux qui les gardent à vue, et par ceux qui les laissent vaguer sur les fonds de leurs voisins.

766. La loi du 6 octobre 1791, tit. 2, art. 27, prononçait des peines contre ceux qui passaient *à cheval* et *en voiture* sur les fonds ensemencés d'autrui, etc.

Mais ses dispositions ont été remplacées par le Code pénal, art. 471, n°s. 13 et 14; 475, n°s. 9 et 10. *V. art.* 474.

On ne regarde comme délit, le passage sur le fonds d'autrui, qu'autant qu'il est chargé de récoltes ou préparé pour en recevoir. *V. Rép. de M. Merlin, v°. voies de fait.*

Mais celui sur lequel on passe hors ces cas, peut se pourvoir au civil en réparation des dommages que lui cause le passage. *V. n°.* 54, *vol.* 1.

767. Quand les bestiaux laissés à l'abandon s'introduisent dans les héritages d'autrui, y pâturent ou y

causent quelques dégâts, ce n'est pas l'art. 475, mais bien les art. 12 et 24 de la loi du 6 octobre 1791 qu'on doit appliquer à leur maître. *V. n^os.* 918 *et* 758. *Cas.* 1er. *août* 1818, *Sir.* 1819.

768. Le Code pénal punit, par ses art. 471, n°s. 9 et 474, ceux qui mangent ou cueillent des fruits sur le terrain d'autrui ; on peut y recourir.

769. « Quiconque *maraude* ou *dérobe* des productions de la terre qui peuvent servir à la nourriture des hommes, ou d'autres productions utiles, doit être condamné à une amende égale au dédommagement dû au propriétaire ou fermier. Il peut aussi, suivant les circonstances du délit, être condamné à la détention de police municipale. *Loi du* 6 *octobre* 1791, *tit.* 2, *art.* 54.

Cet article et l'art. 35 sont spéciaux pour les vols de productions de la terre, commis dans les campagnes ; on peut les appliquer à l'enlèvement, 1° de mangeailles cueillies sur les héritages où le glanage est prohibé ; 2°. d'herbes ramassées dans les grains d'autrui pour les bestiaux ; 3°. des diverses productions non désignées dans l'art. 388 du Code pénal, rapporté n°. 775.

Mais ces délits n'ont rien de commun avec ceux qui sont prévus par le Code pénal, art. 471, n°s. 9 et 10.

770. La loi sur la matière paraît assez claire ; néanmoins elle ne laisse pas que d'avoir besoin d'être expliquée par quelques observations.

1°. Ni le Code pénal, ni aucune autre loi n'aggravent les peines pour le cas où les délits ont été commis la nuit par plusieurs personnes.

L'art. 386 du Code pénal ne s'applique pas aux vols de fruits dans les *campagnes*. Ainsi, le vol de noisettes commis la nuit dans une pièce de vignoble ne donne lieu qu'à l'application des art. 34 ou 35, selon les circonstances, de la loi du 6 octobre 1791, tit. 1. *V. Cas.* 1813, 22 *mars* 1816, *Sir.* 16.

2°. Celui qui coupe des fruits sur pied et les enlève, commet un maraudage, ou tout au plus un acte de dévastation de récoltes, punissable suivant le Code rural de 1791, et non d'après l'art. 388, v. n°. 769. *Cas.* 13 *juin* 1815, *Sir.* 15.

3°. Mais un vol de plant de choux, commis dans un jardin, doit être puni d'après l'art. 384 du Code pénal. *Cas.* 17 *octobre* 1811, *Sir.* 1812.

771. « Pour tout vol de récoltes fait avec des *paniers*, ou *sacs*, ou à l'aide d'*animaux de charge*, l'amende est double du dédommagement ; et la détention, qui a toujours lieu, peut être de trois mois, suivant la gravité des circonstances ». *Loi du 6 octobre* 1791, *tit.* 2, *art.* 35.

772. « Celui qui, sans la permission du propriétaire ou fermier, enlève des fumiers, de la marne ou tous autres engrais portés sur les terres, doit être condamné à une amende, qui ne doit pas excéder la valeur de six journées de travail, en outre le dédommagement, et peut l'être à la détention de police municipale. L'amende doit être de douze journées, et la détention peut être de trois mois, si le délinquant fait tourner à son profit ces engrais ». *Loi du 6 octobre* 1791, *tit.* 2, *art.* 33 ; *Cas.* 22 *octobre* 1812.

773. Quant aux enlèvemens de pierres, de sable ou de terre végétale dans les champs, et enfin aux autres vols non spécifiés par les lois, ils sont punissables, d'après l'art. 401 du Code pénal, modifié par l'art. 463, suivant les circonstances.

774. Les choses communes, telles que l'air, l'eau, les poissons, le gibier, les coquillages de la mer, ne sont point susceptibles de vol, tant qu'elles ne sont en la possession de personne par un acte quelconque. Jusque-là, celui qui s'en empare en acquiert la pro-

priété. *V. M. Pardessus ; Pothier, de la propriété,* n°. 88 ; *arg. art.,* 714 *C. c.*

775. « Quiconque vole, dans les champs, des chevaux, ou bêtes de charge, de voiture ou de monture, gros et menus bestiaux, des instrumens d'agriculture, des récoltes ou meules de grains faisant partie de récoltes, doit être puni de la réclusion. Il en doit être de même à l'égard des vols de bois dans les ventes et de pierres dans les carrières, ainsi qu'à l'égard du vol de poisson en étang, vivier ou réservoir. La même peine a lieu, si, pour commettre un vol, il y a eu enlèvement ou déplacement de bornes servant de séparation aux propriétés ». *Art.* 388 *et* 389 *C. pén.*

Sur ces textes, plusieurs observations paraissent nécessaires.

1°. La loi n'examine point si ces choses sont sous la surveillance d'un gardien ou non. *Cas.* 8 octobre 1818, *Sir.* 19.

2°. Le mot générique *champ*, employé dans l'art. 388, comprend les pâturages. La peine est la même, qu'il y ait un ou plusieurs animaux de volés. *Cas.* 2 janvier 1813.

3°. Un vol de pommes de terre enfouies dans un jardin sans nécessité, un vol de bois déposé de même dans une prairie, un vol de planches dans un champ, un vol de gâteaux de miel, sont punissables d'après l'art. 401 du Code pénal. *Cas.* 12 *janvier et* 2 *juin* 1815, *Sir.* 15 ; 5 *mars* 1818, *Sir.* 18 ; *Cas.* 1812, *Sir.* 1813.

4°. L'art. 388 doit être appliqué à un vol de récoltes, bien que la partie volée soit modique ou en gerbes. *Cas.* 1811, *Dict. des arr.* ; 15 octobre 1812, *Rep. de M. Merlin, v°. maraudage* ; *Cas.* 15 décembre 1812 *et* 15 *avril* 1813.

5°. Le vol de fagots, coupés dans un bois, n'est

point un maraudage. Il doit être puni par l'art. 388 du Code pénal. *Cas.* 1812, *Diction. des arr.*

6°. Le vol d'épis sur pied constitue un simple *maraudage*. Ce n'est point là un vol de récoltes punissable de la réclusion. *Cas.* 6 *novembre* 1812.

7°. Le vol d'épis de maïs commis sur une aire à battre les grains, doit être puni d'après l'art. 401 du Code pénal. *Cas.* 10 *mars* 1820, *Sir.* 23.

8°. Le vol de lapins dans les garennes, comme celui de pigeons dans les colombiers ouverts, et celui d'abeilles, se punit par l'art. 401 du Code pénal.

776. « Le *maraudage* ou enlèvement de bois, fait à *dos d'homme*, dans les bois taillis ou futaies, ou autres plantations d'arbres des particuliers ou communautés, est puni d'une amende double du dédommagement dû au propriétaire. La peine de la détention peut être de trois mois, suivant la gravité des circonstances. » *Loi du* 6 *octobre* 1791, *art.* 36, *tit.* 2.

1°. Les délits ruraux en général, qui ne sont point prévus par le Code pénal, doivent être jugés d'après la loi du 6 octobre 1791. Les vols de bois et maraudages continuent donc d'être réprimés par cette dernière loi. *Cas.* 19 *février* 1813; 25 *février* 1820, *Sir.* 20.

2°. L'abattage d'arbres dans une forêt communale ou particulière, est puni par l'art. 1er., tit. 32, de l'ordonnance de 1669. Ce délit ne peut l'être d'après l'article 36 précité. *Arr.* 3 *mars* 1809 *et* 13 *avril* 1810.

3°. Il suit du même principe que les délits forestiers, commis par les adjudicataires de ventes, sont réprimés par l'ordonnance de 1669. *Trois arrêts* 16 *juillet* 1809.

777. « Le vol dans les bois taillis, futaies et autres plantations d'arbres des particuliers ou communautés, exécuté *à charge de bête de somme* ou de charrette, doit être puni par une détention qui ne peut

être de moins de trois jours, ni excéder six mois. Le coupable doit payer en outre une amende triple de la valeur du dédommagement dû au propriétaire ». *Loi du 6 octobre* 1791 ; *art.* 37.

Quant aux vols de bois commis sur des héritages qui ne sont ni de plantation, ni de futaie, ni de bois taillis, ils sont réprimés par le Code pénal. *Cas.* 6 *juin* 1820.

778. « Les cultivateurs ou tous autres qui dégradent ou détériorent, de quelque *manière que ce soit*, des chemins *publics*, ou usurpent sur leur largeur, doivent être condamnés à la réparation ou à la restitution, et à une amende qui ne peut être moindre de 3 liv., ni excéder 24 liv. ». *Loi du* 6 *octobre* 1791, *tit.* 2, *art.* 40.

Selon M. Henrion de Pansey, en sa Compétence des juges de paix, les tribunaux peuvent condamner ceux qui dégradent les chemins publics non classés ; mais, comme nous l'avons prouvé n°s. 584 et 619, vol. 1, tant qu'ils ne le sont point, ils sont réputés privés.

779. Les dispositions de la loi du 6 octobre précitée sont encore aujourd'hui applicables aux usurpations et aux dégradations des chemins publics. Il appartient aux tribunaux correctionnels de les appliquer dans tous les cas. Mais les simples encombremens qui s'y font, sont punis d'après l'art. 471, n°. 4, du nouveau Code pénal. *V. Cas.* 29 *juin* 1820, *Sir.* 20 ; *Cas.* 7 *mars* 1822, *Sir.* 22 ; *Cas.* 14 *pluviôse an* 13, *Sir.* 17.

780. La loi ne punit que les encombremens et les dégradations ou détériorations des chemins publics. On ne peut dès-lors agir que par action civile contre ceux qui encombrent, dégradent ou détériorent les chemins privés. *Cas.* 19 *nivôse an* 10.

781. Le genre de dégradations des chemins publics n'est point déterminé dans le Code rural. On s'en rap-

porte à cet égard aux tribunaux, qui doivent se diriger d'après l'usage. Par exemple, il n'est pas permis aux voisins d'un chemin dont les héritages sont plus bas que son sol, d'empêcher les eaux qui en découlent de se répandre sur eux, soit en exhaussant leurs fonds, soit en fermant tout accès aux eaux. Il est, à plus forte raison, défendu de le rétrécir, de l'intercepter par des fossés, ou d'y faire des excavations. Néanmoins ils sont libres d'établir à leurs frais, soit des aquéducs, soit des gargouilles, soit des fossés pour se débarrasser de ces eaux. *Ord. des 13 février 1774 et 22 juin 1751; V. les Lois rurales.*

782. « Tout voyageur qui déclot un champ pour *se faire un passage dans sa route*, doit payer le dommage fait au propriétaire, et de plus, une amende de la valeur de trois journées de travail, à moins que le juge de paix du canton ne décide que le chemin *public* était impraticable; et alors les dommages et les frais de reclôture sont à la charge de la commune». *Art. 41, tit. 2, loi du 6 octobre 1791.*

La loi prévoit ici le cas où une personne s'ouvre un passage pour continuer sa route. Mais si, au lieu de se borner à s'en ouvrir un, cette personne détruisait la clôture par pure malice, l'art. 456 du Code pénal, rapporté n°. 751, lui serait applicable. *V. M. Biret, v°. violation de clôtures.*

783. Quand la commune est responsable, le propriétaire sur lequel le passage a lieu, peut la mettre en cause pour obtenir contre elle une garantie.

Mais si elle soutient que le chemin est une grande route, le juge doit renvoyer l'affaire au conseil de préfecture, pour y être décidé préalablement quelle est la nature du chemin. *Cas. 14 thermidor an 13.*

En effet, si le chemin était une route, l'état seul serait responsable, et non la commune.

784. « Les *gazons*, les *terres* ou les *pierres* des che-

mins *publics* , ne peuvent être enlevés en aucun cas,
sans l'autorisation du préfet du département ; les
terres ou matériaux appartenant aux communes., ne
peuvent être également enlevés , si ce n'est par suite
d'un usage *général* établi dans la commune pour les
besoins de *l'agriculture* ; et non aboli par une délibération du conseil municipal ».

« Celui qui commet l'un de ces délits doit être ,
outre la réparation du dommage, condamné, suivant
la gravité des circonstances , à une amende qui ne
doit pas excéder 24 liv., ni être moindre de 3 liv. Il
peut de plus être condamné à un emprisonnement de
police municipale ». *Art.* 44, *loi du* 6 *octobre* 1791 ,
tit. 2.

785. Le Code pénal renferme des dispositions
contre ceux qui empoisonnent les animaux, ceux qui
empoisonnent le poisson et ceux qui tuent les animaux
d'autrui sans nécessité ; on peut recourir à ses art.
452, 453, 454 et 455, dont le texte est aux mains de
tout le monde.

Autrefois on était , suivant quelques usages , par
exemple celui de Normandie, autorisé à tuer les
porcs ou les chèvres que l'on trouvait en dommage
sur soi. Aujourd'hui on ne peut se rendre justice, par
un si cruel acte de violence, contre les animaux (*).

786. L'art. 454 précité du Code pénal est applicable aux volailles en général ; mais ceux qui empoisonnent les volailles d'autrui sur un terrain dont leur
maître n'est ni propriétaire ni fermier, doivent être
punis seulement d'après l'art. 479, §. 1 , de la même
loi. *Cas.* 17 *août* 1822 , *journ. de M. de Foulan, an*
1823.

787. Les blessures *méchamment* faites aux animaux
d'autrui sont punies par la loi du 6 octobre 1791. Le

____

(*) Qu'ils soient vos serviteurs, et non pas vos victimes.

La Pitié, *chant premier.*

Code pénal ne l'a abrogée que pour les cas prévus dans ses art. 453, 454 et 479. *Cas.* 5 *février* 1818, *Sir.* 1818.

Ainsi, « toute personne convaincue d'avoir, *de dessein prémédité, méchamment,* sur le territoire d'autrui, blessé des bestiaux ou chiens de garde, doit être condamnée à une amende double de la somme du dédommagement. Le délinquant peut être emprisonné un mois, si l'animal n'a été que blessé ; et six mois, si l'animal est mort de sa blessure ou est resté estropié ; l'emprisonnement peut être du double, si le délit est commis la nuit, ou dans une étable, ou dans un enclos rural ». *Loi du* 6 *octobre* 1791 , *tit.* 2, *art.* 30.

788. Quant à l'art. 42 du tit. 2 du Code rural du 6 octobre, il est abrogé. Le Code pénal établit des peines, par ses art. 479, 480 et 482 , contre ceux qui occasionnent la mort ou la blessure des animaux d'autrui, par la rapidité ou la mauvaise direction ou le chargement excessif des voitures ou des chevaux, etc. ; on peut y recourir.

789. La mort et les blessures causées aux animaux d'autrui, sont excusables quand elles sont nécessitées par eux ; par exemple, si elles ont été faites pour s'en défendre. *V. M. Biret, v°. bestiaux ; Rép. de M. Favard, v°. délit, n°.* 6.

CHAPITRE III.

Des actions civiles et des actions publiques. --- Des peines, des amendes et des restitutions. --- De la responsabilité. --- De la prescription. --- Des tribunaux.

§. 1. *Des actions.*

790. L'action civile et l'action publique, contre les crimes, les délits et les contraventions, sont en général régies par le Code d'instruction criminelle et par le Code pénal de 1810. *V. art.* 2, 3, 4, 636, 637, 638, 639 *à* 643 *C. d'inst. crim.*

791. Le droit de suivre les actions en justice appartient à ceux qu'elles intéressent. Elles sont dirigées ou soutenues soit par eux, soit par leurs représentans.

Les actions qui intéressent les communes, résident dans la personne des maires, et en celle de leurs adjoints, à leur défaut.

Dans les communes composées de plus de 5,000 âmes, le droit de les suivre est attribué à l'officier municipal, choisi par le sous-préfet. *Loi du 9 vend. an 5.*

Nous avons dit, n°. 617, que les simples particuliers ont le droit, comme les communes, d'intenter des actions pour faire rétablir ou pour faire réparer les chemins vicinaux ; mais un arrêté du conseil, du 27 novembre 1814, établit en principe général que des particuliers sont sans qualité pour réclamer au nom de leur commune une propriété communale, et que l'action ne peut être légalement intentée que par le maire. *Bull.* 54 ; *V. M. Rondonneau.*

Enfin la cour suprème a décidé, par arrêt du 16.

juillet 1822, 1°. qu'ils « n'ont qualité pour se prévaloir *ut singuli* des droits de la commune, par exemple d'un chemin, qu'autant que le fonds du droit n'est pas contesté; peu importe que le droit dont il s'agit ne soit pas indivisible, soumis à une jouissance commune, et qu'il comporte la jouissance individuelle de chaque habitant; 2°. que quand il s'agit de défendre l'intérêt général appartenant à un corps moral, les individus sont sans qualité et sans action comme sans droit individuel ». *Sir.* 1823, *p.* 73.

§. II. *Des peines, des amendes et des restitutions.*

792. Nous n'entrerons ici dans aucuns détails sur les peines en général; il nous suffit de renvoyer au liv. 1er., chap. 1, 2, 3 et 4 du Code pénal. On peut aussi recourir aux art. 466, 51, 52, 53, 467, 469, 54, 468, 11, 470, 55 et 463 du même Code, pour les amendes, indemnités et confiscations. Cependant nous rappellerons les dispositions pénales établies contre les délits qui se commettent dans les campagnes. *V. l'art.* 3, *tit.* 2, *de la loi du* 6 *octobre* 1791.

793. En matière de délits ruraux, « toutes les amendes ordinaires qui n'excèdent pas la somme de trois journées de travail, sont doubles en cas de récidive dans l'espace d'une année, ou si le délit a été commis avant le lever ou après le coucher du soleil. Elles sont triples quand les deux circonstances se trouvent réunies ». *Loi du* 6 *octobre* 1791, *tit.* 2, *art.* 4; *V. art.* 668 *et* 55 *C. pén.*

794. Parmi les peines établies contre les délits ruraux, on remarque la détention de police municipale et les journées de travail.

La détention de police municipale est de 3 jours dans les campagnes, et de huit dans les villes, pour les cas les plus graves. C'est une règle tirée de la loi du

24 août 1790 et de celle du 6 octobre 1791 sur la police rurale.

Par journée de *travail*, on entend le salaire ordinairement accordé à un manœuvre pour le service d'un jour. Le prix de la journée est fixé par chaque préfet. Il ne peut être au-dessous de 50 c., ni excéder 1 fr. 50 c. *Loi du 3 nivôse an 7; V. M. Dulaurens; Man. des cont.; art.* 56, 57 *et* 483 *C. pén.*

795. L'art. 609 du Code du 3 brumaire an 4, confirmé par l'art. 484 du Code pénal, recommande spécialement aux tribunaux de faire exécuter l'ordonnance de 1669. Enfin, un avis du conseil d'état, du 4 février 1812, déclare, 1°. qu'on ne peut pas regarder comme réglées par le Code pénal de 1810, les matières sur lesquelles ce Code ne renferme que quelques dispositions éparses, détachées et ne formant pas un système complet de législation; 2°. que toutes celles des dispositions de lois et règlemens antérieurs au Code, relatives à la police *rurale* et *forestière*, à l'état civil, aux maisons de jeu, aux loteries, non autorisés par la loi, sont maintenues.

Mais les tribunaux correctionnels ne peuvent appliquer ni le fouet, ni le carcan, ni les galères, prononcés par l'ordonnance. Ils doivent se borner à substituer à ces peines, l'emprisonnement pendant deux années. *Loi* 22 *frim. an* 8, *art.* 64; *avis cons. d'état* 3 *pluv. an* 10, *M. Dralet.*

796. « Le défaut de paiement des amendes et des dédommagemens ou indemnités n'entraîne la contrainte par corps que vingt-quatre heures après le commandement. La détention remplace l'amende à l'égard des insolvables, mais la durée en commutation de peine ne peut excéder un mois dans les délits pour lesquels cette peine n'est point prononcée; et dans les cas graves où la peine d'emprisonnement est jointe à l'amende, elle peut être prolongée du

II. 46.

quart du temps prescrit par la loi ». *Art.* 35 *loi du* 6 *octobre* 1791 , *tit* 2.

787. « Les peines établies pour tout délit rural et forestier, ne peuvent être au-dessous de trois journées de travail ou de trois jours d'emprisonnement » ; telles sont les expressions de l'art. 2 de la loi du 23 thermidor an 4, qui confirme les lois rurales promulguées jusqu'alors.

Il suit de là que les dégâts faits par les bestiaux, et tousles autres délits ruraux, entraînent nécessairement une amende de la valeur de trois journées de travail au moins. Les tribunaux de police ne peuvent prononcer une peine moindre. *Cas.* 1er. *février* 1822 ; *M. de Foulan* , *année* 1822.

798. Suivant la jurisprudence de la cour suprême, tous les faits mentionnés dans le tit. 2 du Code rural constituent des délits punissables. *Cas.* 15 *février* 1811 , *Sir.* , *vol.* 11.

799. D'après l'art. 4 , tit. 2 du Code rural, les moindres amendes étaient d'une journée de travail au taux déterminé par le directoire du département.

Aujourd'hui elles sont plus fortes, comme on vient de le voir. Mais c'est toujours à l'autorité administrative, c'est-à-dire aux préfets, à fixer la valeur des journées de travail. *V. Rép.* , v°. *journée de travail.*

C'est leur taux qui fixe la compétence entre les tribunaux.

§. III. *De la responsabilité.*

800. « Les *maris* , *pères* , *mères* , *tuteurs* , *maîtres* , *entrepreneurs de toute espèce* , sont civilement responsables des délits commis par leurs femmes et enfans, pupiles, mineurs, n'ayant pas plus de 20 (21) ans et non mariés, domestiques, ouvriers, voituriers et autres subordonnés ».

« L'estimation du dommage doit toujours être faite par le juge de paix ou son suppléant, ou par des experts par eux nommés ». *Art.* 7, *loi du* 6 *octobre* 1791, *tit.* 2. *V. art.* 1384 *C. c.*

Les dégâts commis par des animaux confiés à la garde du pâtre d'une commune, sont à sa charge. La partie lésée ne peut diriger son action contre le maître des animaux qui ont causé des dommages. *Cas.* 14 *frimaire an* 14.

Cependant ceux qui éprouvent des dégâts par la faute de ce pâtre commun, sont autorisés à poursuivre la commune entière qui lui a confié ses animaux ; ce pâtre est le préposé de la communauté. *Cas.* 22 *février* 1811 ; *V. M. Henrion de Pansey, chap.* 22.

Mais hors le cas où il s'agit d'un pâtre commun, chaque maître est responsable de son pâtre ou berger.

801. La responsabilité est établie pour les délits ruraux, même contre les maris, par exception au droit commun. On a eu pour but d'empêcher qu'ils ne les favorisassent, afin d'en profiter. *Cas.* 1808, *Sir.* 18.

En général, les personnes civilement responsables d'un délit, ne doivent subir que les condamnations autorisées contre eux par la loi. *C. pén., art.* 74.

Ainsi, la responsabilité civile, à raison d'un délit de pâturage dans un bois communal, ne s'étend point à l'amende. *Cas.* 25 *février* 1820, *Sir.* 20.

802. « Les domestiques, ouvriers, voituriers ou autres subordonnés, sont à leur tour responsables de leurs délits envers ceux qui les emploient ». *Loi du* 6 *octobre* 1791, *tit.* 2, *art.* 8.

Les pâtres, bergers ou autres domestiques, sont responsables des choses confiées à leur garde. *V. Lois rurales, et n°.* 785, *vol.* 1.

Mais on doit excuser les subordonnés qui ont commis des dommages sur autrui, lorsqu'il paraît, d'après les circonstances, qu'ils ont agi de bonne foi ; par exemple, s'ils ont abattu des arbres désignés comme appartenant à leurs maîtres. *V. Olivier de Saint-Vast, cout. du Maine et d'Anjou.*

803. Les communes sont responsables de certains délits commis dans leur enceinte. On peut voir à cet égard la loi du 10 vendémiaire an 4, et ce qu'en dit M. Favard dans son Répertoire de législation.

804. « Le propriétaire d'un animal, ou celui qui s'en sert, pendant qu'il est à son usage, est responsable du dommage que l'animal a causé, soit que l'animal fût sous sa garde, soit qu'il fût égaré ou échappé». *C. c art.* 1385.

Si donc un charretier, un écuyer, n'a pas la force ou l'adresse de retenir un cheval fougueux qui s'effarouche ou cause un dommage, il est tenu de le réparer. *V. Traité des injures, par Dareau, annoté par Fournel, vol.* 1, *p.* 184.

Si un cheval qui rue est laissé dans un passage fréquenté, et qu'une personne qui passe à côté en reçoive un coup de pied, le maître de l'animal est tenu de réparer le dommage.

Mais si la personne frappée s'est approchée du cheval sans nécessité, et lui a mis la main, par exemple, sur la croupe, ce qui lui a attiré un coup de pied, le maître n'est pas responsable de l'accident.

Ainsi, encore, le dommage que cause un animal qui a été agacé ou effarouché, doit être réparé par celui qui l'a provoqué. *V. M. Dareau, Traité des injures.*

Dans aucun cas, la personne qui éprouve le dommage, n'a le droit ni de tuer, ni de blesser l'animal, à moins qu'elle ne soit obligée de le faire pour sa défense. *V. Rép. de M. Favard, v°. délit.*

805. Au surplus, il faut recourir, pour la responsabilité en général, aux art. 1382 et suivans du Code civil.

§. IV. *De la prescription.*

806. « La poursuite des délits ruraux doit être faite, au plus tard, dans le délai d'un mois, soit par les parties lésées, soit par le ministère public; faute de quoi il n'y a plus lieu à la poursuite». *Loi du 6 octob.* 1791, *tit.* 2, *sect.* 1, *art.* 8.; *art.* 3 *et* 443 *C. d'inst. crim.*

Quant aux délits de chasse et de pèche, ils se prescrivent par le temps fixé nᵒˢ. 268 et 306, vol. 2.

807. Les prescriptions dont il s'agit ici se régissent par les lois rurales; mais les autres délits se prescrivent d'après les lois qui leur sont particulières.

Ainsi, 1ᵒ. le vol de bois commis hors d'un taillis, d'une futaie ou autres plantations, ne se prescrit que par trois ans. *Cas.* 8 *juin* 1820.

2ᵒ. Les procès-verbaux constatant les contraventions aux bans de vendanges se prescrivent par un an. *Cas.* 26 *mars* 1820; *V. du Pouv. mun.*

3ᵒ. La prescription des délits commis dans les bois des particuliers, et des usurpations sur les chemins vicinaux, s'acquiert par un mois. *Cas.* 10 *juin* 1808, *Sir.* 8; 25 *août* 1809, *Sir.* 17.

4ᵒ. Enfin, la prescription des dégâts dans les bois des particuliers est acquise par un mois, quand le délit est rural, ou compris dans l'art. 8, sect. 7 de la loi du 6 octobre 1791; elle est de trois mois quand le délit est forestier, ou que, n'étant pas compris dans la loi du 6 octobre, il rentre sous l'application des lois forestières. *Cas.* 22 *février* 1821, *Sir.* 23.

808. La prescription peut être interrompue; mais il faut, pour qu'il y ait interruption, qu'avant l'expiration des délais, les prévenus aient été cités devant le tribunal qui doit les juger. *Cas.* 22 *messidor an* 13.

La prescription est si favorable, que les juges doivent

l'accueillir d'office , lorsque les prévenus ne l'invoquent pas. *Cas.* 26 *février* 1807.

§. V. *Des tribunaux.*

809. Il n'y a point de tribunaux spéciaux pour prononcer sur les actions auxquelles donnent lieu les biens ruraux. La connaissance en est dévolue aux tribunaux ordinaires, selon l'ordre et la hiérarchie de leurs pouvoirs.

FIN DU SECOND ET DERNIER VOLUME.

TABLE DES TITRES.

LIVRE DEUX.

DE LA POLICE RURALE.

TITRE PREMIER.

De la police administrative.

TITRE II.

De la police judiciaire.

TABLE ALPHABÉTIQUE

DES MATIÈRES

CONTENUES DANS CET OUVRAGE.

A.

B.

II.   47.

C.

D.

E.

F.

G.

H.

I.

FIN DE LA TABLE DES MATIÈRES.

CORRECTIONS PRINCIPALES.

1er. VOLUME.

Page 33, au lieu de 13 ventôse, *lisez* 9 ventôse.

    50, après fossés et haies, *ajoutez* sentiers.

    73, pâturer, *lisez* paître.

    85, de les 5 pieds, *lisez* 5 pieds.

    132, ajoutez après ces mots : usances de chaque pays ; mais voyez ce qui sera dit n°. 328.

    239, V. n°. 532, *lisez* 533.

    255, 9 floréal an 10, *lisez* 29 floréal an 11.

    307, dans les art. 1531, *lisez* 1931.

    349, après du mâle, *ajoutez* pour la saillie.

IIe. VOLUME.

    16, les gourmands qui y paraissent, *lisez* qui paraissent.

    103, d'exiger des dommages-intérêts, au lieu de en raison, etc., *mettez* fixés n°. 235.

    168, au lieu de août 1790, art. 2, *lisez* 9.

    174, au lieu de récoltes, art. 2 *lisez* 10.

    391, au lieu de sur les lieux, *lisez* les.